講談社文庫

「国境なき医師団」をもっと見に行く

ガザ、西岸地区、アンマン、南スーダン、日本

いとうせいこう

講談社

まえがき＋《プラス》

「国境なき医師団」（略称ＭＳＦ）の活動地を世界中あちこち見て回ることになったのが２０１６年。

もとはと言えば、男も日傘を持つべきだとツイッターで主張したことがきっかけで、見知らぬ傘屋さんと共同で実際にそれを作り、パテント料をもらうつもりはなかったから、ふとＭＳＦに寄付することにしたのだった。

そのうち団からたまたま顚末《てんまつ》を取材された俺は、その場で彼らの活動の細部に興味がわき、逆に取材を申し込んだ。

それから3年、すでに『「国境なき医師団」を見に行く』というタイトルでまとめた単行本にもあるように、ハイチ、ギリシャ、フィリピン、ウガンダでの彼らの活動に密着取材をさせてもらってきた。

そこで終わる気はさらさらなかった自分は、そのまま南スーダンへと足を伸ばし、あるいはMSF日本の内部にも密着して『「国境なき医師団」になろう！』という本を出し、さらにはずっとこの目で確かめたかった中東の活動地に入ることになった。それが2019年のことである。

基本的に危険な地域に自分は行かない約束である。そもそも危険であれば、MSFが俺の取材に応じている暇などない……はずなのだが、今回まとまったこの『ガザ、西岸地区、アンマン』には各所に緊張が走る場面がある。自分自身、遠くから銃口を向けられていた記憶が一度ならずあり、知らぬ間に戦場ジャーナリストの卵みたいなことになっているような気がする。あれ？　いつからこんなことに……？

しかし例えばイスラエルの力によって狭い地域に押し込められ、世界の矛盾のシンボルともなっているパレスチナ・ガザ地区に入る以上、取材者の俺一人が安穏としていられるはずもない。そして事実、トランプ政権によって新たな紛争への引き金をひかれた当地で、銃弾は人々の足の肉を破り、骨を打ち砕いていた。

コロナウイルスによって世界がさらに窮屈になる寸前のことである。今では全世界の人道組織の活動はさらに困難になり、それでも彼らは日々、目の前にいる患者のために全力を尽くしている。

その志が少しでも多くの人に伝わることを願って、また一冊こうした本を上梓する。

と、ここまでがＹａｈｏｏ！ ＪＡＰＡＮの協力でネット連載され、２０２１年に出版された『ガザ、西岸地区、アンマン――「国境なき医師団」を見に行く』のまえがきである。

今回文庫化するにあたって、自分の文章としては刊行していなかった「南スーダン編（自衛隊が駐屯した国で何が起こっていたかも俺の知りたいことのひとつであった）」、そして「日本編（ひるがえって我が国の中ではどんな人によってどんな活動が行われているのか）」を加えることになった。どちらも「ガザ、西岸地区、アンマン編」のほぼ1年前に発表したものなので、読む際に少し時を遡っていただくことになるが、ともかくこれで国境なき医師団の活動地への自分の取材記録はすべて世に送り出したことになる。

※

新しい感染症、戦争、武力弾圧、災害……と、いまだに世界の混迷は絶えることがない。それどころか苦難は深まっている。

しかし皮肉なことに、だからこそいっそう、俺にはＭＳＦの存在意義が渋く輝いて見える。

さてそろそろこのかけがえのない人々への取材にまた出かけなければならないと思う。MSF広報の舘さんともずっとそのことを話し続けてきた。

次のレポートをお届けするまでの間、皆さんにはこの文庫を読んでいていただきたい。

いとうせいこう

「国境なき医師団」をもっと見に行く

ガザ、西岸地区、アンマン、南スーダン、日本

目次

アンマンの再建外科病院で

違う文化を持って、同じ希望を生きる

懐かしい人々が詰まった病院

南スーダン編

日本編

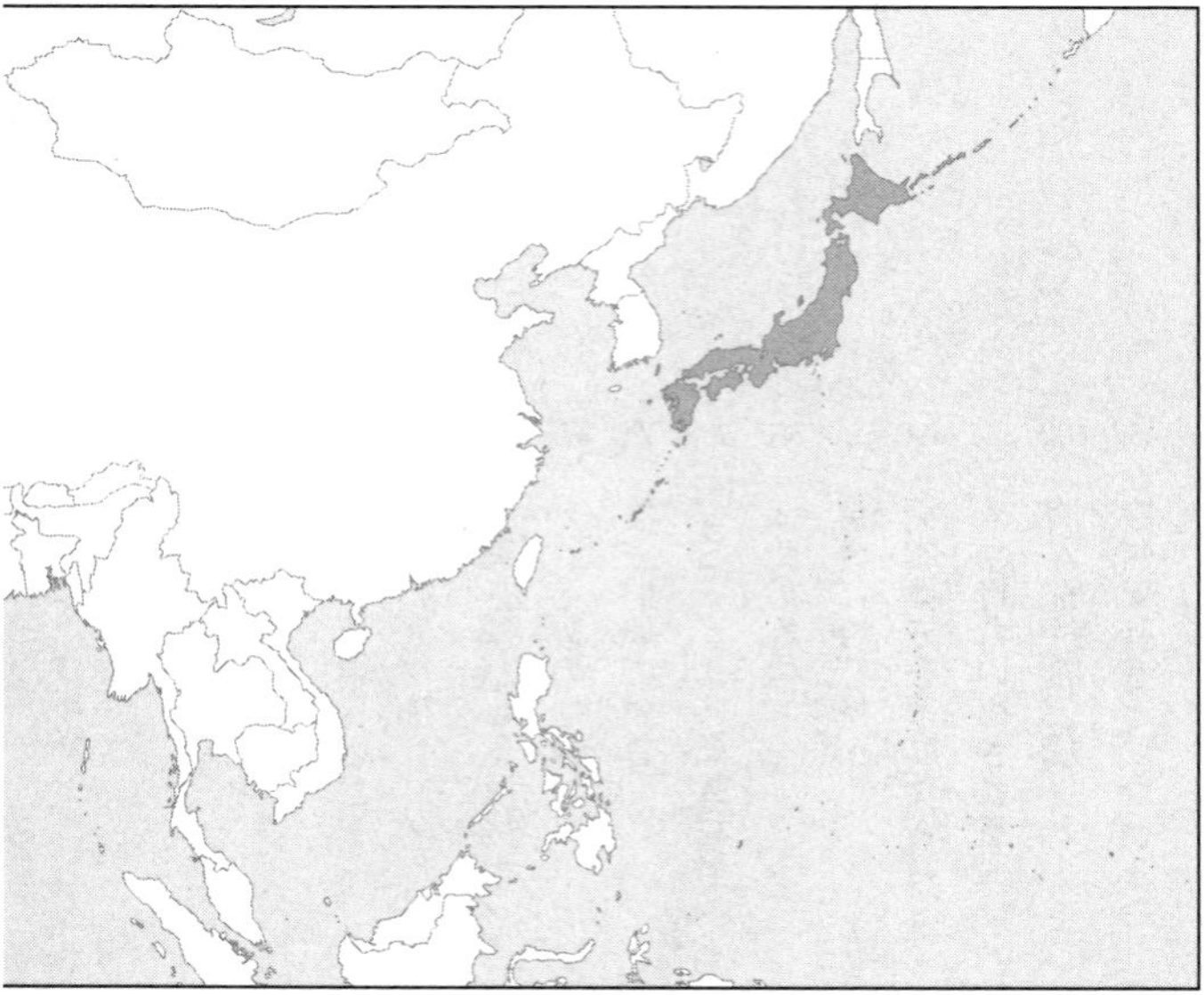

パレスチナ自治区・南スーダンとその周辺

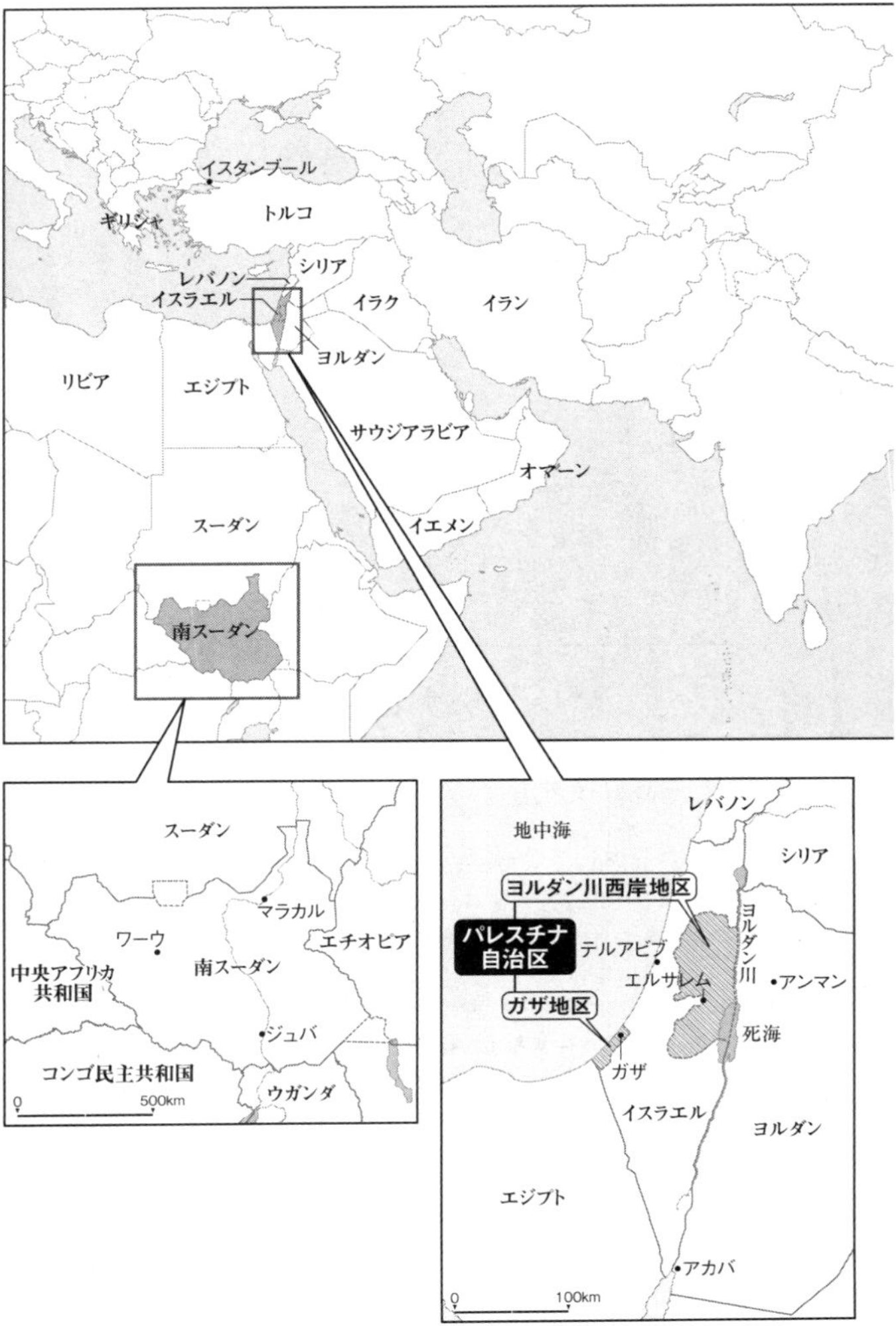
イスタンブール
ギリシャ
トルコ
シリア
レバノン
イスラエル
イラク
イラン
ヨルダン
リビア
エジプト
サウジアラビア
オマーン
イエメン
スーダン
南スーダン
スーダン
マラカル
ワーウ
エチオピア
中央アフリカ共和国
南スーダン
ジュバ
コンゴ民主共和国
ウガンダ
0
500km
レバノン
地中海
シリア
ヨルダン川西岸地区
パレスチナ自治区
ガザ地区
テルアビブ
エルサレム
ヨルダン川
アンマン
死海
ガザ
イスラエル
ヨルダン
エジプト
アカバ
0
100km

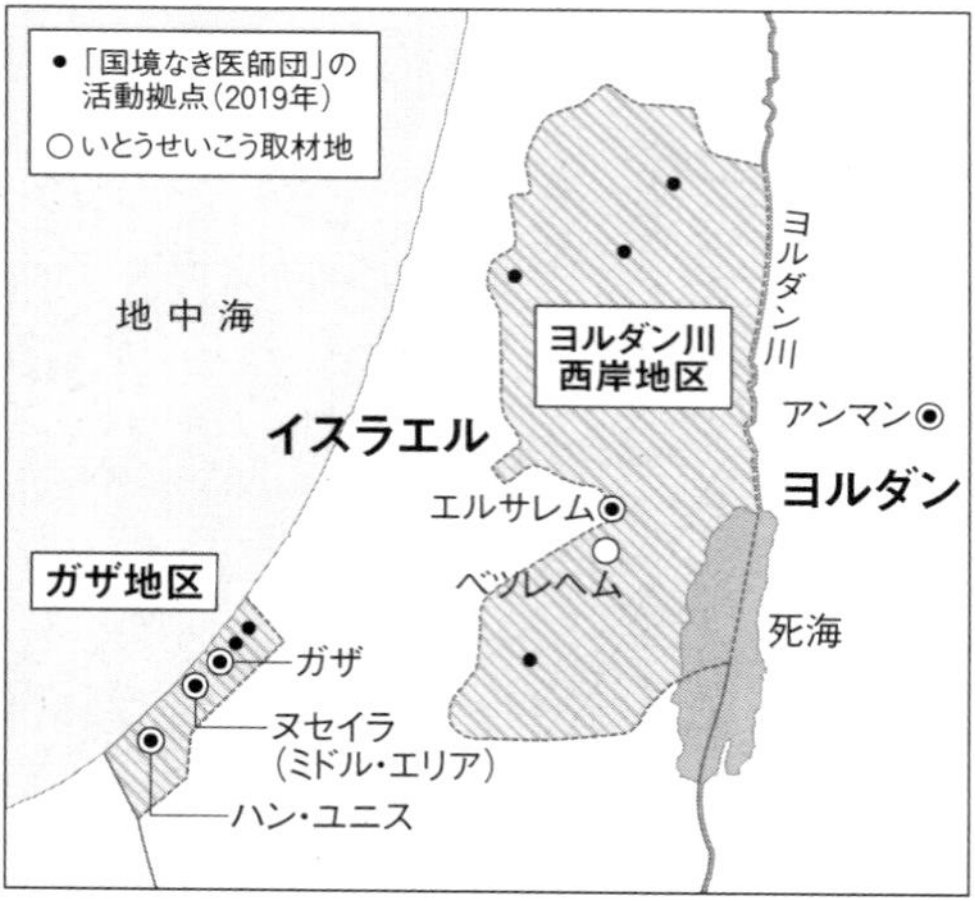

パレスチナ自治区

面積：約6020㎢（西岸地区5655㎢、ガザ地区365㎢）

人口：約497万人（西岸地区約298万人、ガザ地区約199万人）

＊2019年、パレスチナ中央統計局

パレスチナ難民数：約629万人（西岸地区106万人、ガザ162万人、ヨルダン242万人、シリア65万人、レバノン54万人）

＊2020年、UNRWA（国連パレスチナ難民救済事業機関）

ヨルダン川沿いの「西岸地区」と地中海に面した「ガザ地区」に分かれる。国土は1947年の国連分割決議、中東戦争を経て大幅に縮小し、国を追われた人々は難民となって周囲の国々へ逃れた。「国境なき医師団」は1989年から活動を開始し、現在は主に、イスラエルに軍事封鎖されたガザ地区で続く抗議デモの負傷者に外科手術・術後のケアを行うとともに、西岸地区では政治的緊張の中で暮らす人々に精神的なケアを提供。ヨルダンのアンマンで運営する再建外科病院では中東全域から集まる紛争被害者に再建手術や理学療法を行うほか、難民の受け入れ先である地元コミュニティに医療を提供している。

「国境なき医師団」をもっと見に行く

ガザ、西岸地区、アンマン、南スーダン、日本

写真　横田徹
Shumpei Tachi / MSF
いとうせいこう
地図製作　アトリエ・プラン

中東編

2019年11月

ウェルカム・トゥ・ガザ！

イスラエル入国

２０１９年11月1日。

俺はＮＨＫ子供番組の生放送を終えて、成田空港へ直行した。23時発のトルコ航空53便でまずはイスタンブールに向かうためである。

体にはいつものように各種ワクチンが接種され、気分としては最強だった。

「国境なき医師団」の活動を取材する際にはそうした接種が必須で、特に今回は渡航先の関係で麻疹が追加され、３種混合ワクチンも投入され、さらに以前から打ってあった狂犬病の第3回目のワクチンなども入っていた。ちなみに1年後にもう一度狂犬病ワクチンの最後の注射をすれば、以降効果は5年持つようになると医者に言われていた。したがって本当の最強にはあと少しだったわけだ。

さて、問題の俺の渡航先というのが、まずテルアビブなのであった。まあイスラエルということであれば旅行で訪れる人も少なくないだろう。だがしかし、俺と「国境なき医師団」(Médecins Sans Frontières、以後ＭＳＦと略す) 広報の舘《たち》俊平さん、そして翌日の便でバンコクから参加する予定の戦場カメラマン横田徹さん以上３名は合流後すぐにイスラエル内を移動し、パレスチナ人が押し込められているガザ地区に入ることになっていた。

いや、入れるかどうかは行ってみないとわからないところがあった。３人で作っているＬＩＮＥグループへの最新書き込みによれば、入境の許可が下りたのがつい前々日くらいで、現地でも予想外のことが起きてもおかしくないとのことだった。

不安な心持ちでトルコ航空のチケット発券の列に並んでいると、成田空港スタッフの女性が近づいてきて便を教えてくれと言い、

「お客様、失礼ですがこの便でないとダメですよね？」

と俺の目をのぞき込む。けっこう圧があったが、俺は他の２人と待ち合わせて確実に取材をせねばならない。しっかり首を縦に振ると、女性は「そうですよねえ」などと言って去った。そうですよねえってことはないだろう。オーバーブッキングでもしていたのだろうが、不安な俺はより不安になった。こちらがガザに入るとわかっていると数々のトラブルの可能性がある、とは前から聞いていたことで、俺は疑心暗鬼に

おちいった。

　順番が来て窓口でチケットを受け取ろうとしていると、俺の名前を呼ぶ人がいた。ぎょっとして振り返ると舘さんがいた。搭乗口で会おうと約束していたので意外だったが、同時にほっとしたのも事実だった。百戦錬磨のＭＳＦメンバーがそばに来てくれたのだ。

　だが、舘さんの言うことがまた不思議だった。

「出発が30分早まったそうです」

　俺は思わず吹き出したし、舘さんも苦笑した。

「そんなことってあるんですかね」

「さあ」

　ともかく俺たちは急いで出国手続きをし、そのまま何があるかわからないので搭乗口へ行き、しかし無事そのものでイスタンブールまで十数時間、いつものようにエコノミー席でぐっすり眠りながら移動をした。


　11月2日。

　イスタンブールでのトランジットの間に、舘さんから短くブリーフィング（概要説明）があった。なんのためのインプットかと言えば、まず冗談混じりに今回の活動地が「ドライミッション」であること（禁酒の宿舎を拠点にした活動をそう呼ぶ）、さらにテルアビブの空港でイスラエルに入る際、質問にどのように答えるべきかの確認だ。再び俺は軽い緊張状態になった。

テルアビブに行くための飛行機の搭乗口Ｂ３へ着くと、緊張はさらに高まった。すでに待合室が透明の樹脂ガラスに囲まれており、中に入る者は再び荷物検査、身体検査を受ける。しかも不可解なことに、持ち込みのタブレットやノートパソコンの画面に係員は小さい紙をこすりつけた。あとからわかったのだが、硝煙反応を見て爆発物かどうかを調べていたのだ。俺はぽかんと口を開けたままでゲートを通された。

飛行機は2時間ほどで目的地に着いた。これまでドバイ空港で乗り換えてヨーロッパやアフリカのＭＳＦ活動地に入っていたのだが、その体感からするとイスタンブールからテルアビブはあまりに近かった。東京福岡間のような時間で着いてしまう。中東の人々にとっての世界地図の感覚に俺は思いをはせた。

機体から出た俺たちは入管に並んだ。目の前でなぜか別室へ連れて行かれるアラブ人らしき者がいた。ナーバスになりながら窓口へ行くと、無表情な女性係官がやがて青色のグラデーションに染まった小さな紙を俺のパスポートに挟んでよこした。そこには俺の顔写真を含め、パスポート番号など幾つかの数字が印刷してあった。それを自分で機械のモニターに読ませ、照合が済むと正式に入国となる。

あとから来た舘さんが一応俺に確認した。

「青いカードは出国まで大事に持っていてください。それがないと出られなくなるんで」

「あ、スタンプしなくていいんですか？　紙をくれるだけなの？」

舘さんによると、どうしてそうなのか確かなことは言えないが、それがイスラエル入国のシステムで、少なくともそこでパスポートにスタンプを捺《お》されると逆にアラブ諸国に入りにくくなるのだという。だから紙で渡してくれるのは助かると言う。

「特にイランは無理ですね。イスラエル入国のスタンプがあったら絶対に入れませんし」

そしてまた反対にイランのスタンプがあれば、イスラエル入国も困難になるだろうと言う。これはあとで戦場カメラマン横田さんにも聞いたことだ。中東を駆け巡るジャーナリストやNGO職員には常識なのらしい。対立がわかりやすく目に見える例だ。

さて、荷物を無事ピックアップして外に出ると、カリンさんという現地の太り気味のおじさんが迎えに来てくれていた。持っているボロボロのボール紙にMSFの赤いマークが印刷されている。

現地の人に会えると緊張が解けるのはどこでも同じで、強く握手して自己紹介をするとカリンさんの持っていた紙の裏側が見えた。「ＩＣＲＣ」と印刷されている。それは赤十字国際委員会のことで、つまりカリンさんは各団体をまたがってドライバーの仕事をしているのだった。名物男のようなものに違いない。

しかも、ついていくと車はタクシーだった。ＭＳＦの四駆がこれまでのパターンだったから、これは面白かった。カリンさんはあくまでタクシー運転手として、ＮＧＯ団体のメンバーを運んでいるのだった。

イスラエルは午前９時過ぎ。タクシーは高速らしき道路に入った。外は青空だった。白い雲があちこちに浮かんでいる。道の片側にヤシの樹が立ち、ブーゲンビリアが咲き、時たま糸杉が尖《とが》っているのが見えた。やがて左右に畑が広がり、遠くに工場などが現れた。全体に開けていて土地の広さがわかった。イスラエルはその空間をパレスチナ側から奪ったわけだが、そのまま何にも使っていないのが不条理だと俺は思った。

「車のナンバープレートが黄色いのがイスラエル。緑がパレスチナです。後者は行き来が自由ではありません」

舘さんが途中でそう教えてくれたものだが、緑色のプレートは見当たらなかった。

世界の矛盾が凝縮された場所

やがて丘が現れ、切り立った崖の中を行くと、赤い屋根の家々や数階建てのビルも目立ち始めた。間に荒涼としたガレキ地帯も続き、いかにも中東らしい景色になった。

その中央をつっきる道路の上を40分ほど走って、俺たちは住宅地へと右折し、こぢんまりした別荘のような2階建ての家に到着した。そこがMSFエルサレムの事務所兼宿舎だった。くわしく言えば、MSFでは世界各地でのプログラムを、5つのオペレーションセンターで運営しており、MSFエルサレムはOCP（オペレーションセンター・パリ）所属の組織の拠点として、今回俺の取材を受け入れてくれている。

何人かの外国人スタッフ（エクスパッツと呼ばれる）と挨拶《あいさつ》をしたあと、舘さんと同室をあてがわれてそこに荷物を置いた俺は、すぐに小さなキッチンへ行ってそこのテーブルの上で書類にあれこれを書き入れた。中にはMSF名物「プルーフ・オブ・ライフ」もあった。万が一誘拐をされた時などに本人だと証明するための、自分しか知らない自分の情報のことで、今後も取材はあるだろうからここにはヒントさえ出せない。ともかく俺は書いた。

住宅地に建つMSFエルサレムの事務所兼宿舎

舘さんとシェアした宿舎内の部屋

作っている書類はわりとハードだが、土曜日だったため宿舎の雰囲気はのんびりしていた。すでに世界各地の活動地にそこそこ出かけているので、俺にも勘で曜日がわかった。誰も部屋から出てこないし、電話も鳴らない。特にこの地では、聞こえてくるものといえば時を告げるアッザーンの声だけ。近くにモスクがあるらしい。

じきに人事と経理を担当するケリーと心理ケア責任者のシモーヌという女性が現れ、ちょうどエルサレムの中心に食事に行くというので途中までついていくことにした。事務所の活動がないからには、宿舎にいても仕方がなかった。

元来た道路まで歩き、市内バスに乗ると老若男女あらゆる人がいた。黒いヒジャブで頭を覆う人は少なく、むしろ色つきの布をかぶる女性が過半だった。細い体のパレスチナ人らしき青年はスマホでアラブ音楽を聴いているのだが、なぜかイヤフォンでなく直接音を出していた。誰もとがめない。中には折れ鼻でおそらくユダヤ系だろう男も女もいる。しかし、初めて来た東洋人の俺には正直どこまでがイスラエル人で、どこからがパレスチナ人かがよくわからなかった。

ダマスカス門の近くで降りてケリーたちと別れると、俺たちは観光客でごった返すエルサレム旧市街に入った。世界各地からユダヤ教徒、イスラム教徒、キリスト教徒がぞろぞろと訪れている。石畳の狭い道の角にイスラエル警察の男女がいて、連射の出来る銃を持ったまま周囲に目を配っている。

適当に食堂に入って、丸くて薄いパンと野菜の酢漬け、ひよこ豆をペースト状にした有名な「フムス」、肉を焼いたものなどのセットを食べる。その間にもドイツ人カップルが入ってきて、食べる前に厳粛に長い祈りを捧げ始めた。店のカセットテープからはコーランが流れている。

嘆きの壁にももちろん行った。俺は昔からそこが見てみたかったのだ。イスラム教徒とユダヤ教徒たちが奪い合ってきた聖地。

まず建物の入り口のようなところで荷物と身体をチェックされた。トンネル状の通路を群衆について歩いていくと、やがてパカーンと開けた外に出る。広場のようなものがあって、近くにイスラエル警察の現代的なビルなどが並んでおり、一画にイスラエルの青と白の国旗が高々と揚がっている。

その左端にあるのが石積みの壁で、ぽつぽつとユダヤ教信者が立ち、両手と額をつけては何か唱えているのがわかった。近づく途中に小さな台があり、そこにミントのような草が束になっている。ごつごつした壁自体の隙間《すきま》からは時おり濃い緑のヒゲのような植物が飛び出ており、どうやらそれがヒソプ草と呼ばれる香草なのだった。聖書に出てくるハーブである。

堅牢なビルに囲まれた嘆きの壁で、俺は人の営みを見るつもりだったのに、自分のいつもの興味からなのか植物ばかりを見た。長く重い宗教の歴史が体感的に理解されるかと思いきや、俺は草の種類やら由来やらを知りたいと思ったし、チュンチュン鳴きながら石の隙間に出入りする雀の羽根の柄ばかりを見たのである。

いやそればかりか、別の門の近くで出会った猫のことが俺の脳裏に深く刻まれている。共同トイレの脇に小さな広場があって、俺たちはそこでしばし休んだのだが、少し先の壊れた壁の上にふわりと黒猫が現れたのだ。

猫好きの俺はつい唇を鳴らし、猫を呼んだ。するとやつは気づいて壁から降りた。猫がその距離からこちらまで来たということは、俺の人生で一度もない。家の猫に外で会ってさえ連中は途中でふといなくなる。

が、黒猫は来た。遠くから一直線に俺のもとへ。そして俺が突き出した指の先をかいでから、ゆっくりと向きを変えて去った。あんなことは二度とないだろう。それはいまだに意味のわからない何かの恩寵《おんちょう》であった。

恩寵のことはともかく、その広場から出た俺は舘さんと共に目的もなく旧市街中を歩いた。イスラム教徒地区、ユダヤ人地区、アルメニア正教地区、キリスト教徒地区は全体が小さいから2時間もかからず回れた。

世界の矛盾が凝縮された場所が観光地であることの収まりの悪さはずっと続いたが、今度は人の多い狭い道ばかりで植物も鳥も猫も姿をひそめていて逃げ場はなかった。混乱した頭のまま、最後はふと横道に入り、俺たちはユダヤ人居住区の奥にい

「嘆きの壁」には多くの観光客が行き交っていた

エルサレム旧市街の食堂で

門の近くで出会った恩寵の黒猫

た。

白い石段をあがって右へ左へ進むと、狭い部屋の中でユダヤ教徒の若者たちが黒い服を着て聖書を音読していた。正視しては失礼だし、怒られるのではないかと思った。急ぎ足になった。

すると家々を抜けた城壁の上のような場所に俺たちは出た。遠くにモスクが見えたし、教会が見えた。教会といってもアルメニア正教のものかもしれなかった。俺にはよくわからない。ただ同じように迷い込んだのか、様々な人種が点々とそのあたりに腰を下ろしていた。

みな、目の前の混みあった景色に茫然としているように思えた。

以上は旧市街の観光記録なのだけれど、翌日向かうことになるガザ地区の悲惨な状況と深く結びついている。それもパレスチナへのイスラエルの侵攻という長い話ではない。先に書いておくと2018年5月、トランプ米国大統領が彼らの大使館をテルアビブからエルサレムへ移した。さすがにイスラエル政府さえ逡巡したという話もある。

これが当然パレスチナ側を刺激した。取りあってきた場所をアメリカはイスラエルを代表する地であると認めたことになるからだ。パレスチナからそこを奪うと言って

城壁の上からエルサレム市街を見晴らす

もいい。

それに先立つこと2ヵ月前、ガザ地区ではすでに『偉大なる帰還のための行進』という抗議デモが始まっていた。したがって米大使館の移転反対という意思表示とともに、土地を奪われたパレスチナ難民の帰還とガザの封鎖解除を訴える行動は激化した。彼らは、自分たちの土地を囲むイスラエル側の壁付近でますます抗議の声を上げた。

そして銃で撃たれた。

以後、毎週金曜日、今でも彼らはデモを続けている。そして撃たれている。

これは日本の報道でほとんど見ることのない事実である。

俺たちはエルサレムと聞いても、ああいつもの領土問題かと思うはずだ。よくて5月に激化した抗議デモの参加者に多くの犠牲が出たことについて、ネットニュースを見た記憶が甦るくらいだろう。しかしトランプが引き起こした政治問題は現在も具体的な銃撃につながり、人の死につながっている。

では彼らガザ地区のパレスチナ人はどのように撃たれているのか。何人撃たれ、何人が命を奪われているのか。

また撃たれて生き残った者はどうしているのか。

その地に「国境なき医師団」がおり、粘り強い医療活動と証言活動を続けていることを、俺はこうしてすでに書き始めている。

すぐのちに米国とイランの間に、すわ戦争かという暴力が交わされる前に。

衝撃的なブリーフィング

「昨日ガザから12発のロケット弾がイスラエル領内に撃たれ、迎撃された。イスラエル軍はただちに17発をガザ地区に撃ち返し、パレスチナ人が1人死亡している。いつさらにエスカレートするかわからない」

夕方宿舎に帰った俺たちは、そんな衝撃的な内容のブリーフィングをおそらく東洋系であろう活動責任者エリィ・ソクから受けていた。エリィは少し浅黒い肌でやせており、坊主頭で黒縁メガネをかけた男性だ。

彼は自分の部屋にいて大きなボードを横に置き、そこに印刷されたイスラエル全体の地図を指さしながら言った。

「つまり、現地は一般的な状況だ。明日はガザに入れるんじゃないかと思う」

なんと彼らMSFエルサレムのエクスパッツにとって、ロケット弾の撃ちあいは日常茶飯事なのだった。だからといってもちろん油断しているわけではない。事実エリィはにこりともしなかった。

「さて、ガザはここから西、海岸沿いにあって1時間ほどのドライブで着く。御存知のように何度もの中東戦争で縦長の小さな区域に縮小されており、ごく少ない方法で中に行くことが出来る。ひとつは南のエジプト側から入る道で、ラファという場所を通る。ただしパレスチナ人は一日280人という制限がある上、ワイロを要求される」

俺たちがそこから行くわけではなさそうだった。

「また海に向かってひらけているからといって、そちらから船では近づけない。厳しく警備されていて必ず撃たれる。むろん地上の、ガザを囲む壁側からも一切入ることは不可能だ。そちらも撃たれる」

エリィはまだ笑わなかった。

「ということで、君たちは北側のエレズ検問所を利用することになる」

まるで軍が計画を発表するような調子だった。ブリーフィングがそんな感じになるのは治安に問題のあったハイチ以来だと俺は思ったが、続く話はそれどころではなかった。

まず地図が別なものになった。エレズの拡大図らしかった。エリィはその一部を指した。

「パスポートをここで相手に渡す。すると、こちらのバーが開く。そこを抜けたら最

活動責任者エリィ・ソクからブリーフィングを受ける

初の荷物チェック、身体検査が始まる。ここまではいいかい？」

突然、絶対覚えなくてはならないことが説明され始めたのだった。ガザという自治区に入るために、どのような細かい工程を経るか。まごついていれば怪しまれるし、危険があるかもしれないのだなとわかった。

そこから俺たちはあらかじめ渡されたコーディネーション番号というものを提出し、もう一度荷物と身体を検査され、小さなバスに乗って少し移動するらしかった。バスがいくらの運賃であるかまで、エリィは俺たちに嚙《か》んで含めるように教えた。もし小銭がなければ引き返さざるを得ないのかもしれなかった。イスラエル軍がお金を崩してくれるとも思えない。

このあとのプロセスは翌日のレポートにまかせることにして、エリィの話を聞きながらそういえばと思い出したことを書く。日本にいる間に用意してくれと言われたことで驚いた件があったのだ。

それが両親の名前のみならず、両祖父の名前の提出なのだった。うっかり父方の名を忘れていた俺は母親に連絡して聞かねばならなかった。で、父方が知幸で母方が政司。そのふたつを混ぜて字を変えた上でおかしな音読みにしたのが俺、伊藤正幸であることをおかげで思い出させてもらった。

ともかく、ガザという場所にはそこまで情報を渡さないと入る許可が出ない。なぜか。あとで舘さんに聞くと、両祖父にアラブの名が入っていないかを相手は調べるのだそうだ。アブドラなどという文字が入っていれば俺はガザには入れなかったかもしれない。

さてともかく向こうまでの細かい動線をエリィに教わった俺たちは、全部で3時間ほどかかると聞き、ゆっくり行く覚悟を決めた。さらにエリィは面積365平方キロメートルのガザ地区の中で、ＭＳＦが200万人の居住者のためにどのようなクリニックを運営し、どのような病院の中で援助活動をしているかを説明してくれたし、「グレイト・マーチ・オブ・リターン（例の帰還デモをそう訳す）」の様子なども教えてくれた。

あともうひとつだけ重要な情報をここに再現しておくと、現在多くのパレスチナ人がガザ地区とヨルダン川西岸地区に押し込められているわけだが、前者はイスラム原理主義組織ハマスによって支配され、後者はパレスチナ自治政府の力の下にいる。両者は対立しているから、同じパレスチナでも意見が一致しないし、ゆえにこそおかしなことが起こる。

ここはエリィの言葉を借りよう。

「イスラエル軍に撃たれた者は直接我々ＭＳＦのもとに来てくれない。最初にどこで治療するかをファーストラインと言って、それがとても大切なんだけど、彼らはともかくハマスの公的病院に行くんだ。それはハマスの存在感を示すために決められているることで、我々が手を出すことが出来ない」

この存在感の誇示はイスラエル側のみならず、パレスチナ自治政府にも向けられているに違いなく、おかげで最初の治療でダメージを軽く出来るケースがあったとしても成立しないのである。

他にもエリィは、のちに俺たちが訪問するヨルダン首都アンマンにあるMSFの病院にどのような患者が行くのかの説明もしてくれたのだが、これはそのアンマンのレポートでくわしく書く。ともかく銃創が4センチ以下ならガザの中でMSFが面倒を見るのが基本方針らしいが、先にもある通り一番初めにはハマスの病院に運ばねばならない。しかし感染症や後遺障害のリスクを考慮した適切な治療が追いついていない。

そのハマスについて最後に厳重な注意があった。

「彼らはジャーナリストに神経質だ。写真も気をつけてくれ。MSF施設内ならいいが、屋外は基本撮るべきでない。スパイ容疑をかけられれば君たちは簡単には戻って来られなくなる」

今さらながら大変なところに行くのだなと思った。俺は一体無事に帰ってこられるのだろうか。というか、そもそも入ることさえ出来ずにイスラエル当局に勾留される可能性だって十分あった。

緊張を強める俺たちに、しかしエリィは初めて頬をゆるめてこう言ったものだ。

「けれど、ガザはいい場所だよ。君たちはそこを懐かしむはずだ」

そしてエリィは再び厳しい顔になった。こう付け加えたかったのかもしれない。ことが無事に済めばの話だが、と。

戦場カメラマン、横田さん到着

11月3日。

舘さんと同室で眠った翌朝。日曜日なので食事は各自ということで、夜のうちに買っておいたパンをかじっていると、すでに自己紹介は前日にすませてあった話し好きでかわいらしい年上の女性、ジュヌビエーブさんがまたしゃべりかけてきた。

聞いてみると、彼女は1982年からMSFに参加している古参だったが、それは祖国フランスで看護師を始めて2年目のことで、もともと麻酔を専門にしているのだそうだった。

「毎年、わたしは9週間の休暇を取るのね。で、そのうち4週間を使ってMSFの活動をするの。ええ、40年近くね。今回もそう。アフガニスタンに行く予定でしたけど、キャンセルになったのでエルサレムへ来たのよ」

ジュヌビエーブさんはボリュームのある金髪を揺らし、表情豊かにそう言った。

「やっぱりMSFは充実しますか？」

「参加すると人生が変わるの。そうでしょ？　色んな人と出会えるし、各地の歴史や地政学を知ることになる」

舘さんはそんなジュヌビエーブさんに、俺が作家であり、取材のために幾つかの活動地を回って本にしているのだと説明してくれた。すると好奇心旺盛な彼女は洒落《しゃれ》たメガネの向こう側にある目を丸くして尋ねる。

「今回はどこへ？」

「まずガザです。それからヨルダン川西岸、そしてヨルダンのアンマン」

「まあ、それはそれは。西岸地区ならベツレヘムには行かないとね。わたしは医療ニーズを調べに先週末行ってきたところよ。イスラエルが建てた分離壁にたくさんのアーティストが抗議の絵を描いているわ。そしてホテルが面白いの。まるでロンドンみたいな建築！」

「あ、バンクシーの作ったホテルですね」

「誰ですって？」

「バンクシー。偉大なストリートアーティストです」

ジュヌビエーブさんがバンクシーの名を知らないことは、むしろ彼女の感動の本質をこちらに伝えた。〝まるでロンドンみたいな建築〟がベツレヘムの真ん中にあることが、イスラエル政府に対する世界の目のように働いているはずだからだ。

そんな風にして時を過ごしていると、8時半になってようやく横田さんが入国出来たという一報が来た。予定からかなり遅れた時間で、俺たちはずいぶんと気をもんでいたのでとりあえず安心出来た。

外の小さなポーチでその日のミーティングが始まり、例のロケット砲についての続報などが語られたあと、人事などを担当する中東女性クリスティン・ザイダンが俺たちをつかまえてまたガザ地区についてのブリーフィングをした。念には念をというのだろう。

白いパンツがスタイリッシュなクリスティンは、早口の英語でハマス支配のこと、向こうにアルコールがないこと、現地の人々は自分たちの背景を語りたがるが政治的議論に深入りしないこと、特に田舎の女性には物理的接触をしないこと（これはうっかりハグをしてしまうヨーロッパ人向けの注意）、患者たちはストレスに満ちた状況にいるので気をつけて撮影することなどを一気に話した。

そうやって1時間ほどを光のまぶしい白いポーチで過ごしていると、口ひげを生やした懐かしい戦場カメラマン横田徹が到着した。いつものように内胸にパスポートをしまっておけるシャツをきちんと着こなしている。そしてニヤッと笑うのがこの人の長所だ。ついこっちも笑ってしまう。

「ずいぶんかかりましたね」

「いやー、まいりましたよ。バンコクから来たんですけど、エル・アル航空だったんで、荷物検査からパスポートチェックからとにかく厳しくて」

エル・アル航空はイスラエル国営で、しかも横田さんのパスポートには紛争地のスタンプがたくさん押してあり、さらに荷物の中のカメラの種類が豊富だから怪しまれるのは必然だ。

「着いてからも他の乗客の荷物を持ってるんじゃないかと言われて、別室につれていかれて」

煙草の煙をゆっくりと肺に入れながら、横田さんはそう言い、すぐにニヤッと笑った。

「まあ、入れたんで結果オーライですけど」

その横田さんにもクリスティンはおおまかな説明を加えた。俺たちは立ったままそれを聞いた。

誰々大尉に許可を得ていると必ず先方に言うこと。帰りはさらに検査が厳しくなるから理解しておくこと（つまりガザから何かを持ち出していると疑われるのだ）。ハマスは性的なものやアルコール類、そして豚肉の持ち込みを絶対に許さないから気をつけること。

クリスティンの素早い警告は以上で終わり、黙ってうなずいていた俺たちにようやくＭＳＦの白いベストが渡された。それを着ていることが紛争地では何よりのアピールになる。俺たちは急いでそれをはおった。

するとまた煙草に火をつけた横田さんがこう言った。

「ハマスは煙草ＯＫなんですかね？」

わからないので首をかしげていると、横田さんは付け加えた。

「ＩＳだと吸ったやつは指切られちゃうんで」

指を切られる仕草のあと、横田さんはニヤッと笑った。それはいわばハードな戦場ジョークのひとつなのだった。

10時40分。ＭＳＦのバンで俺たちはついに出発した。ガザ地区へ。いやともかくまずは検問所へ。

だだっ広い平野の中央の道路をひたすら行く間、日本からバンコクへ向かう前にも横田さんには苦難があったことを聞いた。七五三で小さな娘さんに着物を着てもらって記念撮影する手はずだったものが、突然ご機嫌ななめになり、着物も脱いでしまおうとし、説得に大変なエネルギーが必要だったというのだ。むろん娘さんは戦場カメラマンの父親がまた海外に行ってしまうことに抗議をしたのではないか。子供心としてそれは納得が出来ると俺は思った。

ただ、そこで横田さんは本人にとっても意外な解決策を得た。

「それがたった一枚のドラえもんのシールなんですよ。手の甲に貼ってあげたら途端に機嫌がなおっちゃって。いやあ、ドラえもんは偉大です。その時の娘はイスラエル軍より強敵でしたから」

俺たちは車の中でよく笑った。それは緊張のちょっとした裏返しでもあったかもしれない。

手ごわい入境検査

1時間くらい行くと、道路脇にフェンスが目立ち始めた。目指すエレズ検問所なのだとわかる。じき道の先に大きな空港のような施設が現れた。それが前日からイメトレを課されてきたガザへの入管だった。

バンを降りると、フェンスのこちら側でパレスチナ人たちが騒がしかった。施設から出てくる他のパレスチナ人らしき者に大声を浴びせかけている。これは帰りにようやくわかったことだが、ガザから持ち出した農産物などを自分が車で運んでやると話しかけているドライバーたちなのだった。

一方、俺たちの前では一人の少年が台車に大きなずた袋を3つ載せようと必死になっていた。道路が少し坂になっているので、台車が動きやすい。また、載せると袋のどれかが落ちてしまう。しかしまた、そんなところで何をやっているのだろうか。

近くを見ると箱のような詰め所があり、そこでパスポートを見せた。少しして詰め所の向こうにあるバーが上がる。くぐって俺たちはやっと施設に近づいた。気づくとあの少年が後ろからついてきていた。

樹脂ガラスに囲まれた暗い施設まで行き、自動小銃を持った者の脇を過ぎて中へ入る。目の前には幾つかの出入り口があった。

機関銃を構え、腰に2つの弾倉を下げた若い警察官に話しかけた。ガザに行きたいのだが、と。すぐに「9番へ行け」と言われた。数字の通りに9番に並ぼうとすると、こちらも最新自動小銃を構えた女性警察官に「6番」と言われる。いったん外に出ないと6番には行けない。よく意味はわからないが回り直して6番に並ぶ。

そこには頑丈な詰め所があり、鋼鉄だかステンレスだかと厚い樹脂ガラスで出来ていて、こちらとつながるのはパスポートを一冊通すだけの穴のみだった。中の暗がりには係官が1人いて、壁にたくさんの家族写真が貼ってあるのがわかった。耳にイヤポッドをはめたまま、係官は俺のパスポートを見、コンピュータ照合をした末、追加で渡した書類に幾つもハンコを捺した。たぶん俺の祖父の名前も係官は見ただろう。

書類を持って一番右の荷物検査、身体検査場へ移動する。アーチを通るとビープ音がしたが、意外にも係の中年男性は「かまわず行け」と手で示す。荷物をガラガラ引いていくと、またパスポートチェックだった気がするが、そのへんの記憶が曖昧だ。ともかく狭い通路を通り、左右どちらかにまた書類を出したように思う。俺はその時確か、荷物の多い横田さんがそこを通れるかどうか心配になった。

抜けてからまた狭い通路を自分たちで進むが、高いジュラルミンの壁で両側を遮《さえぎ》られているため、体育館のような施設の中の一体どこにいるのかの感覚を失う。やがてたくさんの金属棒が互い違いに出た2枚の回転扉の前に着いた。すでに先客のパレスチナ人のおばさんたちが2人、黒い布をゆったりとまとって大きな荷物を床に置き、棒を押して向こう側へと運び入れていた。

きわめて狭い空間しか許されていない。俺たちもおばさんにならってある荷物は抱え持ち、残る荷物は床に置いてずるずる扉を回した。左右の棒が行き交って、メガネに当たりそうになるのをどうにかよける。誰も見ていないように感じるから、まるでゲームをやっているような気分になる。

ただしこれも帰りに余裕が出来て気づいたことだが、2階にあたる高所のあちこちにベランダがあり、大きな窓があり、そこから係官たちがこちらを見下ろしているのだった。そして特にベランダに立つ者はいつでも自動小銃を撃てる構えをしているのだ。

それをまだ知らない俺は、廊下を行って塀に囲まれた通路に出、その塀の上から差す日光で外とつながっていることを理解してほっと息をついた。俺たちはようやくガザの風には触れたわけだった。そのまま歩くとやがて塀がなくなり、鉄条網で左右を囲まれた通路の向こうに広い畑があるのが見え、その畑にスプリンクラーで水が撒かれているのがわかった。日を浴びた土の匂いがした。大地だ。ガザの大地。

少し先に前夜聞いていたバスが止まっていた。オンボロの地方路線バスのようなものである。一人の中年パレスチナ女性が乗るので、俺たちもあとについた。いつの間にかあの少年が荷物を引きずりながら祖母らしき人と背後にいたが、バス運賃を払う気がないのだろう、そのまま歩くことを選んだ。

俺が座った席の下には、誰かがかじったヒマワリの種の殻が落ちていた。急に緊張感が消え、のんびりした旅行気分になった。さらに中年と若い男性の2人が来て、バスは敷地内を動き出した。少年たちを追い越して、俺たちは3分ほど行く。なぜそれだけの距離をバスにするのかいっこうにわからなかった。さっきまでの厳重な警備のわりに、まるでアミューズメントパークのサービスめいていると感じ、俺は一人でにやついた。

簡易な柵の前でバスは停車した。運転手に一人3シェケルを払った。イスラエル通貨でほぼ100円だ。バスを降りれば、左手に南の島の空港を思い出すような待合室があった。屋根があり、その下に椅子が並べられ、なんと右奥には小さな売店まで完備している。

バスに一緒に乗っていたお母さんが笑顔で前方を指さし、そこにもMSFのベストを着た人がいることを教えてくれた。思えばガザの人々の自然な親切の先駆けがそこにはあった、と今気づく。ベスト姿の人は舘さんの話ではどうやらOCB（オペレーションセンター・ブリュッセル）の所属の現地スタッフらしかった。その奥にもう一人、MSFのベスト着用の白髪の男性がいて、彼は広げられた小さな絨毯《じゅうたん》の上でメッカに向かって祈りを捧げているのがわかった。そちらもOCBスタッフらしかった。

待合室のどんつきにはコンテナを並べて作られた3つの部屋、そして窓口があり、それぞれに安っぽい透明プラスチックで仕切りが付いていた。つい数分前までの物々しい建物とはまるで違っている。窓口の上方には面白いことに『PALTEL』というフリーWi-Fiを宣伝するボードが下がり、壁にはパレスチナ銀行の宣伝ボードが貼られ、同時に一番右側の壁にはアラファト元議長ともう一人、パレスチナ自治政府の現在の議長アッバース氏が写っている写真ボードが掲げられていた。

それで俺にもわかったのだが、自分はまだハマス支配下のガザには入っていないのだった。イスラエルを出て、あくまでもまずパレスチナ自治政府（略してＰＡ）支配下のエリアにいたのだ。

彼らの窓口で、俺たちのパスポートと書類はチェックされた。終えてもまだＭＳＦの迎えを待たねばならなかった。ＯＣＢの現地スタッフが俺たちのためにその迎えの人に電話をしてくれていた。その間に仮設トイレに入ってみた。そこもオンボロだが、しかし清潔だった。出るとたくさんの蛇口が並んでいた。イスラム教徒はよく手を洗う。

30分ほど待つ暇つぶしに横田さんが売店へ行き、彼が大好きなコカ・コーラを買ってきてくれた。それも一本１００円ほど。暑いのでぐいぐい飲んでいると、横田さんはパッケージのアラビア文字を見てこれはエジプトから入ってきた物資だと言った。前の日にエリィが言っていたラファという町を通って、ガザにもアメリカの象徴コカ・コーラが届いているのだった。

しばらくのんびりしていると、やがて俺たちを数日守ってくれることになったドライバーがＭＳＦのベスト姿で現れた。彼はヤセル・ハープという名の中年男性で、とても痩《や》せていてきれいな浅黒い顔立ちをしており、右足が少しだけ不自由なのか内側へ向けてゆっくり歩く癖があった。彼の責任感の強さはにこりともしない真面目な表情でわかった。

ＰＡからガザへの入境許可証発行に時間がかかったとヤセルさんは手短に言った。しっかりした紙に印刷されたその書類を俺たちはそれぞれもらい、彼についてＭＳＦのマークが入った白いバンに乗った。

道の左右には、一応という感じの鉄条網があった。「一応」と言うのはたいした高さもなく、穴などがあったからだ。ちょっと行くと検問所があり、そこではドライバーのみが自分の出入りの証明書を見せた。

検問所を抜けるとすぐ、大きなコンテナが幾つか前に出てきた。その前を何頭ものロバがとことこ走り、荷車を引いている。バイクの警笛と人の声がうるさいほどで、周囲がやたらにエネルギッシュなのがわかった。混沌というのだろうか、とにかくその土地が現代と少しずれているのが把握されたのである。いい意味で。

バンを降りてヤセルさんのあとを行くと、現地の男たちがそれぞれ適当な椅子に座って時間をつぶしていた。彼らは俺たちを見て「ジャパニーズ？」と聞いてくる。近頃はたいてい「チャイニーズ？」なので珍しいなと思いながら「そうだ」と答えると、連中は「ハロー」と口々に言って、手を振ってみせた。全員笑顔だ。

男どもの挨拶シャワーを抜けた先に、やはりコンテナがひとつあり、薄暗い部屋になった奥に係官がいるのが見えた。ヒゲを生やした背広姿の、ガタイのいい男性だった。ノートパソコンを広げてのぞき込んでいる。

俺たちはヤセルさんと共に、気を使いながら静かに中に入った。それがハマスのチェックだとはっきりわかったからだ。

そして、やはり彼らは手ごわかった。

ドローンの監視の下で

そこに最も時間がかかった。

ヤセルさんの控えめで粘り強いアシストにもかかわらず、係官は入境の許可を出さなかった。

ずいぶんしてから係官は舘さんの書類を指さし、写真が古いと言った。見てもさして古くはないし、舘さんも3ヵ月前の撮影だと答えたが、係官は2年は経っているとにべもなかった。一度コンテナを出て、俺たちは近くのベンチに座ってひたすら待った。待てばどうにかなる問題かわからなかったが、すでにイスラエルを出てPA支配下のエリアを通過してしまっていた。戻る選択肢はあるのだろうか。

ヤセルさんはスマホでどこかに何度も電話した。中天にあった日光は次第に傾く。

1時間くらいしてまた部屋に呼び戻された。各自職業を聞かれ、滞在期間を聞き直された。そのあげくまた舘さんの写真に文句がつき、しまいには横田さんのものにも疑問があるということになる。

俺たちは再びベンチに戻り、ただひたすら自分たちの処理を待った。目の前の細い道にはガザ地区のおじさんおばさんが通り、道の向こう側ではやはり入境してきた何人かの現地人がテーブルの上で荷物検査されていた。ある女性はヒジャブ姿で検査官に文句を言ったりもする。その様子は八百屋で何かをねぎっているようで、横田さんも煙草を吸いながら思わずこう言ったくらいだ。

「二子玉川から北千住に来た感じですね。まだガザの端っこに入っただけなのに、もう人間くさい」

じっくり待つと、やがて係官が痩せたメガネの男に交代した。ここが落とし所だろうと思ったが、わざと知らぬふりでのんびり景色を眺めた。それから30分ほどしたろうか、俺たちは新しい係官に呼ばれ、もっとくわしく職を言えと迫られて、どうくわしく言ったものかあれやこれやを答えた。

するとようやく許可が出た。道を少し戻り、最初に見たコンテナの前面に出来た窓口で書類の手続きをする。さらに道を渡ってテーブルに荷物を載せ、すべて開けて検査を待った。

相手はさほど荷物を見なかった。

「アルコール？　メディスン？」

「ノー」

それでやっとすべての工程が終わった。

バンまで帰る途中、まだあの現地の男たちがそれぞれまったく同じ席にいた。どうやら奥が食堂になっているらしい。ほとんど全員が俺の顔を見て、知りあいのように軽く笑みを浮かべ、手を振ってくるので俺も自然に微笑みを返した。子供が一人、なぜか寄ってきて俺を見上げる。とにかくガザの連中は人懐こい。

中の一人が俺たちの背中に言った。

「ジャパニーズ！　ウェルカム・トゥ・ガザ！」

俺は西部劇の誰かみたいに、振り向きもしないでやつらに手を振った。

午後2時、俺たちのバンはしばらく土煙を上げながら集合住宅の脇を行き、品物の少ない小さな商店がまばらに開く道を通り、ロバの引く荷車に2段ほどのザクロが積まれるのに目をやり、窓ガラスのない窓が多い建築物が並ぶガザ市内に入った。

目立つのは不思議と美容院で、営業しているかどうかは定かでないが、入り口にモデルの色褪せた写真が様々に出ている。確かに中東の若者はたいていきれいに襟足《えりあし》を刈り上げていて、中央の毛だけ残すいわゆる2ブロックが多い。彼らがヘアスタイルを常に気にしているのは、乱れた髪の男を一人も見ないことでわかる。

そのうちバンは広い道路に出た。ＵＮ（国連）と書かれた車とよくすれ違うのは、紛争地や難民の多い地帯の特徴だ。どきっとするのは交差点にちょいちょい政治的なアピールが置かれていることで、例えばある交差点には大きな黒いロケット砲のレプリカがあり、それがしっかり斜め上を向いていて、それを輸送する車に「Ｍ75」とデカデカと文字が書かれているのだ。装甲兵員輸送車を気取っているらしいのだが、それはアメリカのものなので、コカ・コーラと同じく奇妙な気がした。

また少しでも壁があるとグラフィティをするのもガザの名物らしく、あちこちに様々な絵が描かれていて、時には軍人を誇るようなプロパガンダのようなものさえあった。これはおそらくバンクシーがなぜイスラエルに抗議をするグラフィティをこの地で描いたかにもつながることだと思う。彼は現地のパレスチナ人たちと同じ立場で、あの辛辣《しんらつ》でラブリーなメッセージを送っているつもりだったに違いないのだ！

そのことは来てみなければわからなかった。

あ、ＭＳＦガザのオフィスへは入境から15分ほどなので、あわててもうひとつガザ地区の特徴を。彼らは一日に8時間の停電を余儀なくされている。イスラエルから送られる電気が十分ではないからだ。したがって午後の道路を行く俺たちのバンは、消えた信号の下を走らねばならなかった。

そしてじきに俺たちは、いつもの懐かしい「ＭＳＦ」のロゴを目にする。白い鉄扉に描かれた赤と黒のロゴ。どこで見ても安心する。そこには一切の兵器が置かれていない。誰であれ丸腰でしか入れない場所だ。

ヤセルの顔を見た警備員によって扉はすぐに開けられる。すでに来たことがあるような錯覚におちいりながら、俺は荷物を持って敷地内に入った。少し行って建物の階段を上がると、中にメンバーたちがいる。また左にポーチが見えて、そこにも仲間が集まっていた。とにかく誰彼なしに挨拶をするし、向こうもそうする。あっという間に10人ほどの友人が出来ていた。

がやがやするうち広報のキャンディダという元気なイタリア人女性が飛び出してきて、俺たちに荷物を置いてまずは食事をしましょうと言う。確かに朝から何も食べていなかった。鉄扉を出て道路の向こうに渡ると、広くて感じのいい新しいカフェがある。そのあたりの地帯に来るまでまったく食事関連の店を見なかったので、これはうれしかった。しかもキャンディダが店員の青年たちに声をかけると、すぐに数人が集まってきて席に連れていってくれる。ちなみに彼らは食事の最後においしいエスプレッソを俺たちにおごってくれて、初対面のご挨拶だと言っていた。それがガザスタイルの親切というものだ。

時を戻そう。俺たちはメニューをまかせてフルーツジュースを頼み、キャンディダからの身ぶり手ぶりの熱っぽい手短なブリーフィングを受けたが、こちらでもやはり抗議デモの話が中心であった。MSFは1989年以来ずっとガザで活動しているらしいが、去年までとは内容がすっかり変わってしまったというのである。それまでは熱傷の手当てが主だったのだが（つまりやけど。貧しい経済基盤の国ではこれが怪我《けが》のトップに来ることが多い）、いきなり銃創を診なければならなくなったからだ。

ただキャンディダは女性ならではの情報もくれた。この地区ではイラクより女性が働いている、というのだ。つまり宗教が女性を規制する圧力がさほど強くないらしい。それはのちのち自分たちでも気づくことだが、果たしてそれがパレスチナ全体に言えることかはわからない。

それからここでももうひとつ、付け加えておくことがある。フムスと辛いペーストをパンに挟んでいる俺たちに向かって、キャンディダは大きな黒目と人さし指の先を上にあげてこうささやいたのだ。

「ドローンが一日中ずっと上空を飛んでるから注意してみて。イスラエルから来てるの」

その時はまるでUFOのことを言われているように感じた。だが、数日して俺にもドローンの存在は容易にわかった。

ガザはいつでも厳重に監視されており、なんなら上空から爆撃される恐れがまるで絶えない場所なのだった。

デモで撃たれる若者たち

スタッフ全員のミーティング

翌11月4日早朝。

起きたのはガザ地区にある「国境なき医師団」（ＭＳＦ）オフィスにほど近いビルの６階（日本で言うと7階、以下現地表記に従う）のひと部屋で、その建物には上から下までエクスパッツ（外国人派遣スタッフ）が滞在していた。

一人ずつにあてがわれた部屋はそれぞれ広く快適で、それまで活動地で体験してきた中でトップクラスだった。もちろんベッドはへたってるし、カーテンはありあわせの布みたいな感じだし、まだ暗いうちに近くのモスクから時を告げるアッザーンが大音量で鳴り響いたけれど、毛布は洗ってあるし、シャワーは共有でなくタイルの床がぬめぬめしていないし、トイレも工事現場みたいに横に並んだプレハブでなく専用だし、文句のつけようがない。

リビングに出て、買っておいたバナナを食べ、MSF広報の舘さん、戦場カメラマン横田徹さんと共に階段を降りて外に出た。菓子売りの小さな屋台を道路脇に出した青年が笑顔で手を振ってくる。広めの道を渡ろうとすると、おじさんが古ぼけた車を停めて譲ってくれ、頭を軽く下げると逆に大きく頭を振って好意を示す。相変わらずの親切ぶりだ。

「ガザはいい場所だよ。君たちはそこを懐かしむはずだ」

MSFエルサレムの活動責任者エリィが言っていたことの意味が早くもわかった気がした。そして滞在中その印象は微塵《みじん》も変わらず続くことになる。

周囲に誰一人として東洋人はいない。一般にそういう場所だとこちらは完全に無視されるか、からかわれるかのどちらかになる。しかしガザはまったく違うのだ。彼らは興味本位でじろじろ見ることもなく、単によく来たなとうれしそうに笑う。あるいは手を振る。

ともかく俺たちは宿舎から歩いて2分ほどの病院の前を通り、角を曲がってオフィスに着いた。8時前。すでに多くの現地スタッフが2階建ての建造物の中を歩き回っていて、こちらを見るとにっこり笑う。寄ってきて自己紹介をしあう。それ自体は海外に出ると常識的な態度だが、パレスチナ人の場合の笑顔の大きさ、握手の強さにも無類の人なつっこさを感じた。

財務担当のエドナという女性はたどたどしいが日本語を話した。なぜしゃべれるのか聞こうとしているうち、広報のキャンディダが飛び出してきた。

「おはよう！」

彼女はとにかく元気がいい。南イタリア人の気性にパレスチナは合っているのかもしれなかった。事実、彼女はここが大好きだと繰り返し言った。

「アッザーンはうるさくなかった？」

「さすがに目が覚めました」

「耳栓あるから、困ったらどうぞ」

そう言いながら、キャンディダはオフィスの、それほど広くはないポーチに向かう。これから朝のミーティングが始まるのだ。

そこには二十数人の海外、国内スタッフがいた。ジェンダーも肌の色も様々だし、素晴らしいのは前日俺たちを運んでくれたヤセルさんたちもいたことで、要するに医師も看護師も事務方も運転手もすべて参加しているのだ。

体の大きな現地スタッフが何か話し出す。するとそれをパレスチナ人で医師のアブ・アベドが英語に訳す。みな集中して彼の言葉を聞いた。オールバックで太い黒縁の眼鏡をかけたアブ・アベドはガザでの活動における精神的支柱に見えた。実際前日紹介された時もキャンディダがこう言っていたくらいだ。

「彼はこの地において、天地開闢《かいびゃく》以来のすべてを知ってるの」

ミーティングの中でももちろん俺たちも正式に紹介された。改めてみんながにっこり笑って口々にハローとか、よく来たねとか言い、少し遠くにいる人は手を振ってくれる。

続く議題は前日のガザのセキュリティで、北のエリアに飛んでいたイスラエル側からのドローンがハマスによって撃ち落とされたこと、南のハン・ユニスで銃撃があったことなどが話された。

最後に、運転手ヤセルさんが謙虚な仕草で手を上げ、女性の活動を讃《たた》えるようなことを話して拍手を受けたが、アブ・アベドの翻訳がよく聞きとれなかった。がしかし、特に女性スタッフの拍手が熱く鳴ったことを覚えている。

ミーティングが終わると、キャンディダがコーヒーは飲むかと聞いてきた。飲みたいと答えるとキッチンまで連れていってくれる。

ガス台に置かれた大きなやかんの口から湯気が出ていた。黒い衣服に身を包んだ体格のいいおばさんがいて、どうやら食事担当らしかった。彼女が俺にさあ飲め飲めと仕草で示す。

よくわからずにいると、アリアという白い肌の中東の女性がやかんのフタを取って

スタッフが集まる朝のミーティング

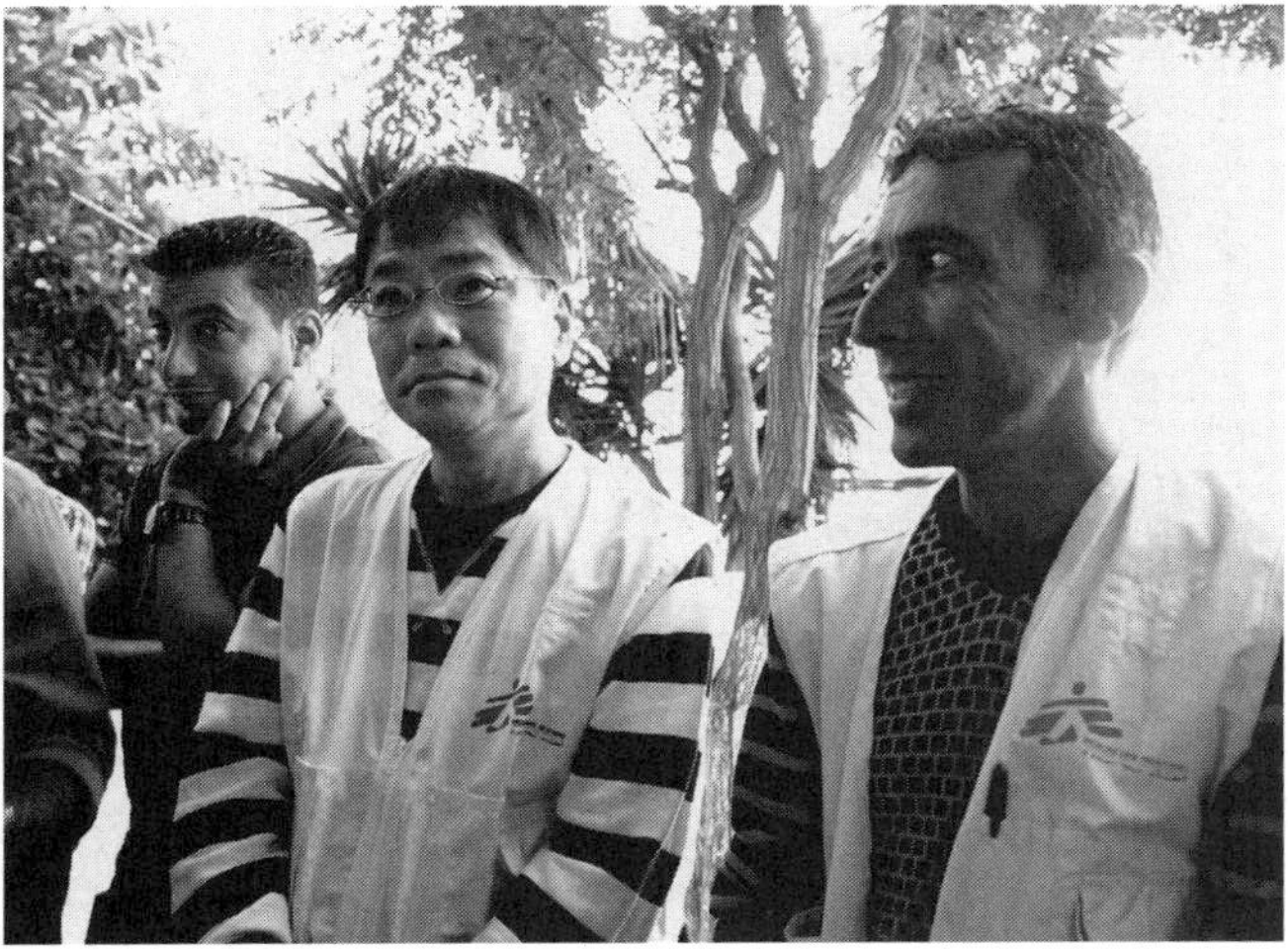
ドライバーのヤセルさんも参加していた（右）

くれた。中は焦げ茶色のトルココーヒーだった。アリアは上澄みの白っぽい泡をスプーンで俺用のカップによそった。そこがうまいのだと言う。多めがいいと教えてくれるので砂糖もどっさり入れ、すすってみるとカフェインが頭にガツンと来た。

「うまい」

と言うと、アリアもおばさんもうれしそうにうなずいた。それで俺は以来、トルココーヒーの虜《とりこ》になったのである。

おもちゃめかした爆弾の非道

8時45分、MSFのバンで俺たちは南に向かい、ミドル・エリアとハン・ユニスという地区にある2つのクリニックと、MSFが関わる唯一の入院施設があるダルアルサラム病院に向かった。一般にMSFでは病院とは20床以上のベッドのある医療機関で、クリニックはそれ以下となっているから、ガザでも同じであるはずだ。

通訳の超英語のうまい現地スタッフの小柄な眼鏡女子オーラ・サレム（なんと独学だというが、これがいかにもニューヨーカー風の英語なのだ！）も加わり、ヤセル運転のバンは一度海沿いの道路に出た。右側に緑と青に染まった地中海が広がった。見えはしないが斜め後ろにキプロス島があり、海をずっと行けばクレタ島、そしてギリシャ本土があるわけだ。そこは封鎖さえされていなければきわめて開放的な地形の中にあった。

実際、やがて見えてきた海水浴場跡には白い砂の海岸が延び、木で出来たビーチチェアが並び、中にはブランコ状になった椅子などもあって、人がパラパラと歩いていた。

ともかく巨大な内海の果てにパレスチナはあり、当然交易も盛んで栄えていたことが感覚でよくわかった。その歴史が、彼らからすれば壊されてしまったのだった。海水浴をする者が一人もないのは晩秋だからでなく、撃たれて波の上に浮くからかもしれなかった。

やがてバンは左折し、家々や小さなモスクや荒れた草地、砂ぼこりの舞うゴーストタウンのような場所を抜けた。そしてミドル・エリアのひとつ目のクリニックに着いたのが15分後の午前9時。

ミドル・エリアとはいえ、もう少し南に行けばエジプトとの国境なので、ガザ地区の狭さがよくわかる。ちなみに、そこに200万人近くが住んでいるわけだ。

クリニックはさびれた住宅街の奥にあった。バンを降り、近くの食堂のおじさんと手を振りあうと、俺は珍しく何も描いていない鉄扉の中に入った。平屋の施設の正面にＭＳＦのロゴが看板化されてあった。

右の壁の内側沿いにプラスチックの椅子が並んでいて、すでにそこに数人の若者が座っており、多くは足に包帯を巻き、のちに説明する外装器具をはめていた。どういう表情をしていいかわからずに固い顔で挨拶したが、彼らは陽気なもので手をすかさず振り、ハローと叫んで笑顔になった。思わずこちらの顔もほころんでしまう。

彼らが写真を撮ろうと呼びかけてくるので、俺はやつらを背後にして自撮りをした。うまく撮れていなかったが、そんなことは彼らには無関係だ。みな声を上げて盛り上がっている。

キャンディダによれば、彼らは毎日診察に通っている患者たちで、中にはイスラエル兵に足を撃たれて骨髄炎になった者もいた。具体的にどのような症状であるかはのちに書く。なにしろガザ地区の病院はそういう患者だらけなのだ。しかも毎週、被害は続いている。

涼しい季節とはいえ、日光は十分に降り注いでいた。俺たちはその眩《まぶ》しさを避けるように建物に入った。

中は小部屋に分かれていた。まずよく冷えていてベッドを用意された空間があり、おそらく緊急患者を診《み》るのだろうと思った。廊下の奥に行くとリハビリのゾーンになった。ひとつの部屋に入ると正面にデスクがあり、少年が座っていた。看護師が横につき、コリをほぐすシートのような何かを3枚ほど左手首にあてている。

ガザのミドル・エリアにあるMSFのクリニック

その手首から先がなかった。

そこはつるりとすぼまっていて、かつて手のひらがつながり、指があった気配が消えていた。俺は近づきかけていた足を止めそうになり、それが最も失礼だと反射的に思い直してわざと笑顔になった。

「ハロー」

それはガザの人々の親切さに甘えたやり方だったかもしれない。少年はハローと小さく言い返したが、決して笑わなかったから。

彼はイブラヒム・ハブメディと言い、13歳だった。ある日イスラエルが作った境界線近くへ行き、落ちていたおもちゃを拾った。それがおもちゃを装った爆弾だった。イブラヒムの左手首から向こうは激痛とともに消えた。

おもちゃめかした爆弾。そんな非道が彼らの日常である。その狂気に貫かれた日常がいまだ残ったイブラヒムの体で、ただし狂気自体は姑息《こそく》なことに破裂して消えている。そんな複雑なことを一瞬考えたのも、正直彼にどう言葉をかけ、どんな質問をすればいいかわからなかったからかもしれない。

そして結局、俺は看護師にしか質問出来なかった。

「それはどういう医療器具ですか？」

イブラヒムは俺とのコミュニケーションのために上げていてくれた顔を伏せてしま

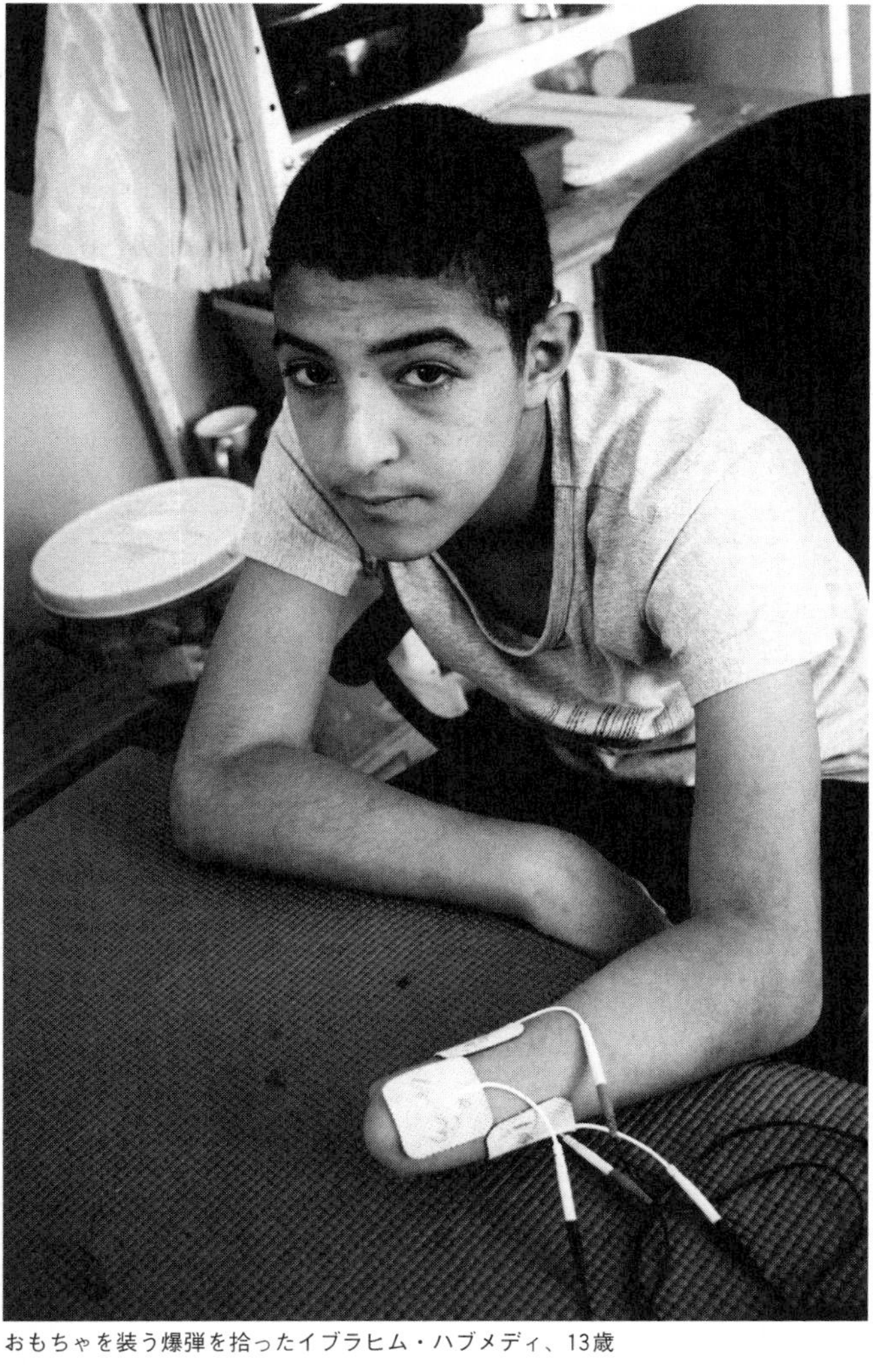

おもちゃを装う爆弾を拾ったイブラヒム・ハブメディ、13歳

った。俺は自分を情けないと思った。

看護師は小さな器具で低周波を患部にあてていた。ファントムペインへの対策だというから、幻肢痛《げんしつう》への医療であった。イブラヒムは現実の痛みに苦しんだあと、今度は不在の左手首の痛みに襲われていた。

いつまでそれが続くものかわからなかった。左手首のない彼が今後もその苦しみと向きあわねばならないとしたら、そんな不条理はないと思った。イブラヒムはガザ地区に生まれ、おもちゃを拾っただけなのだ。

俺は頭を下げて「またね」とだけ言い、無言の彼の治療室を出た。

さらに奥の部屋には、不安定な板の上に乗ったおじさんがいた。おそらく片足がなく、義足なのだろう。別の部屋には17歳のムハンマド・ホジャイエという男の子がおり、右手首全体にやけどがあって、女性看護師がその皮膚の再生を促すために丁寧にもんでやっていた。そこそこに戻るまで治療に1年半くらいかかるという。おじさんもムハンマドも銃撃など直接的な紛争被害者ではなさそうだった。

次の場所に行こうとすると、ムハンマドは傷ついた右手を差し出してきた。俺は迷いなく握手をした。イブラヒムに対して出来なかったことをさせてもらえるのだ。ありがたくて俺はムハンマドに深く頭を下げた。

別の部屋のベッドには、怪我をしたばかりという18歳のファエズ・アティアがいた。医師がその痩せた上半身を診ている。聞いてみると、先週ファエズはガザ地区とイスラエルを分断する境界線の近くでデモに参加していた。前にも説明したが、イスラエルに土地を奪われたことから始まった毎週金曜日の『偉大なる帰還のための行進』が、2018年5月の米国トランプ大統領によるイスラエル寄りの政策によって刺激され、激化しているのだった。

激化といっても人数が増えただけで、例えばファエズも武器を持っていたのではない。にもかかわらず、彼は撃たれた。つまりまぎれもなくそれは紛争被害者だった。

「ここから弾が」

ファエズはベッドに腰かけたまま、Tシャツをめくって体をひねった。背中の左側にごく小さな穴があった。幸運なことに彼を襲った銃弾は左胸から飛び出ていた。あとからたくさんの被害者を見たから今ではよくわかるのだが、銃弾が入った箇所が若者の胸であまりに薄かったため、破裂する前にそれは外に出たのだった。しかし肺も内臓もやられていなかったのは奇跡に近かった。

聞けば、18歳のファエズはすでに3回銃撃に巻き込まれていた。他の傷跡はなさそうだったから、銃弾は偶然彼をよけたのかもしれない。それまでは。

さすがに実害を受けて、彼のデモへのモチベーションは下がっただろうと思いきや、日本でいえば高校生のファエズはごく小さな声でこう言った。

「これは自分たちの土地のためのデモです。パレスチナの自由と土地のために、僕はまたデモに行きます」

そのファエズのかすかな声と無表情に俺はとまどった。すでに何度も銃で狙われ、ついに銃弾で背中を撃たれた若者がいまだ抗議行動に固執している。だが、それにしてはあまりに静かだった。熱狂的なものがないのだ。

死のうとしている者のように。

足と仕事を奪われて

近くのベッドには、杖で通って来た青年がいて、左足の脛《すね》に巻いた包帯を替えてもらうところだった。緑色のユニフォームを着た看護師がゴム手袋をはめて、包帯をハサミで切った。青年は痛さに顔をしかめた。

マルワン・ミデン、21歳。

前週の金曜日、彼もまたデモのさなかに撃たれた。親戚がＭＳＦのことを教えてくれてすぐにクリニックへ来たという。

事情を話しながら、マルワンは持っていた青い封筒を開け、自分の足の大きなレントゲン写真を出した。左足の脛の骨が見事に砕けていた。銃撃の強さがわかり、まだ足があることの方が不思議だと思った。

「またデモに行きますか？」

舘さんがそう聞くと、マルワンは怖れを目にあらわして首を横に振った。

他の部屋には、右膝の下から足首までを腫《は》れ上がらせている青年がいた。体格のいい男で、つばを丸く曲げたキャップをかぶっている。怪我さえしていなければよく働くだろうと思わせるものがある。

モハンマド・ハワス、21歳。

右足は太く膨れ、あちこちがまるで古い木の根のように変色し変形しており、環《わ》を縦に繋いだ形の外装器具で守られている。その環の内側からは所々金属の細い棒が出ていて、肉の奥まで食い込んでいるのが痛々しい。

どこから説明していけばいいものやら、ともかく彼はデモ参加者にコーヒーや紅茶を売っていて撃たれたのだった。彼自身がデモ参加者ではない上、背後から攻撃されたことは傷口ではっきりわかった。

看護師が説明してくれたのだが、恐ろしいことに弾は〝小さく入って大きく出る〟ようになっていた。19世紀にハーグ国際会議で禁止されたダムダム弾（着弾すると衝撃で頭がつぶれて傷口を広げる）の今版のようなものだろうか。弾は人体に入ると爆裂し、肉や骨をより大きく損傷しながら外へ出ていく。

ゆえにモハンマドの右足は様々にえぐれ、波打つように変形しているのだった。

しかも骨が砕けているので、完治することはなく、骨はくっつかない。そのまま傷が癒えても足としての機能はなくなっており、歩行できない、足に体重をかけられないなど、障害が残る。外装器具で固定しているのは長さを保つためで、その状態のまま手術など繰り返し、自分の骨盤の骨の一部を取って足に補充していくらしい。

複雑な技術を必要とする医療だが、クリニックの正門近くで見た若者たちも同じ外装器具を付けていたのを思い出す。つまり多数の負傷者が高度な治療を受けざるを得ないのが、このガザ地区の状況なのに違いない。

「撃った相手に言いたいことはありますか？」

舘さんはズバリそう聞いた。

すると仏頂面《ぶっちょうづら》をしたモハンマドは言った。

「俺を撃ったやつが何を思おうが言おうが知ったこっちゃねえ。ただ、俺自身は後悔している。あんなところに行くんじゃなかった」

そして同じ調子で彼は続ける。

「仕事をしたいが、この足じゃ無理だ」

何を答えていいかわからず、俺はうなずくしかなかった。

そこで一番初めに会った看護師が小走りに病室に来て、あの片手のイブラヒムが見、

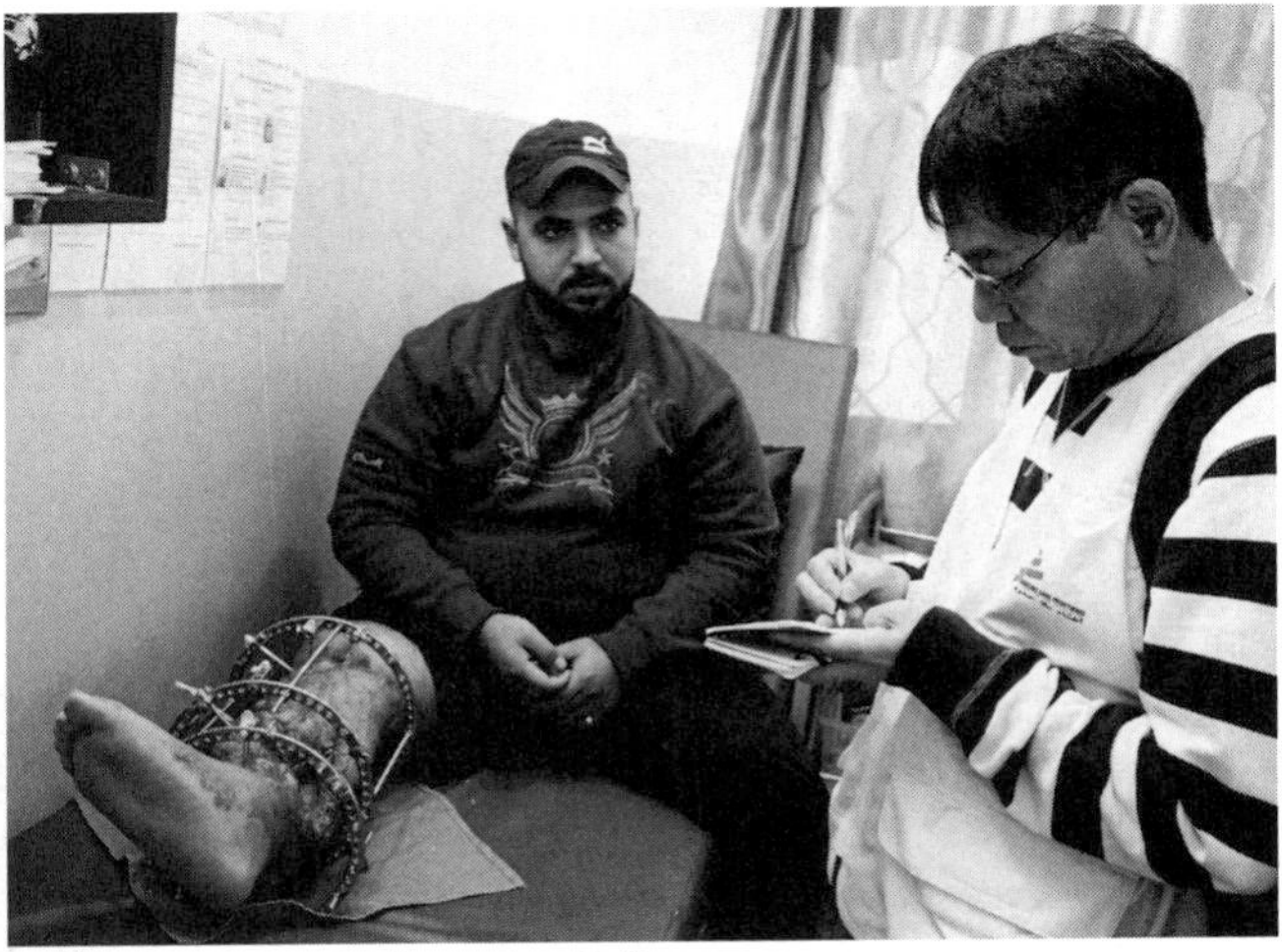

右足を負傷したモハンマド・ハワス、21歳

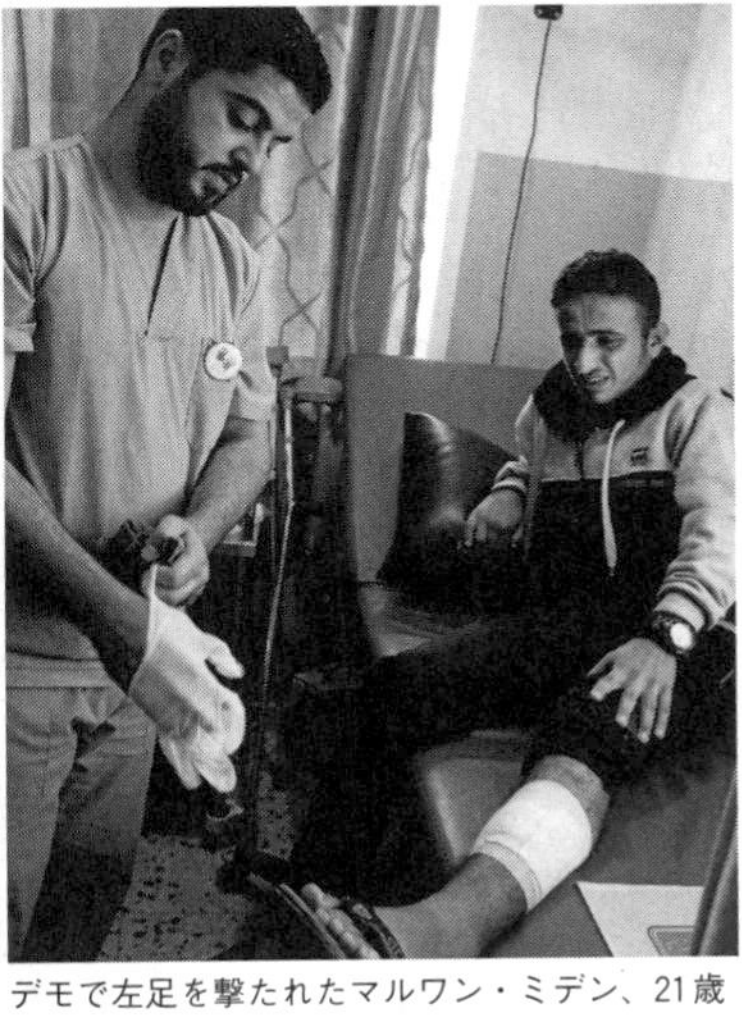

デモで左足を撃たれたマルワン・ミデン、21歳

事に、、、やり遂げ、、、たと言う。何をかわからないまま、俺は来た順路を急いで元に戻った。

部屋に入ると、相変わらず正面に少年がいて、彼の目の前のデスクの上に青やピンクや緑や白のブロック玩具が積まれ、城のようになっていた。

正直、残った右手による単純な作業で出来たものであることがわかったが、看護師がさあ見ろと示しているからには今までにないことなのだろう。実際イブラヒム自身が照れたように微笑んでいた。俺はすかさず、おお！　と反応し、写真を撮らせてくれと頼んでスマホを構えた。

気持ちは入り組んでいた。無理におだてているように受け取られれば彼を傷つけてしまう。ブロックの城はあまりにシンプルで、それが自分の顔に出ているように思えた。

けれどどうあれ救いはイブラヒムの小さな笑顔で、彼こそが俺たちに気を遣ってくれていたのではないかと今も感じる。

先端的なペインマネージメント

今度は奥の方の部屋に呼ばれた。

イタリア人麻酔科医のサンドロ・ゾルジ医師が、どうしても会って欲しい患者がいると言っているらしい。

中に入ると上下黒いジャージ姿の31歳、サマ・アブルースという目の澄んだ男性が椅子に座っていた。その脇にいるのが互いの自己紹介からすでに精力的に語るサンドロ医師で、サマさんのために医者、カウンセラー、ソーシャルワーカーが複数体制で支えているのだと説明してくれた。

そもそもサマ・アブルースは２０１８年に腕と胸を撃たれ、それでもデモに出て同年、今度は一発で両足を砕かれたのだそうだ。

「我々の中でも、彼は難しい患者だった」

それは通常の医療だけのことではなかった。

サマさんは精神的に傷ついて抑鬱《よくうつ》状態となり、「まるでゾンビみたいだった」と言うのである。銃創を負った患者にはメンタル面でも十分気をつけなくてはならないことは、ガザオフィスのアブ・アベド医師から聞いていた。患者は「撃たれた」ことにショックを受け、何度もフラッシュバックに襲われる。その上、彼らは職を奪われるため、気分の落ち込みに見舞われてしまう。

こうした患者を複数体制で支えようというプロジェクトが、ＭＳＦのガザオフィスで始まったのが２０１９年1月。

「同時に我々は痛みのマネージメントにも気を配った」

痛みというものは精神面より来ていることも多いので、ペインマネージメント専門の医師を中心に、心理的アプローチをとっているのだという。これは非常に大切なことで、患者が痛みや治療と上手に向き合いながら自立した生活を送り、その生活の質を上げてもらうことが目的だという。

例えば日本では無痛分娩《ぶんべん》が普及しておらず、妊婦が苦しむほど出産が尊いとされている。これは単にペインマネージメントという意識に遅れがあるからだと俺は思っている。すでに様々な治験が世界にはあり、最先端医療分野のひとつがこの痛みの取り扱いであることを（痛みはメンタル的なものを含む）、俺は各国ＭＳＦの現場を見て深く実感している。

サマ・アブルースは最初に受診した病院で治療がうまくいかなかったため、治療自体に疑心暗鬼になっていた。しかしここで負傷の状態が丁寧に説明され、治療を続けて行くうちに、当初はしかめ面だった彼にも笑顔が見られるようになってきた。幸い、足は切断せずにすみ、骨髄炎も面倒なことにならなかった。

ただ3人の娘を持つサマ・アブルースには、収入が断たれる恐怖があった。もともと大工や電気工事、金属加工など職人としての誇りをもって仕事をしてきた。

「以前の暮らしを取り戻すための梯子《はしご》を少しずつ上ろうとしていますが、まだ1段目に足を乗せたにすぎません」

そう言うサマさんにサンドロ医師が言う。

「悪夢はどうだい？」

サマさんは即答した。

「ないね」

そして、短くこう付け加えた。

「今は毎週また金曜日のデモに出かけてる」

医師たちは知らなかった事実に驚き、ざわざわした。それでいいのだろうかと心配になる俺をよそに、パレスチナ人のソーシャルワーカーが親指をぐいっと上げた。


もう一人、隣の部屋にいた少年のことも書いておこう。

ただしうっかり彼の名前を聞き忘れてしまい、あとで問い合わせてもすでに外来には来ていないため、本人には申し訳ないが名無しのままで進めざるを得ない。

彼はイブラヒム同様、境界線のそばで遊んでいた時に落ちていた爆発物を触り、3週間前に両手を怪我したという。包帯をしっかりと巻いており、お兄さんに見守られているのだが、その兄貴は正門のそばでたむろしていた若者たちとさっきまで一緒にいて、私と写真を撮った子だった。

弟にとっては痛みの外来に来た初めての日で、周囲の医師や看護師はまず点滴を打ち、今後どのように治療していくかの方針を立てた。

興味深かったのはVRゴーグルがあったことで、なんとMSFガザでは麻酔薬や鎮痛剤などとともにバーチャル映像をペインマネージメントの一環として使用しているのだった。

灰色の軽いマシンだった。付けさせてもらうと、眼前に南の島の風景があった。ゆっくり下っていく細い道の両側は草むらで、蝶や鳥が優雅に飛んでいる。目指すは木々の間に見えるビーチで、俺はそこへ少しずつ近づく。

いかにもなCGだが、それが痛みに苦しむ者に効果があるらしい。あとで別の病院で患者に聞いたが「気が散っていい」そうだ。

しかも最初は貧しいガザ地区になぜ先端医療が？　と考えていたのだが、それは実際には非常に安く済むのだった。ゲーム機を買うようなレベルでペインマネージメントの一端を担わせることが出来るのだ。

まさかという場所でバーチャル映像を体験した俺は、そこで建物の外に出て、正門脇に戻った。

若者たちはまだそこにいて時間を潰していた。失業率がきわめて高い上、撃たれて治療中だからやることがないのだった。ちなみに治療代は他の国同様、MSFが出している。

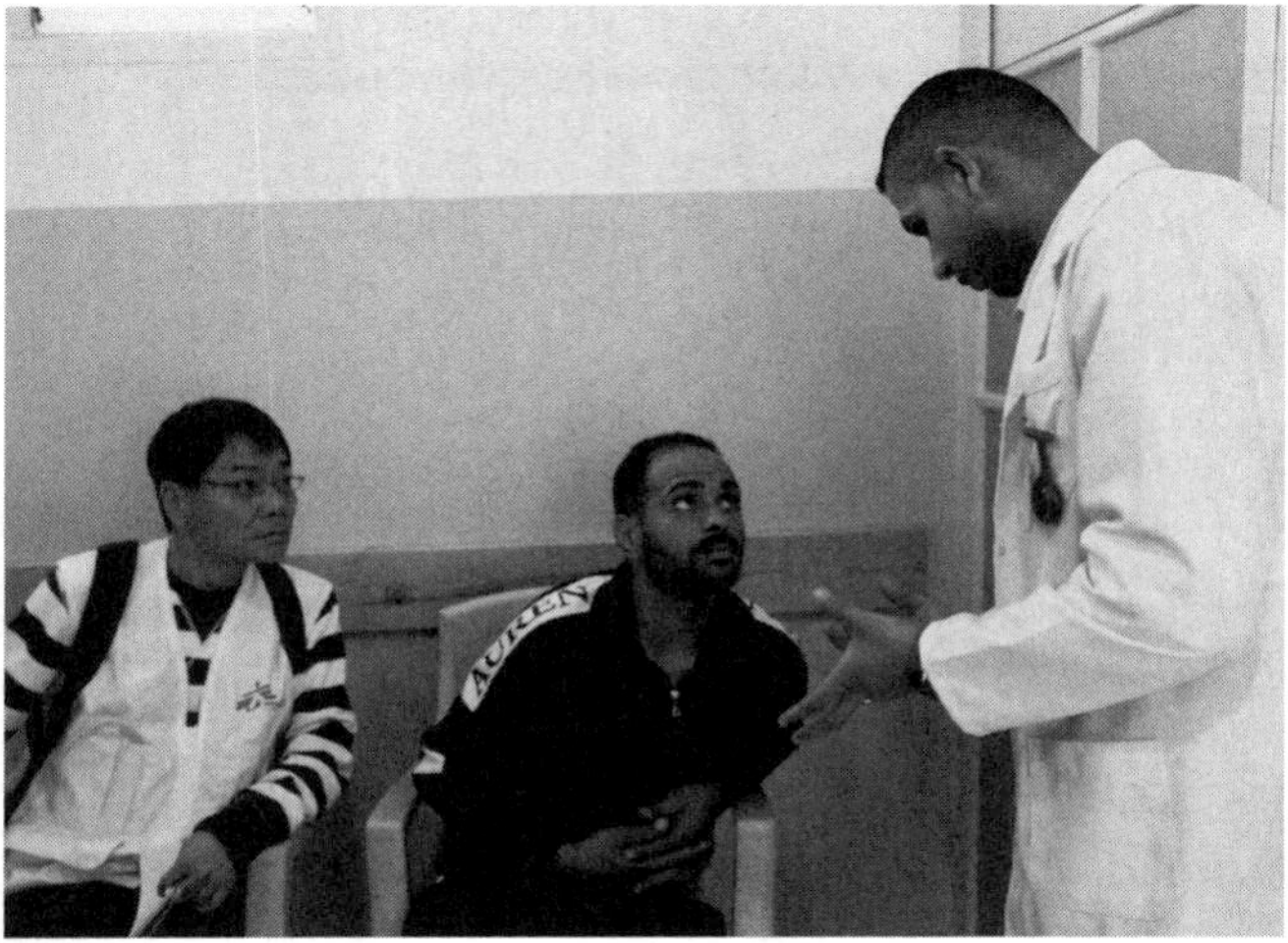

医師の説明を聞くサマ・アブルース、31歳

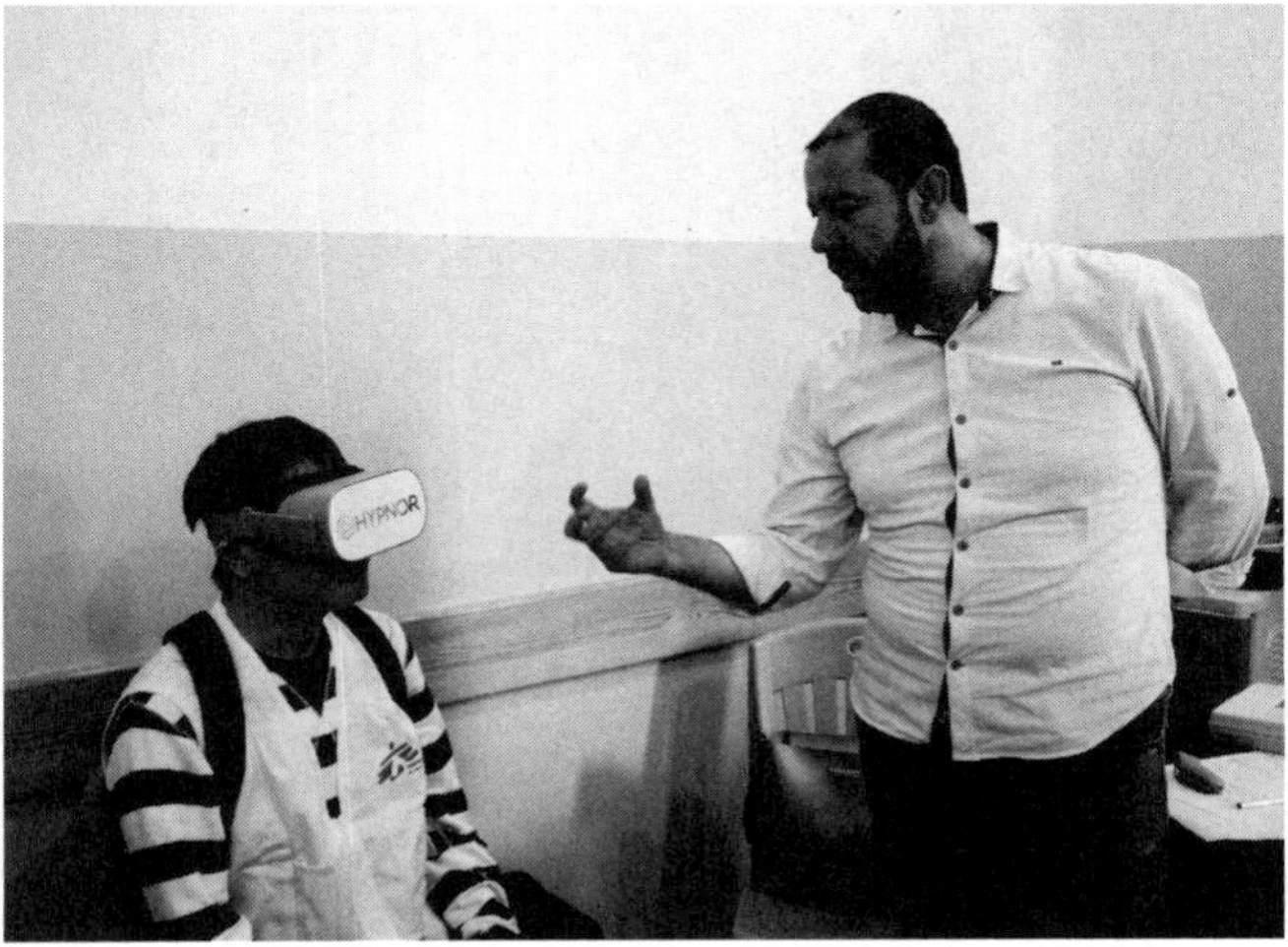

VRゴーグルでバーチャル映像を体験する

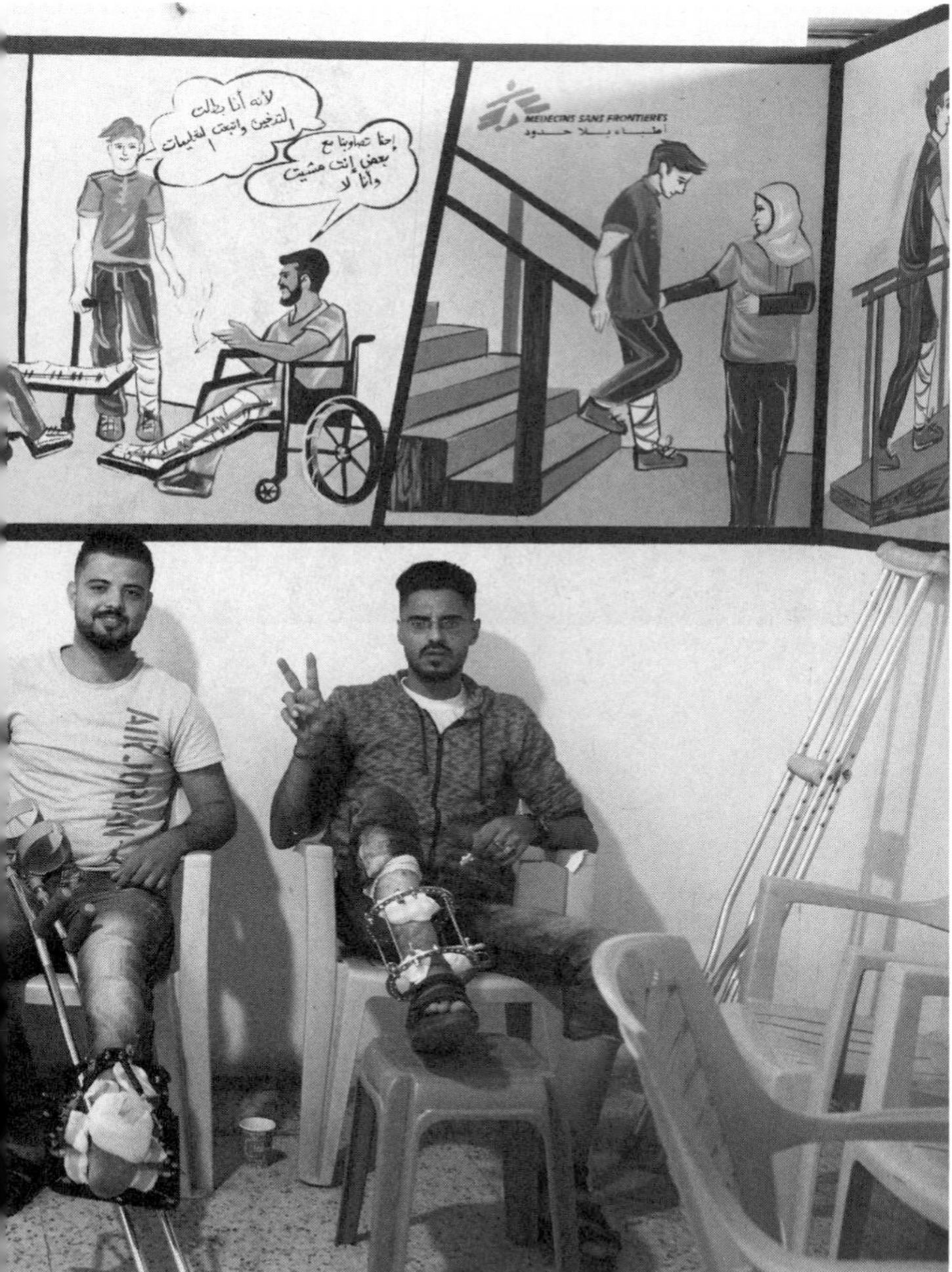
لأنه أنا بطلت التدخين واتبعت التعليمات !
إحنا تصاوبنا مع بعض إنت مشيت وأنا لا
MEDECINS SANS FRONTIERES
أطباء بلا حدود

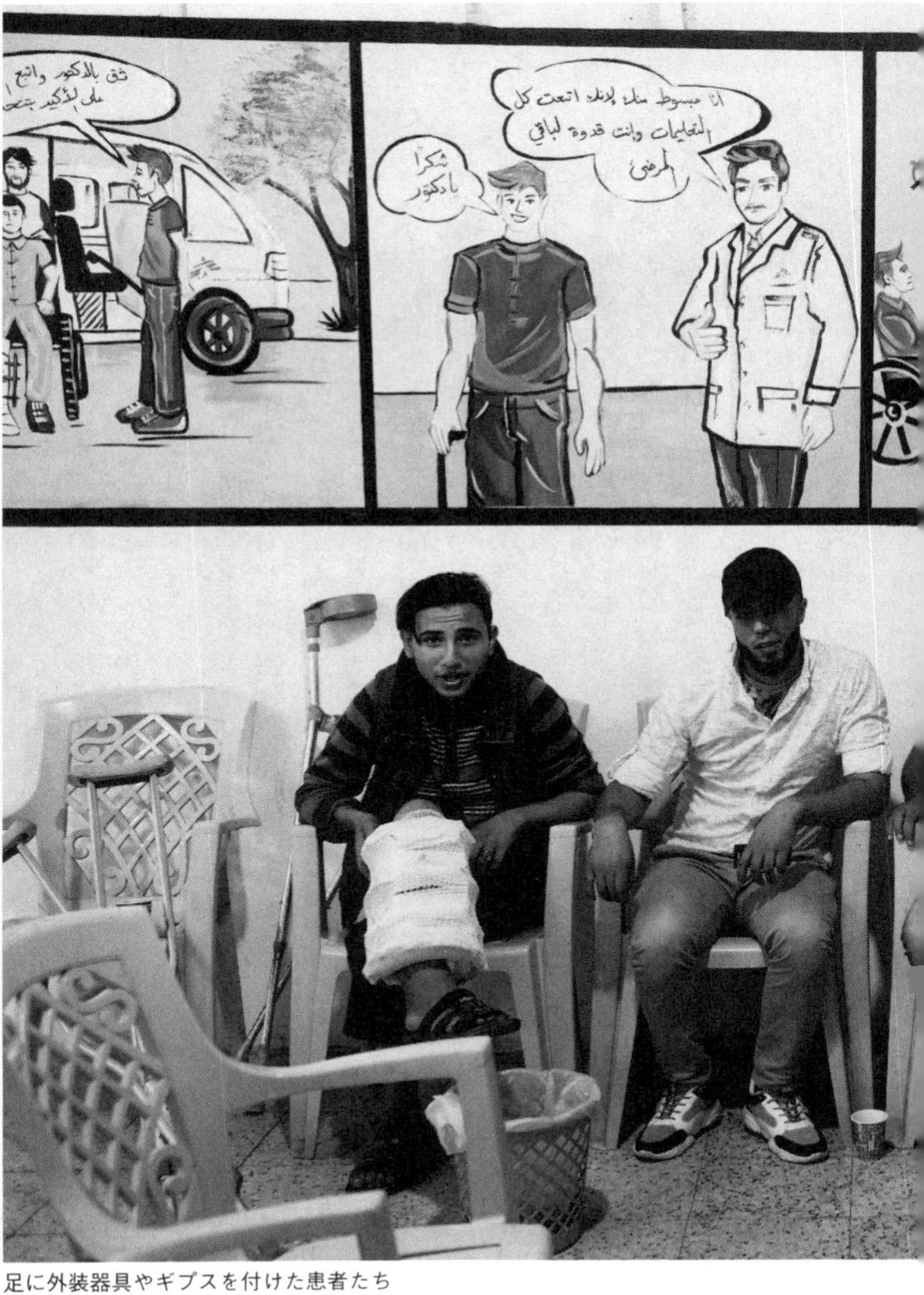

足に外装器具やギプスを付けた患者たち

連中はほとんどみな2ブロックのヘアスタイルを決め、髭《ひげ》に手間ひまをかけ、おしゃれな短パンやジーンズで、ただどちらかの足に外装器具を付けたり、腿《もも》から爪先までをギプスで覆ったりしていた。

中にはラッパーじゃないかと思うようなジャージ姿の伊達男などもいて、俺はどの国でもそういうギャングスタまがいのやつに近づく傾向がある。通訳を通してあれこれ話していると、彼らのうちの一人が「7発くらってもなお金曜日にデモに出ている」猛者であることがわかった。タフなやつだ。

ただし、エルサレムでエリィに聞いた話もここには同時に書いておかねばならない。デモで怪我を負ったものにはハマスから金銭が贈られるらしく、職がない若者としてはそこに行って撃たれること以外、暮らす道がないとも言えるらしいのだ。

そして不思議なことに、命を落とす者よりも足を撃たれる者が圧倒的に多い。イスラエル側は人を殺して国際的に責められるより足を撃った方がいいとも考えられ、しかも撃たれた者は例の弾丸で深く傷を負い、周囲もその世話をせねばならなくなるとすれば、パレスチナ側の国力は金曜ごとに損なわれているのである。

したがって、どちらの陣営も彼ら若者の足を政治利用しているのだとも言える。

また、若者の中に一人、顔全体にやけどを負っている者がいて、何者かが家に火をつけたというのだが、これはガザ内部での争いに関係するらしく、深く聞いて刺激しないようにと通訳のオーラからきれいな英語で釘を刺された。

よみがえる父の思い出

そこから30分強移動し、もうひとつのハン・ユニス地区にあるクリニックに寄った。全体はかつて公立の病院だったのだが、今は敷地の右側がＭＳＦのエリアになっているというケースだ。

鉄扉を抜けると、右側にアバヤという中東ならではのワンピース姿の女性たちが10人ほどいて、みなそれぞれに手を振って微笑んでくれる。その警戒心のなさに改めて心を打たれながら、医院内に入った。

まず廊下の一部に絨毯が敷いてあった。そこに裸足で乗り、体を折ってメッカの方角に祈りを捧げている男性がいた。そのための絨毯である。

最初のクリニックと同じように細かく分かれた部屋があり、最初に中に入った目の前にベッドがあって、その上で小さな子供が泣いていた。湯がかかって足にやけどをしたそうだ。マムード君、３歳である。

両足に巻いた包帯を看護師が交換するところで、マムードは血圧を測られつつ、透明マスクで笑気ガスを吸い、気分が落ち着くようにしじゅう優しく話しかけられている。

やけどは1週間前で、応急は国連の病院が担当し、そのあとの医療をMSFが受け継ぐ形になったらしい。前にも書いたが、本来MSFはガザで熱傷への医療を中心に行っていた。土地が銃創を負った者だらけになる前までは。

包帯が取れ、ただれた皮膚があらわれる。マムードはさらに大声で泣く。別の看護師が来て、彼の両足に薬を塗布し始めた。週3回、彼は来院して、泣いてばかりいるとのことだった。

俺はマムードの様子を見て、自分の父親のことを思い出した。銭湯で何度となく見た父の腹、腕、手の甲の一部の皮膚は白っぽくつるんとしていた。彼が幼児の頃、兄弟の誰かに押されていろりに転落し、命の危ぶまれる大やけどをしたのだと聞いていた。

その時、父の感じた恐怖がいかほどであったか、いまだに誰がやったかの推測を語ろうとしない父の意識の奥に、ひょっとして憎しみは潜んでいるのだろうか。

自分は父が抱えてきた体中のやけどのことを、マムードのただれた皮膚を見ることで初めてきちんと考え始めた。父のコンプレックスを。父の無言の重さを。

父が危険を脱するまで、祖父は彼を抱いて寝たらしい。その折の祖父の思いはどうだったのか。父はどうだったのか。俺はマムードを見て、まるで他人事だとは思えな

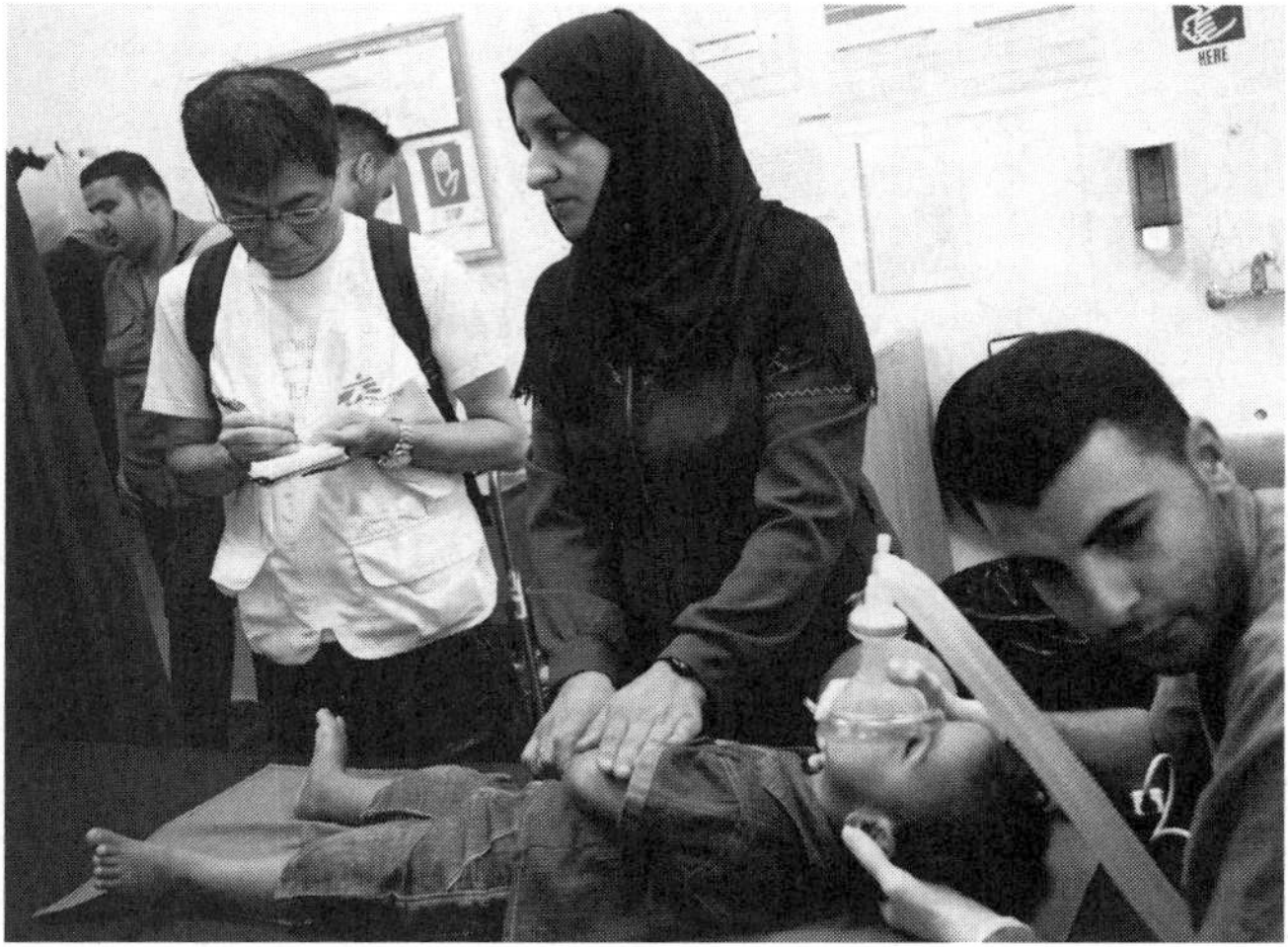

足にやけどを負ったマムード、３歳

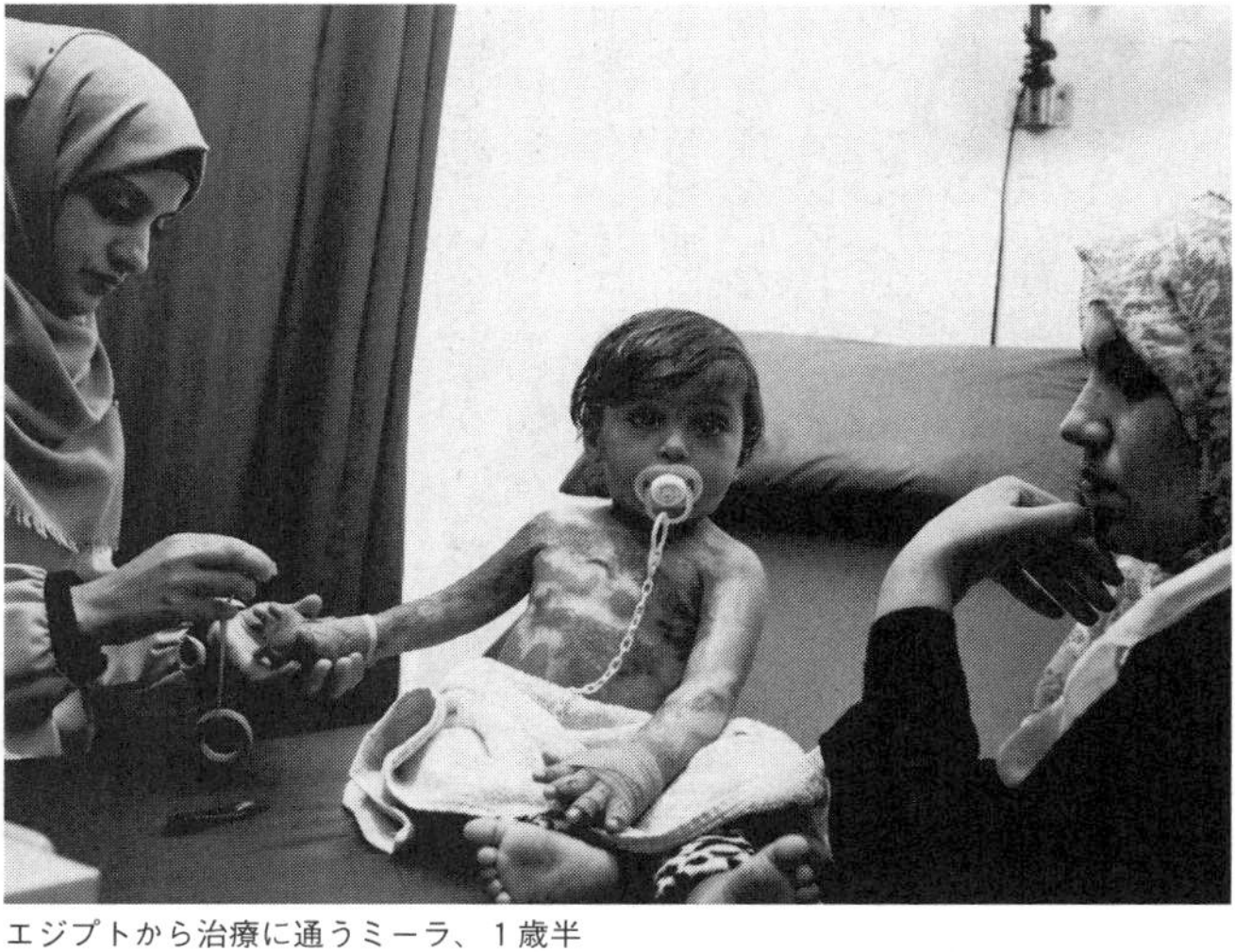

エジプトから治療に通うミーラ、１歳半

くなっていた。

一方、マムードは触って欲しくなさの絶頂で、ズボンにおしっこを漏らした。

隣の部屋ではさらに幼い、1歳半のミーラという女の子への治療が始まっていた。6ヵ月前に湯の沸騰したやかんをテーブルから落とし、全身に湯を浴びてしまったのだという。

上半身裸でいるミーラの腹にも胸にも背中にも赤黒い帯のようなただれがあった。全身に皮膚移植の痕《あと》が残っている。正直、よく生きていたなと思うほどだった。看護師はその肌に丁寧に薬を塗り、その上に収縮を防ぐシリコンシートを貼っていった。シートの効用は22時間で切れるため、ミーラは毎日通院しているとのことだった。しかも、まだ少なくとも1年は治療を続けなければならない。

驚いたことに付き添いの母親とミーラはともにエジプト人で、緊急治療を祖国で受けたあと、国境を越えてハン・ユニスまで来ているらしかった。つまりガザ地区の一部のリハビリはMSFのおかげで高いレベルにあるのだ。

シリコンシートで体を覆ったミーラは、続いて特殊な伸縮素材で出来たダイビングスーツのようなものを着せられ、頭まですっぽりそれで包まれた。塗布した薬が最もよく効くように計算された治療だそうだった。

「エジプトにいたら感染症の危険もありました」

ミーラのおとなしい母親はそう言った。度重なる移植で皮膚のあちこちが固くもなったが、転院してリハビリを続けることで今では腕も伸びるし、おかげで物もつかめるのだと母親は続けた。

土地を取り返すにはデモしかない

子供たちの部屋を出て、整形外科医、看護師、理学療法士の詰めた部屋を次々に訪問した。

そしてまた俺たちは一人の患者に話を聞くことが出来た。彼が負っていたのは熱傷ではない。銃創。

ターリック・ナセル、31歳である。

『偉大なる帰還のための行進』が多くの人を巻き込んだ最初、つまり2018年3月30日のデモで、彼は右足を撃たれた。といっても彼自身はデモの様子をスマホで撮っていただけだという。

見れば右ふくらはぎの肉が持っていかれ、変色していた。ということは後ろから撃たれたのだった。これはターリックだけではない。証言活動はMSFの重要な任務であるから、俺もその方針にしたがって証言しておく。今まで会ってきた銃創患者全員が背後から狙われていた。

スマホ撮影中に撃たれたターリック・ナセルはその場に倒れて気を失ったそうだ。気づけば民間の病院にいて、床に寝かされていたのだという。

その日は何百人というパレスチナ人が撃たれていた。

これはガザオフィスのアブ・アベド医師も言っていたことだが、その夜、ガザ中が銃創患者だらけになった。患者が次々に運ばれ、ありとあらゆる医療機関の人間たちが幾晩も眠ることなく稼働した。

「東京でもパリでもニューヨークでも、あれだけの負傷者に対応するのは不可能だ。だが私たちガザには出来たんだ」

アブ・アベド医師はそう言ったものだ。

ターリックもまた、その日に被害を受けた一人だった。14時に撃たれて、手術が20時。それでも各医院に数十人ずつが運ばれたとすればおそるべきスピードだ。目を覚ましたら足に外装器具が付いていたそうである。

「驚いたよ、まったく」

ターリックは表情豊かにそう言った。ただ状況は最悪だった。電気工だったが怪我で失職し、人生が変わってしまった。

「カタール政府から月600シェケルの支援金はあるが、とても食べてはいけない」

とターリックは付け足した。600シェケル。2万円弱。それが噂に聞いた、デモで負傷した若者への援助だろう。他国からハマスを通して渡されているはずだ。

「これからリハビリを重ねて、将来をどうなさろうと考えていますか？」

舘さんが質問した。ターリックはすかさず答えた。

「こんな足で未来があると思うかい？」

答えられない俺たちに彼は続けた。

「だけど適応していくしかないんだよ」

どう適応するのだろうと苦しく感じていると、ターリックは自分の足を示した。

「この器具を見てたらとてもデモにはいけない。でも我々の土地を取り返すにはそれしかないんだ」

撃たれた足を抱えて生きていく話から、パレスチナの戦いに話題は直結した。

彼らにとって適応とは沈黙ではなかった。

最後にターリックはこう言った。

「眠る時も大変なんだ。撃たれた瞬間のことを何度も思い出す。何度も何度もだ」

13時に入り口近くのお母さんたちに手を振りながらクリニックを出て、ダルアルサラム病院へ移動した。確か十数分で到着した気がする。

意外なことに病院は立派な高層ビルで、緑とクリームに塗り分けられたかわいらしいデザインになっていた。まるで初めてビルを見た人間みたいな感じで肝をつぶして仰いでしまったのは、一日の滞在で早くも平屋のクリニックやその前をとことこ通るロバにすっかり慣れてしまったからかもしれない。

中の受付は透明樹脂に囲われ、エレベーターも当然あった。元がハマスの病院で、今はMSFと共同して使っている形であり、そうした相互乗り入れがガザでは一般的であるようだった。

キャンディダに導かれて、俺たちは5階に向かった。ラミー・アブアンザという名の看護スーパーアドバイザーと落ち合い、案内をしてもらう。

階の中でも「最も難しい患者」が入るのがルーム5だそうで、中には青い使い捨ての服を着たスタッフがおり、スマイン・シーベーカーという18歳の若者の世話をしていた。

ベッドに横たわるスマインもまた足を銃撃されていた。骨が砕けて足りなくなっているため再建外科の治療も必要なのだが、扱いの難しさはそこだけではなかった。

ここでようやく骨髄炎の話をくわしく書こう。これまでも患者たちはこの感染症に苦しめられていた。あるいは幸運にも炎症が出ないで済んだ。

前に書いた通り、撃たれると銃弾は出口を大きくえぐる。そして同時に傷口から外界のばい菌がはいってしまう。銃弾が骨を粉砕すれば、そこに菌が入るリスクは当然高い。

骨というものは無菌であり、ばい菌がひとつもいない部分なので、菌が骨に感染すると、簡単に骨髄炎を起してしまう。骨髄炎は抗生剤で治療するが、長期にわたる治療が必要だ。しかも、いくつもの抗生剤が効かないやっかいな多剤耐性をもった菌に感染してしまうことがあり、そうなると、さらに難しく長期にわたる高度な観察と知識を要する医療が必要となる。

つまり足を一発撃たれるとは、肉をえぐられ、骨を粉々に砕かれて短くされ、感染症で体内を冒されることとなのだ。

ルーム5のスマインはまさにそうした複合的な被害をこうむった青年であり、多剤耐性のため感染した細菌を抗生剤で殺すことが難しくなっていた。また、耐性菌を他の患者にうつしてはいけないため、厳重に隔離されているのだった。

他にダルアルサラム病院では緊急24時間体制が組まれているそうで、ペインマネージメントも充実していると聞いた。〝患者のためにナースが歌い踊る〟という話を聞いていたので、確かめてみると本当のことだった。抑鬱状態にならないように、また精神的な面からくる痛みを和らげるために、看護師たちもあらゆる工夫を惜しまないのだという。

俺はさらに3階に降りて手術室を見たり、入院患者の部屋を訪ねたりした。基本的に各クリニックと同じような医療があり、ただそこは入院が出来るためゆっくりと時が流れているように思った。

ビルの外に出てバンに乗った俺たちは、帰る途中であの海水浴場に降りた。ドライバーのヤセルさんの注意により、目立った撮影などはしなかった。どこかから見張られているかもしれないとのことで、イスラエル側に逮捕されればMSFの関係者といえども面倒なことになる。

そもそも入境している段階で、イスラエル側には俺たちの行動が筒抜けになっているはずだった。さすがに日々の行き先は報告していないが、尾行すればすべてわかることだ。

静かに静かに、俺たちはさびれた海水浴場から西の海を見渡した。ここから逃げることさえ出来ないという抑圧は、パレスチナ人の誇りを常に傷つけ続けるだろうと思った。

『I LOVE GAZA』というキャッチフレーズが大きめの飾りとなり、あたかもそこが楽しいリゾート地であるかのように台座の上にしつらえられていた。周囲に人はまばらで、なんの音楽もかかっていない。

横田さんは、その台座に座ってくれと小声で俺に言った。

「ほら、今の我々の気持ちじゃないですか。I LOVE GAZA」

なるほどと思った。

せめてもの意地のような感じで、俺たちは黙ってそこで記念撮影をした。

振り向けば後ろは地中海で、そちらから数千年変わらず射しているはずの午後の光が波をきらきら黄色く照らしている。

ガザに生きる人々からの伝言

厳しい制約の中のメンタルケア

翌11月5日。

朝8時過ぎにガザのオフィスへ行くと、すでにポーチでのミーティングが始まっていて、アブ・アベド医師が互いの言葉を翻訳してくれるのを大勢のスタッフが立ったまま聞いていた。途中でオフィスに届いたハガキを読みあげる者もおり、みな静かに頭を垂れてその文面に集中する様子は祈りに見えた。

あの色の白い中東女性にまたコーヒーを勧められた俺は、キッチンで勝手にマグカップを選び、その中に泡立つ濃い茶色の液体を注いでもらった。なんとなくそれがいつもの日課のように思えてくる。

砂糖で甘くしたカフェインの渦を飲み終えると、初めて2階に足を踏み入れることになった。幾つかに分割された部屋のひとつで俺たちを待っていたのはローレンス・ル・ソメールという女性で、すでに顔は見知っていたが役職を聞いたことがなかった。短髪で眼鏡をかけ、ボーダーの長袖シャツを着た彼女の仕事名はちょっと長い。

「ヘルスプロモーション・サイコソーシャル・サポート」

略してＨＰＰＳＳという部署のマネージャーである。要するに医療援助活動のうち心理的問題のサポートを担当している人物らしい。

彼女に話を聞くまでもなく、「国境なき医師団」（ＭＳＦ）はメンタルケアを重視してきた。ここガザでも方針は同じであり、心理的問題をサポートする業務は、他のあらゆる部署と共に進められねばならない。

ただしローレンスいわく、ＭＳＦガザにＨＰＰＳＳが入ったのは前年のことだという。それは例のデモ参加者に対するイスラエル軍の銃撃で多くの患者が発生したため、にわかに患者と医療側とのトラブルが多発し、それに対応する心理的なサポートの必要性が増したということらしい。そもそも心に傷を負っているのみならず、患者が多過ぎるため診療まで待たされ、ストレスを抱えてしまうことが問題の発端だったということだ。

ローレンスたちはソーシャルワーカーを各クリニックに1人ずつ常駐させ、患者一人ひとりの事情や抱える不安を理解することにより、徐々にトラブルを解消していったという。またカウンセラーが患者の治療に関わる軽度な精神疾患に対応し、投薬が必要な重症ケースなどは他の専門医療機関に搬送できる仕組みも構築した。さらに骨髄炎を発症した患者が治療の正しいプロセスを守るように指導する新たな取り組みも始めたところだという。

ローレンスはまたイタリアの人道援助団体発のネットワーク『EducAid』のことも教えてくれた。四肢切断などハードな状況の患者たちが、互いにサポートしあうのだという。患者の苦痛について医療者側だけでは理解しきれない部分をカバーするための橋渡しだ。なるほどこれは有効だろうと思われた。

「我々はガザの規則で家庭訪問による治療は出来ません。それも悩みなんです」

本来は動けない患者のもとへ医療を届けたいのだが、支配者の政治的判断でそれが不可能で、仕方なくＭＳＦではドライバー業務の人々が患者を車で迎えに行き、病院に連れてくる。

「それからガザの規則で、精神科の仕事や薬物療法が出来ないのもつらいところです」

ローレンスはそう言った。カウンセリングまではよくても、それ以上の診療は規則で認められていないのだという。心の中に入り込まれたくないのか、あるいは精神疾患に対する差別があるのかはわからない。

「ここではドラッグ依存症にも対応させてもらえません。ただし麻薬じゃなく痛み止めの薬への依存です。それさえ私たちは治せないんですね。ケアの仕組みがないからです」

聞けば聞くほど活動には厳しい制約があるという実態が明るみに出てきた。

俺は続いて、彼女自身のキャリアも聞いてみることにした。すると彼女は他団体も含め、人道援助団体での活動を30年続けている大ベテランだった。近いところだと前年までMSFでレバノンにおり、その前は他団体でエジプトにいたという。始まりは25歳。すでに看護師だったが、学生時代から人を助ける仕事をしたいと考え、海外での職務にも憧れていて地元フランスを出ると、あらゆるフィールドで働いてきたのだそうだ。

人道主義者中の人道主義者。それがカジュアルな服装で勤務しているローレンス・ル・ソメール、その人なのだった。

金曜日ごとに負傷者が増える

同じように長いキャリアを持つ人物が、医療チームのリーダーである医師モハマド・アブ・ムガイセブ。前章と本章の冒頭にも登場した通称アブ・アベド医師である。

俺たちは改めて彼に話を聞くことにした。

ベストを着たダンディな医師、オールバックのアブ・アベドはクウェート生まれ、ラトビアで医学を修め、親がパレスチナ人だったこともあって現地の医療系NGOに入ったあと、ギリシャでMSFミッションに参加し、2005年からOCP（オペレーションセンター・パリ）が運営するガザのミッションに参加しているのだそうだ。

そのアブ・アベドは彼の部屋でこう言った。

「ガザの医療状況は非常に複雑だ」

それはそうだ。度重なるイスラエルとの戦争があり、薬も人材も電気もままならない。しかも、医療者に対してガザ政府は4割しか給料を払うことが出来ず、2008年には病院のストライキさえ起きたのだそうだから。したがって当然人道援助団体からの治療にしか頼れないわけだが、先に書いたようにやれることに縛りが多く、動きにくい。

「その上、あのブラックデイだよ」

2018年5月14日。

パレスチナ難民の帰還を求め、在イスラエル米国大使館のエルサレム移転に抗議するデモ参加者への攻撃。

この日と翌15日で、負傷者は2768人、死亡者は62人出た。

撃たれた者たちは次々に地元病院などへ運ばれ、むろん人道援助団体のもとへ移された。MSFの病院にも300人の銃創患者が運ばれたという。

「手術室には列が出来ていた。廊下からも屋外からも叫び声があふれ続け、私たち医療スタッフは50時間働き続けた」

地獄のど真ん中にいるような日々だったろう。

だがアブ・アベドがすでに前日話していたように（「東京でもパリでもニューヨークでも、あれだけの負傷者に対応するのは不可能だ」）、ガザの医療者たちは見事な仕事をした。

ただしもちろんこのブラックデイでの患者はいまだに再建手術を受け、心理ケアを受け、骨髄炎によるダメージにも苦しんでいるはずだし、そればかりか毎週金曜日ごとに被害者は増えているのだ。

心理的問題のサポートを担当するローレンス

医療チームのリーダー、アブ・アベド医師

ちなみにあとからもらった資料によると、抗議デモが始まった2018年3月末から2019年10月末までのほぼ1年半での累計では、負傷者3万5311人、死亡者321人（うち64人は子供）。

計算すれば、毎週金曜日に500人弱が撃たれているのである。

アブ・アベド医師はそんな状況の中で、外科も当然のことながらメンタルケアが重要であることを痛感し、自ら学んで修士号を取ったのだそうで、これは銃創のみならず熱傷であっても必要不可欠な医療なのだそうだった。そして、今後ガザでも臨床心理をやりたいと展望を語るアブ・アベド医師の表情は、不退転の決意を秘めているのであった。

〝松葉笛〟のフルート奏者

午前10時半、再び近くの病院へ出かけた。すでに俺たちの顔は覚えられており、受付のおじさんも医師もどんどん扉を開けてくれる。

そこでまた新たな患者と話が出来た。

例えば外来がたくさんいる中に座っていたイヤード・ガールード、23歳。2018年5月14日、彼は『偉大なる帰還のための行進』に参加した。

イスラエルが設置した境界フェンスから離れたところにいたイヤードは、上方にいる女性兵士に「近づくと撃つぞ」と警告された。それ以上踏み込むつもりがなかった彼は壁に背を向けて歩き出した。

その瞬間、強い電流のような衝撃が右足に走り、意識を失いそうになった。周囲から人が近づいてきたのを見て、自分が撃たれたのだとわかった。銃弾は右のふくらはぎから入り、爆裂しながら外へ出ていた。イヤードはそのまま近くの野戦病院へ運ばれたのだという。

「ジーンズをはいていてよかったよ。足の骨も肉も吹き飛ばされていて、ジーンズの布と皮膚一枚でなんとか足がつながってる状態だったんだ」

その後ガザ市内のアルシファ病院で1ヵ月応急処置を受けた彼は、創部洗浄を繰返しながら16回もの手術を受けたあと、ＭＳＦのクリニックに通ってリハビリと包帯交換を続け、２０１９年の1月アンマンの病院へ移って骨移植手術を施されると、ようやく故郷に戻って今は毎日ＭＳＦで再びリハビリと包帯交換を受けているのだそうだ。

「今でも眠っていると足へのあのショックを思い出して起きちゃうんだよ。忘れられないんだ。女性兵士に言われたこと、そのあとの衝撃」

片方の目が斜視気味でチャーミングな笑みをニキビ面に浮かべるイヤードは、まるで映画『タクシードライバー』のデ・ニーロみたいなモヒカン頭をし、Tシャツの下は今もジーンズ、しかも外装器具を付けている右足の布を裾まで縦に切って、それをマジックテープで止めているから、飛び出た器具の一部だけが点々と見える状態だ。この洒落たアイデアは何人かの若者で見た。

「骨は出来てきてるんだけど、まだ間隔があるから器具は外せない。ただしいずれ右足が治るってわけじゃないよ、ほら」

イヤードは照れたような表情で、裸足の右の甲にあるやけどの跡を見せた。ライターの火でつけた跡だ。

「神経が失われてもう感覚がないんだ」

アンマンにいた患者で治った者がいるとイヤードは言い、またガザの外に行って治療したいとぼそぼそ言った。

「まさか自分がこんなことになるとは。人生が変わってしまった。１００からゼロだ。いやマイナスだね」

聞けば彼は撃たれる前、笛の奏者としてプロの楽団にいて稼いでいたのだという。つまりはバンドマンなのだった。話を聞き始めた時から妙にうまが合う気がしていたのは、彼も音楽の世界にいたからかと思い、俺はより積極的にイヤードの目の中を覗いた。

「演奏、聴くかい？」

イヤードはそう言い出した。

そして脇にあった松葉杖を抱え、病院の外へ出ていく。俺たちも当然あとを追った。建物の脇の通路へ出ると、彼はその奥へ足を引きずっていった。

やがてコンクリートの段差の上に腰を乗せ、またいたずらっぽい目をして唇の端を上げてすぐ、持っていた松葉杖のボルトみたいな場所をくるくる外した。何をやってるのか見ているうち、イヤードはすべてのボルトを取りのけた。残っているのは松葉杖に沿って残る穴だけだった。

彼は松葉杖をフルートのように持ち替え、杖の先に息を吹き込んだ。穴を押さえた指を動かす度に、中東らしい音色が杖から流れ出すので、俺は心臓を殴られたみたいになった。

演奏に独特な艶っぽさがあったし、それより何より与えられた簡素なものだけで見事な芸能を生み出してしまう人間の力にしびれた。そもそも俺がヒップホップに惚れ込んだのは、廃棄物に近いターンテーブル2台の上のレコードの音をつないだDJ連中、その上でしゃべり出したラッパーたちのその突破力に心をゆさぶられたからだった。ドラム缶を切ってスティールパンを作ったトリニダード・トバゴの演奏家たち、自転車のスポークを指ピアノにしてしまったアフリカ人への敬意も同じところから来ている。文化人類学でいうところの「器用仕事」というやつ。

だから俺がイヤードの音楽を最大限のリスペクトで受け取らないわけはなかった。銃撃され、負傷した人間が仕方なく杖から音を出したから上から誉めているというのではない。やつがやってのけたことは、人類が時おり見せるクリエイティブな魔術そのものの一端だったから、俺は演奏を聴けた自分が誇らしいとさえ感じたのである。

笛の音に、近くのモスクから時を告げるアッザーンが重なって響いた。イヤードの〝松葉笛〟に惹かれて、若者がわらわらと集まってくるのを警備の大柄なおじいさんがとがめ、あちこちに散らした。そして俺たちにこう言う。

「悲しい歌だよ」

確かにイヤードは自分の両親が保守的で音楽を理解しないこと、自分はミュージシャンの道を選んで楽団を組んだが足を撃たれてから活動は途絶えてしまったことなどを話してくれていたから、奏でる音色に影がさしているのもむべなるかなであった。

病院内に戻って、ファラハト・ラジ・アルサーヒという理学療法士に紹介され、陽気な彼について歩いた。行き先はリハビリ棟で、入っていくとそこにいる患者たちもやたらに陽気な連中ばかりで、MSF日本の広報のための撮影をするのでみんなに集まってもらったら俺にも一緒に入れとしつこい。現地の様子を伝える写真に俺が入っているのもおかしいのだが、彼らにそれを説明するのは難しかった。

イヤードが吹く松葉笛の音色は美しかった

「どうか私たちのことを考えてください」

オフィスに帰って超ビッグサイズのチキンバーガーを買ってきてもらい、大盛りのフライドポテトと共に食べた。水分はキッチンで現地のお母さんが作ってくれた甘い紅茶である。

ゆっくり食べ終えると、俺たちはあの『I LOVE GAZA』のモニュメントがある海岸へもう一度行くことにした。そこで俺たちの移動をずっと担当してくれたドライバーのヤセル・ハープさんからビデオメッセージをもらおうという計画を立てたのだ。

海岸近くでバンを止め、ヤセルさんと共に2階建ての海の家みたいなところに入る。すべてが木で組まれ、屋根のないベランダのようになっているいかにもリゾートのカフェだ。あちこちにテーブルがあり、時々お客が座っている。ついついスマホを構えて写真を撮ってしまうが、どこから監視されているかわからないのでふと恐ろしくなる。

ヤセルさんの撮影をする場所は戦場カメラマンの横田さんが決めることになった。角のテーブルに陣取って待っていると、全体を歩いてみている横田さんに現地の若い女性らしき数人が話しかけ始めた。遠くでよくわからないが、にこやかに答えている横田さんを囲んで女性たちはスマホで写真まで撮り出した。あとから聞くと、連絡先さえ聞かれたというし、フェイスブックに横田さんの姿が載っていたのだそうだ。

その日成り行きを見ていた俺たち男性陣は、もちろんその積極性に驚いた。まさか中東の女性が自分たちから男に声をかけると思わなかったし、英語も流暢に使っている様子だったのだ。ただ女性であるキャンディダだけはそれほどのことでもなさそうで、ガザ初日に〝宗教が女性を規制する圧力がさほど強くないらしい〟と彼女から聞いたのは、このことだったのかと俺は納得した。彼女たちがスパイでなかったらの話ではあるが。

結局、角のテーブルで撮影をすることになった。俺たちは例外なくMSFのベストを着、海の方にだけカメラを向けて、それに正対する格好でヤセルさんに座ってもらった。怪しい者ではないと示すためだ。海岸側を撮るのは危険だった。

やがてヤセルさんはよく日に焼けた顔をまぶしそうにしかめ、誠意に満ちた調子でとつとつとしゃべり始めた。

ヤセル・ハープ、45歳。16歳から3歳半まで3人の娘と2人の息子を育てる父親だ。

ガザ出身で2004年からMSFで働くようになったが、それまで人道援助団体があることさえ知らなかった。自分の日々の目的は家族を養うことだと思っていたけれど、それでも２００５年から紛争被害者を車に乗せて病院への送り迎えを繰り返すようになって、次第に意識が変わった。

２００８年には砲撃で多くの市民が巻き添えになった。ヤセルさんは決断をし、外国人スタッフを検問所まで迎えに行く仕事を引き受けた。リスクのある仕事だったが、それがガザにとって大切なことだと思ったからだ。その後も家を失った人々、国外に出られず学校へ避難する人々を運び続け、食料や水や衣服を配る仕事も増やした。

しかしイスラエルとパレスチナの衝突はおさまらず、自分たちの住む地域にも砲撃があった。もはや引っ越すしかなくなったのが多くの死傷者が出た２０１４年のことだ。それ以後も砲弾はガザに撃ち込まれ続けている。

「お父さん、なぜ爆撃されなきゃならないの？」

子供はそう聞く。けれど、自分は父親としてきちんと答えることが出来ないんだとヤセルは言った。そんな時自分は無力だと感じる、と。

ガザ市民に希望はない。どうすることも出来ない。海にも軍がいる。見張られて出て行く先もない。明日の見通しがひとつもないいんだよ。私たちは助けが欲しいというのに。

ヤセルさんは俺たちそれぞれの目を見てそうかきくどいた。安全を考えて撮影は15

横田さんを囲んでスマホで写真を撮る積極的な女性たち

ガザの現状を訴えるドライバー、ヤセル・ハーブ、45歳

分でおわらせなければならなかったが、そんな短さで彼の思いを聞き尽くすことなど出来るはずもなかった。

それでもヤセルさんは時間が来るまで淡々と、そしてしっかりと語り続けた。

ＭＳＦには感謝している。私たちに医療を与えてくれているからだ。その一員であることを誇りに思う。しかし1年前のブラックデイに大きなデモが起き、たくさんの人々が撃たれた。今でも毎金曜日、ひどい日には４２０人もの怪我人がクリニックに来る。生活に絶望している若者たちばかりだよ。

ドライバーとして国中を移動していると、色々な話を聞く。例えばついこないだのことだ。ある70代の女性が家族を失い、家を失い、自分も死にたかったが生き残ってしまったと後部座席で言った。私は怒りよりも大きな悲しみに包まれた。なぜこんなことになってしまったんだろう。

パレスチナの民は平和を求めているだけなんだ。自分たちの国にいて、自分たちの自由が欲しい。それだけだよ。どうかガザの外にいる人々に伝えて欲しいんだ。平和のために抗議をしてなぜ撃たれなければならないのか。少しの時間でいいから、どうかどうかガザに生きている私たちのことを考えてください。

「お願いします。そう伝えてくれませんか」

ヤセルさんの目には涙が浮かんでいるように見えた。

俺は胸の詰まる思いで、彼の目をしっかり見て答えた。

「必ず日本へ帰ってお話を伝えますから」

俺の後ろに座っていたキャンディダが洟《はな》をすすっているのがわかった。舘さんも横田さんもヤセルさんの目をじっと見る他なかった。

そこで俺はなぜ自分が生きているのかわかった気がした。彼らの伝言を運ぶためだった。

40過ぎのある冬、俺は火鉢に凝っていて知らず知らず一酸化炭素中毒になった。夕方から赤ワインも飲んでいたから、どうしてたまたま夜中に目を覚ましたか、いまだに謎だ。いつもなら朝までぐっすり寝ていたのだから。その夜でいえば、死ぬまで。

俺はベッドからずり落ち、トイレに這って行き、便座に座ってようやく自分がおかしいのに気づいた。妻を呼んだが返事が曖昧だった。自分たちは死にかけているとわかった。

そこから救急車を呼ぶまでがまさに命がけだった。電話のある場所まで行く途中で意識を失ったらおしまいだったし、救急車がようやく来てから玄関を開けるまでにも自信がなかった。

救急隊員は勇敢にも部屋に踏み入った。同時に刑事も入ってきた。心中を疑われたのだとあとで理解した。俺たちは大学病院に運ばれ、別々の部屋に入れられた。

あの時に死ななかったことが本当に不思議である。いつ考えても奇跡に思える。それ以来、自分の仕事は変わった。儲けものの余った年月だからより好きなことしかしなくなったし、自分のためというより自然に人が喜ぶことが優先になった。面白いものである。

そしてついにヤセルさんが気づかせてくれたのだ。俺がＭＳＦの取材に血道を上げ、どんな仕事より優先してそれを面白がり、原稿を熱心に書き続けているのは、自分がたまたま命を永らえた存在だからであり、その折に医療機関の方々に世話になったからなのだ。

つまりガザの海岸で、知りあったばかりの異国人から伝言を依頼されたおかげで俺は、自分の人生の駆動原理を知ったのであった。

泣いていたキャンディダにも、宿舎の屋上で撮影をしながら話を聞こうと思った。ヤセルさんが運転するバンで戻り、エレベーターはないので7階まで取材陣みんなで歩いた。屋上からはガザ市民の様子がよく見えた。

キャンディダ・ローブ、南イタリア出身。

ＭＳＦには２０１７年から参加し、コミュニケーション・マネージャーを担当。つまり舘さんと同じく広報である。

もともと10代後半にジャーナリストを志望したが、じきその道は厳しいと考え、人道援助活動に注力することになった。

「なぜならこの活動は何かを変えることが出来るから！　医療だけでなくて、広報だって証言活動が出来るじゃない？　ジャーナリズムが必ずそうとは言えない。普通では会えない人々にも会えるしね」

キャンディダは俺たちを指して、そうおだててくれた。こっちもうなずいて彼女のことを示す。明るくてパワーあふれた正義派。

そんな彼女はまず２０１２年にイタリアのＮＧＯに入り、南スーダン、コンゴ、ナイジェリア、セルビア、ギリシャなどで仕事をして、２週間前からは来てみたかったガザにいるのだという。10ヵ月のミッションだ。

「ジャーナリストはニュースを追う。人道主義ＮＧＯは声無き人に寄りそう。紛争でも戦争でも災害でも必ずそう。そして私は後者を選んだんだよね」

そこにも人生の駆動原理があらわになっていた。確かにキャンディダはそういう人だ、と言う他ない。取材対象の患者たちに向かって心を開いている様子で、すでによくわかっていた。

さらに彼女は重要な事柄を指摘した。

「ジャーナリストなら悪い方を悪く言うべきだけど、ＮＧＯだとそうもいかない。だってその国から強制的に追い出されてしまう場合があるから。そんなことになったら困るのは患者さんでしょ？　だから証言活動も気を遣う。とはいえ完全な中立でいるのは難しいよね。常に政治がからんでくる」

そう言ったあと、キャンディダは初日と同じ仕草で空を指した。

「ほらまた、こうしてずっとドローンのノイズが鳴ってる」

もう俺にもそのブーンという音がよくわかっていた。どのエリアに行こうと、ふとどこかから聞こえてくる音。監視され、脅されている音。領空侵犯されている音だ。

最後にキャンディダは、宿舎の屋上に大きくＭＳＦのロゴが描かれているのを示した。

「爆撃を避けるためのしるし。これを見たら攻撃しないように要請してるの。どちらの陣営にも我々の存在は知られているからね」

ただし、いつどちらが裏切るかはわからない。事実、アフガニスタンやシリア、イエメンでＭＳＦの施設が爆撃されているのを、その場にいる誰もが知っていて沈黙を続けた。

明るくてパワーがある広報担当のキャンディダ・ローブ

爆撃を避けるために屋上に描かれているMSFのロゴ

戦争のクールジャパン化?

翌日、午前7時半に宿舎を出、オフィスに寄って支給されていたベストや携帯電話を返すと、ヤセルさんの運転するバンに乗って、まずはハマスの検問所へ向かった。ロバが道を走り、子供たちが手を振り、壁には落書きが続き、そのすべてが感傷を誘った。離れがたさとはこういうことか。

来る時に時間のかかったコンテナ・オフィスに行って、ガザを出るための証明書とパスポートを提出する。周囲には朝早くから男も女も子供たちも動き回り、荷物をイスラエルに運ぼうとにぎわっている。

書類は受け付けられ、俺たちは同じバンでパレスチナ自治政府の統治区域を通って、イスラエルとの検問所へ行く。

その時、遠くの検問所の上に真っ白で平たい形の風船が浮かんでいるのが見えた。白い桃のようでもあり、大きな吹き出しのようでもあり、いかにも村上隆風のポストモダンアートに見えて仕方がない。

「横田さん、あれ何すか?」

聞くとすぐに答えが返ってくる。

「兵器です」

「は？」

「高性能カメラが付いていて、３６０度見張ってるんですよ。ロケット弾だの、他のドローンだのは確実に見つけます」

俺は現代の紛争、戦争がどのようなポップさで実行されているのかを知り、嫌悪感で脱力した。ドローンに爆弾を付けて飛ばす者がいて、それを即座に発見する真っ白なバルーンがある。

Ｆ35を高い金で買い集める時代は終わったのではないかと俺はのちにツイッターに書き、軍事オタクたちに馬鹿にされた。いわくドローンはすぐ撃ち落とされる、いわくＦ35の威力とは比較にならない、などなど。

だがこれものちに戦場カメラマン横田徹に本当のところどうなの？　と聞くと、彼はこれまた即答をくれたのである。

「Ｆ35が迎撃されたら損失が計り知れないんです。本体のみならず、操縦する軍人を失うことも国力をそぎますから」

そこへいくとドローンなど、いくら落とされてもたまたま数個が届けば爆撃になり、訓練された軍人が傷つくこともない。さらに遠距離から正確に撃つロケット弾、ミサイルなどがあれば、その組み合わせで攻撃は成立してしまう。

であれば、近距離でのやりあいは人の存在しない、おもちゃのような兵器を多数持つ者が有利に事を進めることになる。そしておもちゃのような兵器は、いまや本当におもちゃのような外面を持っている。中には子供に拾わせて爆発する、本物のおもちゃめいたものまであるのだから。

かわいい兵器。

それが大量に戦場に存在する現在。

戦争のクールジャパン化と言うべきか。

そのことに俺はますます脱力する。

ヤセルさんの日々の苦悩から毒が抜き去られ、茶化されているように感じる。

イスラエルの検問は、行きと比べればいかにもガザ側という感じだった。

いかにも肉体労働者然とした中年男性たちが、ベルトコンベアに荷物を放り投げ、身体検査のゲートに何度も俺たちを通しては音が鳴るのに首を傾げる。俺など最後には尻ポケットに入れていた手ぬぐいを見つけられ、

「ほら、だから言ったんだ！」

みたいな言葉（たぶん）で怒られたりもした。手ぬぐいまで感知する機械とはとても思えない古さだったのだが。

そんな風にかなり人間的なやりとりを、向こう正面上部の透明樹脂の奥から、官僚めいたイスラエル側の数人が見ているのに、途中で俺は気づいた。

そして以前書いた通り、ベルトコンベアの上に載って出てきた自分の荷物が何から何まで開けられているのに失望する俺たちを、狭いベランダに出た兵士が厳重に監視しており、持った最新自動小銃の銃口をしっかりとこちらに向けているのだった。

パスポートを渡し口に通し、証明書を見せ、カメラを見ろと言われて脇の小型カメラで虹彩を調べられ、過去に不法行為がなかったかを照合されながら、俺たちは前に進む。

行きよりはシンプルな調べで荷物をまとめて部屋からふと外に出ると、そこはきれいなビルの1階で、もう戻ることが出来なかった。舘さんも横田さんも中で引っかかっていて、いつ出てくるとも知れない。この時はさすがに不安だった。

ずいぶん待つとようやく二人も出てきたので、最後の入管らしきところへ並んだ。近代的なカーブのかかった受付で、そこが検問とも思えない。厳しい表情の女性が俺に言う。

「何をしにガザへ入った？」

「ＭＳＦのミッションです」

「医師か？」

そこでなんと答えるか迷ってから、俺は言った。

「作家です」

ある意味、面倒な返答とも言えた。それは海外において、特に紛争地ではジャーナリストですと答えるのと大差ないからだ。世界で作家は政治的存在である。しかも何を取材し、何を外に伝える気かと問われれば、俺としては検問所内で原稿を書いて連載するしかないだろう。ひとことではとても言えないのだ。

そしてもし連載が終わったからといってそこから出られるとは限らない。むしろ長く留め置かれる可能性もある。

だがまあ、こちらにも意地があった。

けれどその意地はなんの役にも立たなかった。担当官は急に興味を失ったような表情で、俺の書類を脇に寄せ、パスポートを返してくれたからである。

日本の作家なんかどうでもよかったらしい。

ともかく、俺はそこでイスラエル側に出ることが出来た。

3人で集合してからビルを離れたのが10時半。

少し歩いた先の駐車場にはMSFのロゴの入った車がいた。心からほっとした。

アフリカ系のドライバーに聞けば、朝の7時半から待機していてくれたそうだ。

乗車してアスファルトの道路を行く。左右は畑だ。それでもどこか寂しい。

ガザではよく見られるロバ

「どこにもロバがいないですね」

俺が言うと、横田さんも寂しげに答えた。

「そうなんですよ。ロバが」

舘さんが引き取った。

「いないですね」

そこからしばらく俺たちは黙った。

どのくらいしてからか、ドライバーがスマホをユーチューブにつないで、そこから音楽を鳴らし始めた。

ボブ・マーリー『Is This Love』であることは前奏からわかった。

横田さんが笑った。

「これ、我々の気持ちじゃないですか」

俺はドライバーに、ナイスＤＪ！　と言った。

ドライバーは喜んで音量を上げた。

これは愛なのか、愛なのか、この気持ちは、とボブがしわがれ声で歌う。

そうだよ、愛だよ。

と俺は答えたかった。

ロバに対してのものかもしれないけれども。

ちなみにＤＪはその後、『I Shot The Sheriff』をかけ、「撃たれた方を俺たちは見てきたんだけどね」と横田さんに言われたのち、『Natural Mystic』、『Stir It Up』と見事にボブ・マーリーの大ネタ縛りでフロアを盛り上げた。

俺たちはやがて口をつぐみ、ひたすら続く古典レゲエに耳を澄ましながら、あとにしてきた土地を懐かしんだのである。

西岸地区のグラフィティ

ベツレヘムの新名物、バンクシー

同日（11月6日）、11時半には西岸地区に入っていた。

この日俺たちは西岸地区取材のあと、エルサレムのＭＳＦオフィスに戻って再び西岸地区を経由し、最終的に陸路で隣国ヨルダンに行くのだが、まずしばらくは最初の西岸地区の話となる。

広い道路の左右は白茶けた土、乾いた石、そして針葉樹で空は青く、俺はやはりMSF取材で難民キャンプを訪問したギリシャのレスボス島を思い出した。地中海性の気候に支えられた植生は明らかだった。

丘や山があちらこちらに現れ、その起伏を縫うように住居のかたまりがある。イスラエル兵士が守る詰め所をノーチェックで通過する車内で、同行する広報の舘さんが誰にともなくという感じで話し出した。

「西岸地区はヨルダン川の西ということですが、パレスチナ人はここガザに追いやられてしまいました。しかもイスラエル側は今、この地区に入植する者を奨励しています。補助金も出ますし、銃の携行も使用も許されることになりましたから、ああやって家を建ててパレスチナ人を圧迫しています」

俺はため息と一緒に、うわあと低く反応する。舘さんはだめ押しのようにこう言った。

「そして彼らイスラエル側の入植者のほとんどが公務員だそうです」

やり方は非情で徹底していた。

個人に武器を持たせて地域に家を建てさせる。そこで起きたトラブルは個人間のものとされてしまう。だが、その個人は公務員。これも戦争のひとつの形態ではないか、と俺はどこをにらみつければいいかわからないまま、窓の外をひたすら見た。

やがて車は幹線道路から外れて、狭い町に入っていった。すると、そこにロバがいた。

「ああ」

それだけ言えば車内の3人には意味がわかった。

自分たちはパレスチナにいるのだ。

その上、ドライバーによると、そこはベツレヘムであった。西岸地区南部にある、言わずと知れたキリスト生誕の地である。そこへ到着した証のように出現したロバは、俺たちにとっては聖なる動物であった。

ともかく、ベツレヘムにはガザよりも店や家が多く、往来する車の数も増していた。さすがに観光地ともなっているだけある。

「ここには難民キャンプが3つある」

そう教えてくれたのはアフリカ系のドライバーで、彼ら難民は1948年イスラエル建国時にもともと住んでいた故郷と家を追われた人々であった。すでに70年ほどの時間が経っていても彼らは帰還を求めているし、その何よりの証拠が「キャンプ」という言葉の使用で、それはあくまでも「仮」の状態なのだという意味である。

じき車は渋滞にはまった。それほど交通量が多い……と思っていたが、あとからわかったのは先にチェックポイントがあって検査されるからでもあった。キャンプの外でさえ自由区ではないのだ。

そのキャンプのひとつの近くへと、ドライバーは俺たちを導いた。巨大な門のオブジェ的なものがあり、そこをくぐると追われた民たちの住む場所なのだろう、門の形は鍵穴のようになっており、その上の高い場所に鍵が一本横たわっているという意匠であった。家を追われたがいつか必ず帰る、そのときまで鍵をなくしはしないという意志が込められており、鍵こそが難民のシンボルなのだそうだ。なんという切実な表現であろうか。

分離壁が右側に建っていて、土地の人の仕業か、絵や文字がスプレーで描かれている。その手前を子供たちが歩いている。左側の小工場のような空間から大人がこちらを見ている。現地の人間でない俺には、町のひっそりした生活感のようなものだけが伝わり、彼らの日々の労苦はわからなかったから、やはり鍵穴と鍵のオブジェはきっちりと不可視のものを可視化しているわけだ。

その見事な「芸術」と呼応しているのが、いまやそこベツレヘムの新たな名物と化しているバンクシーのグラフィティなのだと改めて俺は思った。前に書いた〝パレスチナ人の落書きと連動してバンクシーの作品がある〟ことは、俺にはもはや疑い得ない事実に感じられた。

だから、ゆるゆる進む車の中から大きな白鳩の絵が見えたときは本当にうれしかっ

巨大な鍵と鍵穴のオブジェは難民のシンボル

ベツレヘムの分離壁に描かれたグラフィティ

バンクシーによる大きな白鳩の絵

た。店の外壁にその鳩は羽根を広げ、オリーブの葉をくわえ、しかし防弾チョッキを着て、ちょうど着陸しようとするのだろうか、周囲の空気をコントロールしている。

有名なバンクシーの作品だ。

少し行ってから車を降りて、小走りで近づくと、右下にこれはパロディ作品だろうが黒いインクであたかも石を投げるかの姿勢の男が描かれており（当然インティファーダを表している）、ただし知っている絵では石ではなく花束を持っている右手に、鳩に合わせて緑色のオリーブの束を握らされている。

通常の絵画世界なら、そういう偽造作品が本物の横にあることは許されないし腹も立つが、いわゆるグラフィティの世界ではこうした無言の〝描きあい〟は通常だし、むしろ「オリジナルを消さないでくれてありがとう」という気持ちになる上、その壁自体がコミュニケーションの現場と化した姿に俺はしびれた。

しかも壁をバンクシーに奪われた店は、前からそうだったのかわからないが、少なくとも今は土産物屋になっており、「バンクシー土産店」などと貼り紙をしているのがおかしい。もちろんすかさず中に入った。

これがまたうれしかったのだが、せっかく天下のバンクシーの名を借りているのに、店内にはグッズがほとんどなく、イスラエルが建てた別地域の分離壁にバンクシーが描いた穴の絵（壁が開いて向こうに美しいビーチがある）をコースターにしたものが数枚、バッジだかなんだかよくわからない鳩の絵の土産が幾つか、みたいな品揃えなのであった。あとは普通の中東土産を並べているのもたまらなく、色気がないにもほどがある。

日本ならどれほど多くのグッズ展開をしてしまうことだろうか。俺は盟友みうらじゅんと以前、平城宮跡に行って「せんとくん」の土産屋を見たのを思い出した。平城宮跡に仮設の巨大な売店が並び、そこまでのシャトルバスが仕立てられ、着けば百数十種類はあると思われる土産がすべて「せんとくん」モチーフであることに俺は心底うんざりした。みうらさんも複雑そうな顔をしていたが、それは「全部買ったら高いじゃないか」という苦悩であった。

満ち足りた思いで歩いて移動すると、すぐベツレヘムの分離壁が前方に現れた。高さはビル4階分くらいあろうか。本来ならばとんでもなく威圧的なコンクリートの壁である。

だが壁が続く限りびっしりと、各国のアーティストたちが絵を描き、メッセージを書いていた。それぞれが実は命がけのパフォーマンスの跡だった。撃たれる可能性のある行為を彼らはやりおおせているのだから。ただし現地ではアーティストの自己満足だなどと非難する声もあるそうで、それはグラフィティには常につきものの賛否両論でもあろう。

その壁の角の反対側、大股で3歩くらいしかないところに例の『THE WALLED OFF HOTEL』があって、その名を正面ファサード上にランプで燦々《さんさん》と輝かせていた。これはNYにあるヒルトン系列の高級ホテル「ウォルドルフ」に引っかけた絶妙の名づけで「壁で分離された」という意味であり、キャッチコピーが「世界一、眺め最悪」である。事実、部屋の窓から外を見てもどこまでも壁であり、そこに〝落書き〟が並ぶだけだ。

正体を明さないバンクシーがそれを作ったことは、入り口に彼のシンボルであるチンパンジーの立体があり、それが荷物を運んでいることでもわかった。出来ればどの部屋であれ一泊し、中にある皮肉の利いたインテリアを堪能したかった（例えばベッドの上の壁に描かれた、イスラエル兵とパレスチナ人が枕を投げ合って羽根が散っている絵などなど）のだが、それはまた別の機会に、しかもこんな連載をしたあとで再び入国出来れば、にしたい。

隣の建物に土産店が併設されている感じだったが、そこもがっかりするような品揃えでそれが俺には実に頼もしかった。バンクシーが資本主義的な動きを許容するはずもない。

ともかく俺はそこベツレヘムで短時間、ユーモアを武器にしたバンクシーたちの非暴力的な抗議におおいに心動かされ、芸術の力はまだあると強く思った。逆に言え

左手にホテル、右手に落書きが並ぶ分離壁

ユーモアを武器にした抗議のメッセージ

ば、そこにしかないかもしれないとさえ思ったことを告白しておく。「バンクシーは救世主じゃない。悪ガキだ」というナイスな壁文字も含めて新しいアートがそこにはあった。

ちなみに、確かバンクシーの盟友ベンジーが書いたとされるグラフィティ（オリジナルは別の場所にある）がやっぱり冴えていたのでもうひとつだけ最後に紹介しておく。『MAKE HUMMUS NOT WALLS』。フムスは、これまでも何度か書いたあの食卓に必ず出る豆をペースト状にした料理である。

「壁なんか作るよりフムスを作れよ」

イスラエル経由でヨルダンへ

壁を離れて車に乗り、渋滞の中を行く。

行く手に巨大な白い物見塔が見えてきて、やにわに緊張感が漂った。

要するに西岸地区を出て、イスラエルが実効支配する東エルサレムに入境し直すチェックがあるのだ。

ただし民衆ってやつが食えないのは、その混雑した車の列に向けて香水や菓子を売る行商人がいたことで、さすがに買わなかったけれども俺はつい吹き出してしまった。彼らは明らかに「フムスを作る」側だった。

俺たちの車の番が来ると、金髪の女性兵士が自動連射出来る銃を持って近づき、トランクを開けたり俺たちをのぞき見たりする。俺は彼女の袖をまくった右腕に薔薇のタトゥーがあるのに見とれ、左耳の下のトカゲらしき絵柄にも興味をひかれた。そこは普通にオシャレな人なのだな、と。

彼女の背後には男性兵士がいて椅子に座っていた。もちろん銃は持ったままである。

彼らに許されてイスラエルの支配地域に入る。

今から考えれば不思議なことだが、そもそも西岸地区へ入るのに俺たちは特にチェックを受けなかった。しかしパレスチナ側からイスラエル側に入る際には厳しくチェックする。これが彼らの防衛方針のようだ。それはまたあとの詰め所でもわかる。同行した広報の舘さんによると、イスラエルナンバーの車だったからこのような移動も可能だが、パレスチナの車にはこのような移動は許されないのだという。

そもそもパレスチナは自治区とはいえ、イスラエルによる厳しい移動制限がかけられていて、区域内には多くのチェックポイントがある。パレスチナの人びとは、それらのチェックポイントでしばしば足止めされ、通行を許可されない場合もある。通勤、病院の予約、家族のお迎え、映画の始まる時間、生活をするうえで大切な計画や約束は、チェックポイントを守る兵士の気まぐれによってたびたび破られてしまうのだそうだ。

ともかく俺たちの車はいったん、数日前までいたエルサレムのMSFに向かった。この時、帰巣本能みたいなものに郷愁を誘われたのだが、同時に都会に出ていく悲しみみたいなものにも俺は襲われた。よほど俺はガザやベツレヘムが気に入ったらしい。

シュアファトという地区まで移動し、オフィスに到着。そこでリーダーのエリィに会い、簡単な報告をしながら与えられたベストや携帯を返す。そして別なスタッフに次のヨルダンのMSFへの引き継ぎについてあれこれレクチャーされ、特に重要な迎えのドライバーの電話番号を舘さんは渡された。

14時半、俺たちは近くの小さな店でサンドイッチを買ってエルサレムを発った。

別のスタッフに代わったドライバーは西岸地区の方へ戻り、そこから北を目指す。すぐに『死海』という標識が現れ、土色の丘がうねうねと続いた。俺は昔行ったことのあるペルーのパンアメリカン・ハイウェイの様子を思い出したのだが、やがて道路に戦車が走り始め、なるほどイスラエルなのだなと実感した。

とはいえ、景色は乾燥した土くれだらけではない。じきに広大なナツメ畑らしきものが出現し、行けども行けども植物になる。ナツメは中東の人々にとって重要な食物だ。

1時間半ほどして、道路にバーが降りている場所に出た。ここでもパスポートをチェックするのは女性係員で、俺たちは促されて車の外に出た。右側に小さな施設がある。

そこで手荷物ごと検査されるのだが、近くにいるのは自動小銃を下向きに構え、ひきがねに指をかけたままでいる私服の左利きの男と、その上役らしき眼鏡の若いインテリだった。

インテリは俺に質問する。

「何をしに西岸地区を出るんだ？」

「アンマンへ行って病院を取材します」

「病院？　仕事は？」

「作家です」

ここまではガザを出る時と同じだった。

インテリは少しだけ食いついた。

「ジャーナリストか？」

俺は頭を横に振った。

「小説家です」

その答えにどんな反応を示すかと思う間もなく、ほとんど俺が言い終わらぬうちにインテリは冷たい口調でこう言った。

「Have a good day《ごきげんよう》」

その間、あの私服の男は少し遠ざかった場所で両足をむやみに広げて立ち、まるでテンパってでもいるように頑なに構えを崩さぬまま、じっとこちらをにらみつけていた。

その時につくづくわかったのだが、規律通りに冷静に銃を向ける者より、いつどんな理由で撃つかわからない人間の方が恐ろしい。実際、私服だということからして好き放題にしかねないし、犬にでも噛まれた拍子に乱射が始まってもおかしくなかった。俺はその男を警戒しながら自分の車に戻った。

検問を抜けた俺たちはイスラエルに入り直したことになる。つまり一日のうちにガザからイスラエル↓西岸地区ベツレヘム↓イスラエルが実効支配する東エルサレムのオフィス↓西岸地区↓イスラエル、と移動したわけだ。そして以後、ひたすらヨルダン川に沿ってナザレ方面へと北に行く。

イスラエル領になって急に道路標識がSLOWとかSlippery Roadとか英語が併記されるようになった。東エルサレムはそれほどでもなかったから、そこは純イスラエル領土という意識なのかもしれない。また、途端に緑も豊かになった気がした。道路脇に住宅も目立つ。

しばらく行ったあと、車はその住宅街を右折して、ヨルダン川にさらに接近した。もともとずっと川に沿っているのだから、そこを渡ってしまえばいいようなものだが、少なくとも西岸地区から勝手に他国へ移動することは不可能である。したがってパレスチナ領を抜けて遠くに入管があるのだ。

さて日が暮れて来始める頃、ようやく俺たちはヨルダン川ターミナルという検問所に到着した。入り口でパスポートを見せ、「武器はないか？」と聞かれ、施設内へ入って出国税を一人１０２シェケル、日本円で約３２００円払う。そこから川を渡るための短い距離のシャトルバスを使うことがわかって、俺たちは一人5シェケルを払った。ガザのバスより少しだけ高かった。

施設を出る。17時をほんのちょっと回っただけだが、太陽はどんどん落ちてあたりは暗い。パスポートを見せてシャトルバスに乗り、すぐ対岸に着いた。そこにはそこの施設がある。

俺たちはその日の朝、ガザからのチェックでも十二分にしぼられたところで、すっかり疲れて自由意思を失っていた。ドイツ人観光客や韓国人ツアー客の後ろに漫然と並び、ビザをもらおうとするが、なかなか進まない。それでも俺たちには文句などどなかった。第一、銃で狙われていないだけで御の字だ。

がしかし、いざ順番が来て受付にパスポートを出すと係官にこう言われた。

「日本人？　ビザなんか要らないよ！　入国スタンプでＯＫ」

思わず３人の声が合った。

「えー！」

そしてたらたらとまた移動し、やはりドイツ人と韓国人の列のお尻にくっついて入管手続きをしようとする。ここでも時間がやたらにかかった上、パスポートを出してもなかなか確認が取れなかった。

病院に行くのか？　ホテルはどこだ？

そう聞かれたのだが、こちらは病院の名前もホテルの名前も知らなかった。施設の外で待っているはずのＭＳＦヨルダンのドライバーがすべてを握っているのだ。というわけで、そうした情報を知らないとよほど面倒なのか、受付の向こうの係官は俺たちだけを通さない。これにはさすがにイライラしてきた。

そのイライラがかなり高まった俺に、ヨルダン側の係官が何をしたかというと、これが意表をついた行動だった。

「食べる？」

と言いながら、なんと窓口からポテチを数枚、俺にくれたのだった。これには思わず吹き出してしまった。係官は続けて近くの戦場カメラマン横田さんにもポテチを分けた。

俺たちの緊張はそこですっかり解けた。

そこはもうイスラエルではなかったのだ。

未知の国で迷子になる

結局なんとかヨルダンに入れてもらい、外に出たのだがヨルダン側のドライバーがどこにいるのかわからなかった。舘さんが何度も携帯にかけてみるのだが、そもそも国番号からして違うのか不通が続く。もしかして入国管理には別の場所もあるのかどうか、といったことすべてが俺たちには不明だった。

言ってみれば、俺たちは未知の国ヨルダンで迷子になっていた。ＭＳＦヨルダンにはかけてみているはずだが、そちらはあくまで事務所なので夜には誰も出ない。下手をすると野宿だし、そのままヨルダンでしばし不法就労でもして生きていかねばならないかもしれなかった。

だが、俺にはさほどの不安がなかった。ＭＳＦの舘さん、戦場カメラマンの横田さんという二人がいれば、必ずなんとかなるだろうと思っていたのだ。それに最終的に、MSFエルサレムにかけて明朝誰かに迎えに来てもらえばよかった。幸いあたりは暖かかった。

付近にタクシー運転手の溜まり場があったので、俺たちはそこを借り、舘さんがあちこちへ入れた留守電の返事を待った。7人ほどのおじさんたちがいて、みんな人がよかった。なんとなく困っているのがわかってか、ソファを使え、椅子に座れと言ってくれる。

と、一人の皺の多い色黒の痩せたおじさんが走り入ってきた。ジャマイカの至宝、レゲエ界の大物リー・ペリーによく似ていた。その人がうれしそうに俺たち一人ずつと握手を始めるので、俺はついに迎えが来たと思った。

だが、ヨルダンのリー・ペリーは言った。

「で、どこまで乗っていくんだ?」

ただ人なつっこいだけの運転手なのだった。

やがて連絡が来た。

ホテルの名前もわかった。

そこで俺たちはリー・ペリー以外のドライバーを選び、そこから無言で移動した。

ホテルに着いたのが20時半頃。

コープ・アンマン。これが驚くことにアンマンの豪華なホテルであった。

ただしどんなに豪華でも入り口にX線での荷物検査があり、俺たちも手荷物をすべてそこに通して中に入った。

一人一部屋。

なんという待遇のよさだろう。

そして国ごとでのなんという差。

腹が減って仕方のない3人はすぐにフロントで待ち合わせ、ホテルマンに話しかけた。

「このへんで土地のカジュアルな料理を食べたいんだけど」

「7階はいかがでしょう？　きちんとしたものを召し上がっていただけますが」

「いや、ほんとに屋台みたいなのが……」

「ああ、付近にはございませんね」

逆にとんでもないところに来た、と俺たちは思った。ともかく空きっ腹でホテルを飛び出した俺たちは、自分たちの旅行勘をフルに活かして、あっちだこっちだと道を動いた。

そして見事に下町っぽいケバブ屋を見つけ、満足して宿に帰るのだからお互いに信頼のおけるメンバーである。

俺はゴージャスな部屋で靴下を洗い、愛用のふんどしを洗って、素敵なカーテンのかかった窓際に干して寝た。

翌日からアンマンの独特な病院で数日取材を続けるのだが、自分がなぜ安全この上ない美しいホテルでリラックスして過ごすべきなのかをこの時はまだよく知らずにいた。

すさまじい内戦の跡、テロの跡を俺はやがて浴びせかけられるように次から次へと目撃するのである。

中東全域から集まる患者たち

11月7日。

9時にフロントで待ち合わせていると、白髪混じりの髭をたくわえた陽気な男があらわれ、俺たちをごく普通のバンに導いた。

名前はアイマン・アル・ティティ。

その日はまず、彼の運転でMSFアンマンのオフィスに行くことになっていた。車にMSFマークがないというパターンは、いかにその土地が平和かをあらわしている。リースの車やタクシーでの移動が許されている証拠だ。

ようやく見つけたケバブ屋の料理

アンマン市内。道路は舗装され、看板も英語が併記されている

事実、カーラジオからは「ホリデー、ホリデー」と楽しげな中東音楽が流れていた。

アイマンさんも鼻歌でそれに応じる。

昨日までの緊張が嘘のようだ。

数分で目的地に着くと、目の前に灰色の雑居ビルがあり、3階の外側にMSFのマークが見えた。ただし外の柵はきっちり閉まっていて、俺たちはそれが遠隔操作で開くまでしばし待った。

鉄柵から車ごと中に入り、降りてエレベーターに乗る。着けばそこは窓から風が吹き渡る心地のよい白壁のオフィスで数部屋に分かれていた。

俺たちはそこでMSFアンマンの滞在者カードをもらい、少しだけブリーフィングを受けたのだが、そもそもこの地ではベストが要らないと聞いただけで状況はよくわかった。治安は十二分にいいのだ。

俺たちを数日案内してくれるのは、イハブという若者で黒い眼鏡をかけ、百合のマークが小さく入ったチェックのシャツ、グレーの短めのジーンズ、ワイン色のスニーカーという洒落たファッションに身を包んでいた。話す英語も実にきれいだし、髪をオールバックにしているのはガザのアブ・アベド医師と同じながら、こちらは裾が無造作にはねたイマドキのスタイルである。

彼はそもそも「インターセクション」という各ＯＣ（オペレーションセンター）にまたがった立場におり、ホームページ管理や動画作成などに尽力する広報を担当していた。いわば「一人広告代理店」だ。そう思うと着こなしもそれっぽいと納得出来た。

オフィスでコーヒーをごちそうになり、イハブについて外に出る。

また車に乗った俺たちは銃撃の心配などひとつもせず、柔らかな日光を浴びながらゆるやかな坂を下り、渋滞の幹線道路に入った。運転は髭のアイマンだが、少しでも車列に隙間があるとぐいっと頭を入れる。そして渋滞を過ぎるといきなりアクセルをふかした。なかなか都会的なドライビングだ。

ホテル付近はビルだらけだったが、やがて下町なのだろうか、レンガ積みの表面に色つきのコンクリを塗ったような薄黄色い住宅が目立ってきた。所狭しという感じで密集した家々は、あちこち崩れている。それが荒々しく隆起した地層の上に建つ姿には、明らかな貧富の差が示されていた。

10時前には急坂の間にある大きな病院の前に車がついていた。

降りて看板を見ると『Reconstructive Surgery Hospital』とある、つまり再建外科病院。以前から長く噂を聞いてきた、中東全域から厳しい状態の患者さんたちが送られてくる場所、最先端の外科技術が問われ、体のあらゆる部分を「再建」する医療機関である。再建外科プログラム、略してRSP病院。

すでに病院の前あたりに外気に当たりたい患者たちがおり、足の銃創に外装器具を付けていたりするのはガザと同じだが、その横に顔が赤黒く焼けただれている青年などがいて、フードをかぶっていてもその傷の深さはひと目でわかった。

中に入って受付を通ると、鼻髭のおじさんが目をぎょろぎょろさせていて、これが日本の大御所アートディレクター浅葉克己さんにそっくりなので、俺の気分はいったんほぐれた。

そのまま1階の奥に歩いていく。ミーティングルームだろうか、中にたくさん医療スタッフがいる場所に着いた。イハブに紹介してもらうと、看護ディレクターだったり、外科チーム統括者であったり、医師であったりする。そこでまず、舘さんが前日迎えの車となぜ会えなかったのかの検証を始めた。要するに渡された電話番号が間違っていたわけだが、むろんこれは先方のスタッフ同士で起こってはならないことだった。

そのへんのミスの原因は当然進んで明白にされ、そのあと俺たちは病院内での取材の注意を受けた。ごく一般的な事柄が多かったが、中でも患者の顔を撮影する時には必ず許可を取ってくれという基本事項が丁寧に確認された。

「彼らはきわめてセンシティブな状況にある」

それがどういうことかは、すでに病院前のやけどの青年で俺にもわかっていた。その他、財務の部屋や院長室などを訪問してから、俺たちは外来患者が通される部屋に行き、杖をついた患者さん、左腕に外装器具を付けている患者さんなどに挨拶しながら、彼ら入院には及ばない人々が実は国外から来てホテルなどに泊まっていること、それらの費用はすべてMSFが持っていることを聞いた。見た目には軽そうだが、RSPにくる以上は彼らはみな複雑な医療が必要な患者だった。

続いてリハビリ室へ行く。

ここはRSPにとって重要な空間である。

再建手術はもちろん大事なのだが、その後で患者がいかにリハビリを受け、日常生活に戻っていけるかを医師や看護師、理学療法士などのスタッフたちは問われている。

広い部屋の向こうで、まだ少年の面影がある青年が作業をしていた。彼の前には木の棒を横に組んだものがあり、そこに右手で持ったハンガーをかけようとしているらしい。

ベシール・ムハンマド・タリー、イエメン人、19歳。

持ったハンガーには上着がかかっているだけだが、自国ハッジャ州で右肘を銃撃された元兵士の彼にはそれがひどく重く感じられるらしい。そもそも肘を伸ばすこと自体に負担が大きく、どうしても手がぶるぶると震える。

看護師の女性がその彼を励ました。

ベシールは何度もトライをし、少しでも上の方に上着がかけられるよう訓練する。

彼がイエメンの中でどのような政治勢力に属した兵士で、誰に撃たれたかについては質問しないようにと、俺たちはイハブに念を押された。

ＭＳＦでは込み入った事情を持つ国の患者には、そうしたことを問わないことにしているというのだった。病院の中には多くの国と政治勢力の患者が来る。その中でトラブルを起こさせないことは、つまりＭＳＦの施設内に武器を持ち込ませないという方針と同様のものがあるのだろう。彼らはただひたすら「一人の患者」として医療提供を受けるのである。

ベシールの左側にはベッドがあり、左足に包帯をしたおじさんが寝たり起きたりの動作を学んでいた。これはどこの国のリハビリでも同じだが、健常者にはごく当たり前のことが彼らには苦難のもとだ。

「これは生活の一動作ですけど、働けるように訓練するのが私たちの仕事です」

近くの看護師女性はそう説明してくれた。

3Dプリンターで作られる義手やマスク

少し歩くと『3D　デパートメント』という部屋があった。中にはフランス人女性エリーズ・トゥブロンがいて、机や棚の上の数多くの石膏やプラスチックの塊を整理している。

見ればそれがマスクであり、手であり、腕であるのがわかった。中には関節があり、マスクと言っても左頬だけだったりする。

すべて3Dプリンターによって作られた義手やマスクだ。

「私たちは、この技術を使って医療に役立てているんです。手や顔をスキャンしたデータをフランスに送り、CADのデータを受け取って、ヨルダンの工房にある3Dプリンターで出力します」

エリーズは親切な口調でそう言った。

なるほど、これがあればあらゆる形を安く素早く作ることが出来る。

「最初は安価なプラスチックでモックアップ（実物大の模型）を作り、本番はフレキシブルでなおかつ強度の高い素材を使うんです」

そう言いながら、エリーズはそれぞれの義手、マスクを俺たちに見せてくれた。

そこに患者であるムハンマド・ヒザムさん（33歳）があらわれた。聞けばイエメンで電気技師をしていたそうだが、空爆をうけたガソリンスタンドで起きた大爆発に巻き込まれたムハンマドさんは、今でも顔や手が赤くただれており、耳の形もなくなっていた。なんと全身の6割以上にやけどをしたのだという。

最初は自国首都のサナア公立病院に行った。けれども患者はあふれ返っており、皮膚の手術に1年半かかった。むろんそれが1回目の手術だというだけで、ムハンマドさんは十分な医療を受けられそうになかった。

そもそも爆発の5ヵ月後、ムハンマドさんは全身にやけどを負っているにもかかわらず爆発物製造の容疑で逮捕されたそうだった。その容疑を晴らしても、なかなか手術を受けられないでいたのだ。

途方に暮れたムハンマドさんが道端に座っていると、なんとそこにMSFへ行ったらどうだと言う人が現れたのだそうだ。そこでサナアにあったMSFの病院に移り、そこからアンマンのRSPに送られた。

彼は現在までに5ヵ月入院したまま何度も手術を受けていた。つい2週間前も口の周囲の火ぶくれの手術をうけ、皮膚移植をしたのだそうだ。人なつっこいムハンマドさんは手術前後の写真も見せてくれたが、ほとんど肉塊のアップみたいな感じで変化はよくわからなかった。

右手のリハビリを続けるベシール・ムハンマド・タリー、19歳

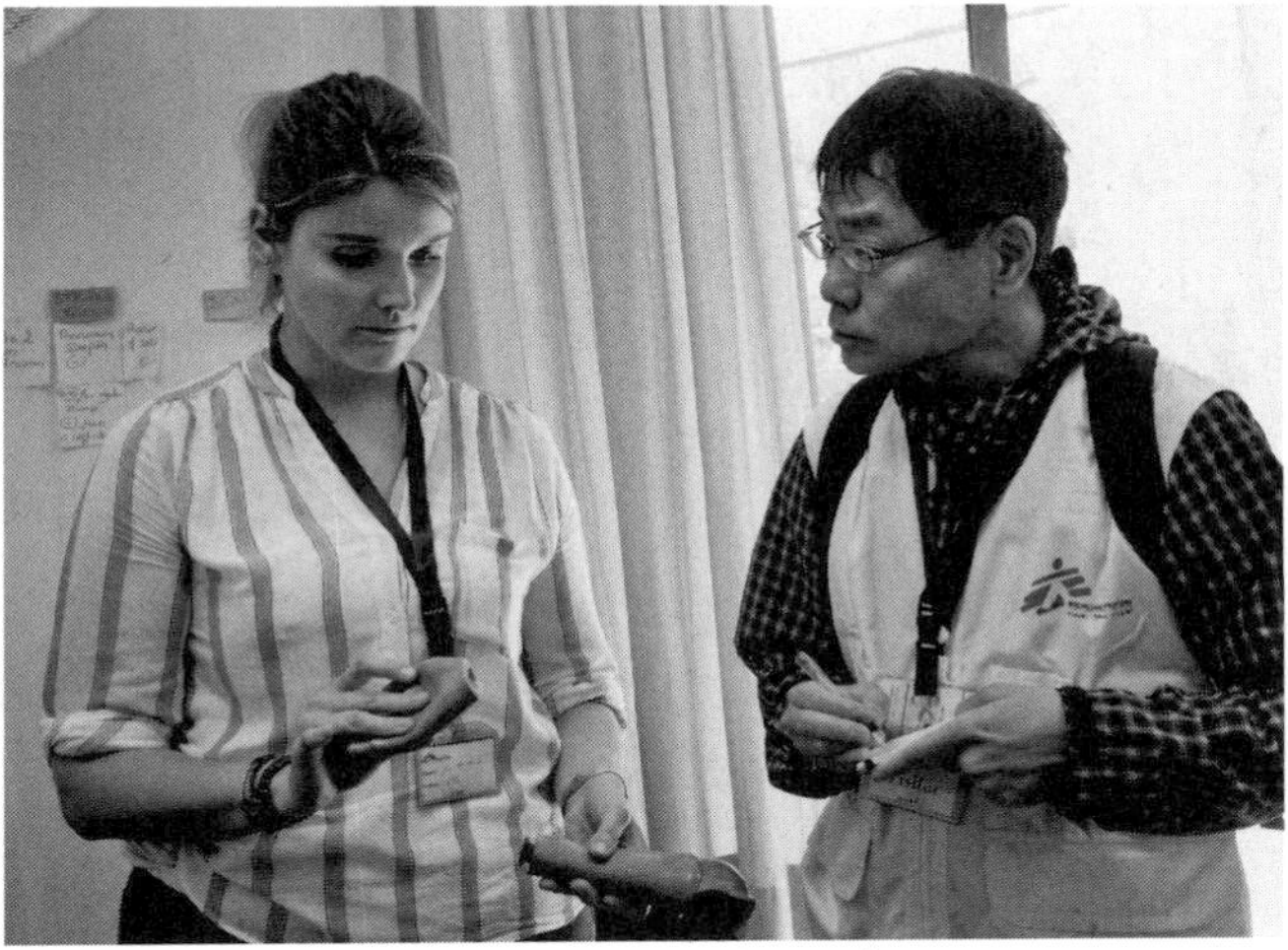

義手やマスクを見せてくれる理学療法士エリーズ・トゥブロン

ただ、顔に着けるマスクはとてもいいとのことで、ムハンマドさんはしゃべりながら椅子に座り、エリーズが出してきた顔半分の範囲の透明なマスクを装着し始めた。実際それはぴったりで、彼の頬に吸いつくようにはまった。

なるほど、骨格を維持する他に、皮膚の手術後などに空気に触れさせないなど、3Dプリンターで作るマスクには様々な使い方がありそうだということがわかった。

「でも、もう少し右側を削らないとね」

エリーズはムハンマドさんの頬に触れながらそう言い、俺にも説明を加えた。

「そういう時でも、半日あればすぐに直せる。それがほんとに助かるの」

ムハンマドさんは久しぶりに他人としゃべるかのように勢い込み、家族は妻と二人の娘で、みなイエメンで暮らしていると言い出した。会いたいだろうし、治したいだろう。きっとその2つの気持ちに引き裂かれながら、彼はアンマンの病院で暮らし、毎日のようにスカイプで家族と話しているのだ。

なんの罪もなく空爆を受け、火だるまになり、無実の罪で逮捕され、手術に時間がかかって全身の皮膚呼吸もおぼつかなかった一人のイエメン人、ムハンマド・ヒザム。

彼以外にも患者はまだまだたくさんいた。

それぞれがどんな苦難を経て、ここアンマンの再建外科病院に来ているのか。

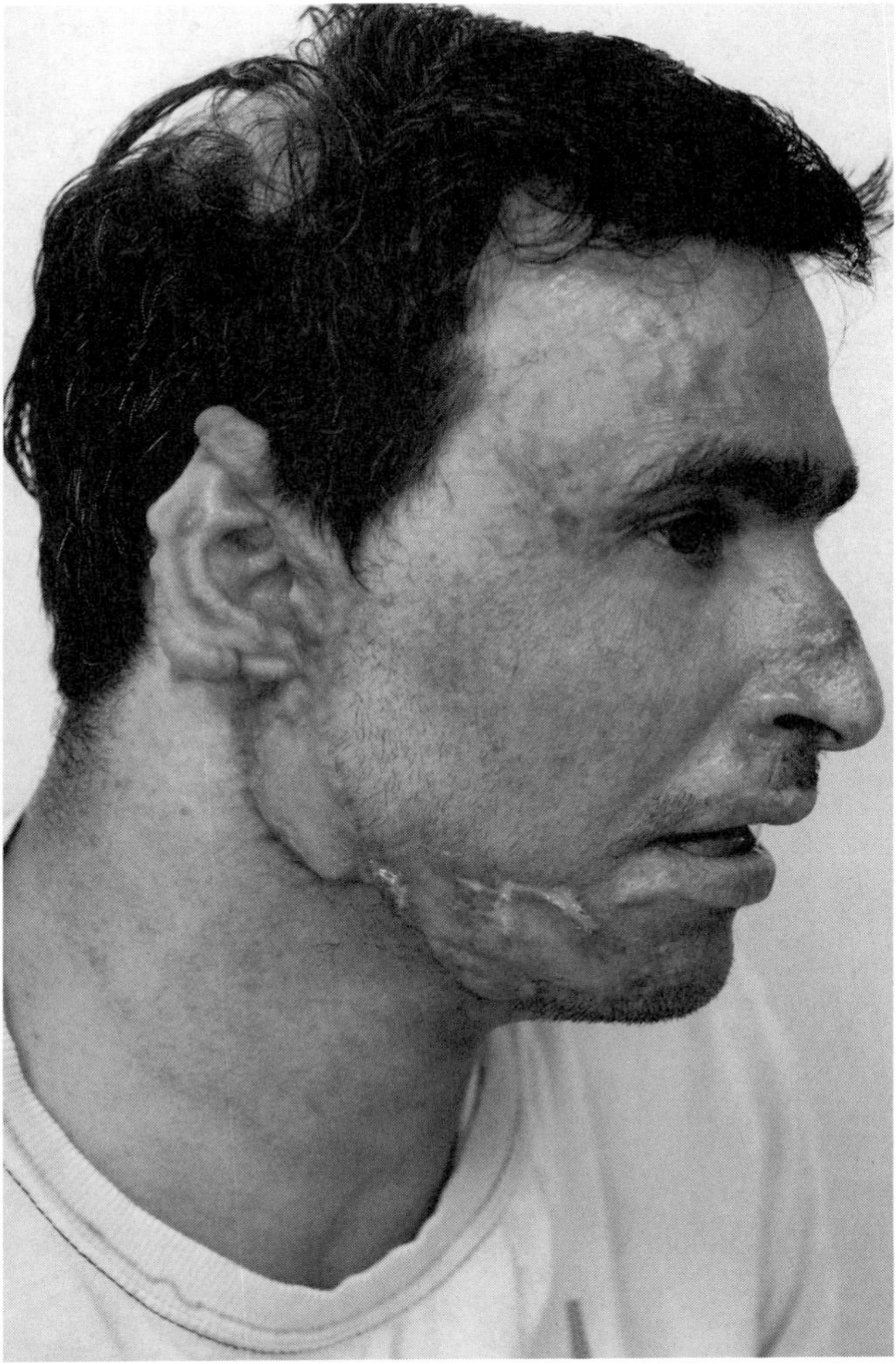

皮膚の手術を繰り返したムハンマド・ヒザム、33歳

次章でくわしくお届けしたいと思う。

アンマンの再建外科病院で

イラク人女性が失った12年間

同じく11月7日。

全身やけどのムハンマドさんの話を聞いたあと、我々はコーランが響く中で1階(日本で言うと2階)の手術室を見学し、2階(3階)の外科ゾーン、そして3階(4階。もういいか)の入院室らしきところを順番に訪れた。

その3階の右奥のほぼ何もない部屋には、ナガム・アルジャナビという女性が待っていた。若いのに自称〝古株〟という彼女は目鼻立ちのはっきりした黒髪のイラク人で、黒のセーターに濃いピンクのストレッチパンツをはき、眉をきれいに整えてベッドに腰かけている。そのままでは患者とわからず、俺は最初付き添いの人なのかと思ったほどだった。

17歳でバグダッドの学校を出たばかりだったナガムさんは、出かけた市場で車を爆発させる自爆テロに巻き込まれ、直後に起きた米軍の攻撃によって足を撃たれて、4日間意識を失ったままだったそうだ。それが今から12年前の2007年のことである。

事故後の4年間はバグダッド市内で治療を受け、それからこのアンマンの再建外科病院に移り、何度か手術をしたあと祖国へ戻ってから、またアンマンに来たのだそうで、パンツの裾をまくってすねの包帯を解いてもらうと、膝のあたりにまだ縫い跡が生々しく残っていた。

彼女はどうしてもそれらの跡を消したいのに違いなかった。だからこそ故郷を離れては再建外科に通っており、自ら〝古株〟などと自嘲の言葉を吐き出しながら、いつまでもあきらめないでいたのだ。

ナガムはある程度話すと、さっぱりした顔でバッグをまとめ、じゃあねと軽くこちらに手を振った。部屋を出たのは俺たちの方が先だったが、要するに彼女は入院していたわけでなく、話をするためにだけそこで待っていてくれたのだとわかった。若い自分が失った年月を誰かに知ってもらいたかったのだろう。それで俺はもう一度振り返って、ナガムさんに丁寧に手を振り、スマホで彼女の写真を撮った。お気持ちはしかと受け取りましたよ、という合図のつもりで。

そのあと、階を変えて医者たちの待機する部屋でナラム医師という気品ある女性に会った。質のいい生地のブラウスを着て肩にスカーフをかけ、白衣をその上にはおっている。細菌が専門で、傷口の感染症が抗生剤に耐性を持ってしまわぬよう工夫を重ねているのだと彼女は言い、特に重傷者は男性が多いことを話し、彼らは最初ひどい環境で手術を繰り返すために感染症も重くなってから運ばれてくると教えてくれた。

近くに寄って来てくれたのはにこやかな男性医師で、首から下げた入館証の横にポケモンをゲットする赤いボールをかたどった平面のオモチャをぶら下げていた。彼が小児科医であることは、入館証以前にそのオモチャでわかった。

ソファに導いてくれた小児科医は俺たちにティーバッグで紅茶を淹れてくれ、あれこれたわいもないことをしゃべったのだが、中でも「人道主義者たちのプライドは高いけどね、あれが足りないこれが足りないって大変なんだ」とこぼし、「同僚は悪く言うなって話すけど、他の団体もよく知っているからわかる」と付け足したのは、きっと現地の医師たちとの軋轢《あつれき》があったからだろう。

ポケモンだけでなく、小児科医は『NARUTO』の話をし、『デスノート』が好きだと言った。そういう意味ではヨルダンにも日本アニメファンが増えつつあるわけだ。

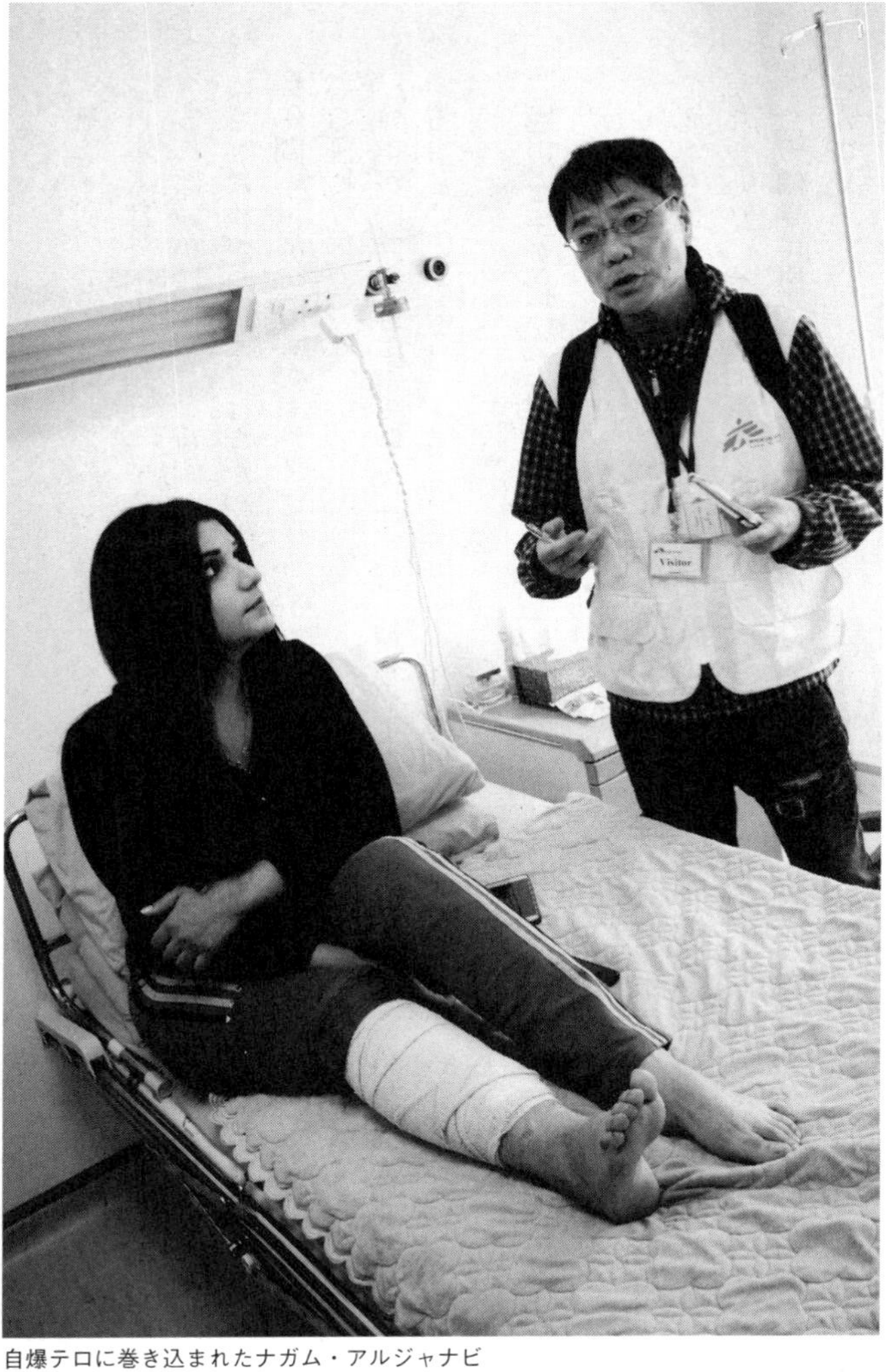

自爆テロに巻き込まれたナガム・アルジャナビ

そこへ別のスタッフが来ると、今度はいきなりこう言った。

「日本人は外国人を嫌うって本当かい？」

これはいかにも厳しい質問だった。俺たちはあわててそうじゃないと言ったが、彼の意図に添った答えではなかったろう。そしてまた、こうした日本人観はそれまでの数年間、世界のどこでも聞くことがなかったから、つまり評判が急速に変化してきている証拠なのだった。

日本が内向きになっていく様子は、彼ら異国の人々にぼんやりながら暗く伝わっているらしいのである。

厄災を生き抜いた英雄

さて、ある患者へのインタビューの用意が出来たと聞いて、広報のイハブに導かれて俺たちは3階に戻り、315号室に入った。中にはストレッチャー付きのベッドがふたつあり、その奥にボーダー柄のランニングシャツを着た黒人男性が背を丸めて、こちら向きに座っていた。どん突きの窓のカーテン越しに柔らかな光が広がって彼を包んでいる。

ジャンタン・エリゼ、カメルーン出身、26歳。

彼は異様だった。シャツからむき出された肩、首、腕、手の甲といった皮膚のあらゆる場所が不定形に隆起し、より黒く変色して光っている。まるで体の中に無数の蛇を飼っているかのようだった。

なぜそんなことになったのかを聞くと、これが信じられないような凄まじい話である。

もともとは家の生活が苦しく、17歳で自立して働き、学校へ通った。しかしそのままでは立ち行かないと思い、ヨーロッパへ行こうとしてまずはリビアへ向かったが、バニワリドの収容所（彼はゲットーと呼んでいた）に入れられてしまい、その中でガス爆発事故に遭う。

全身にやけどを負った彼は首都トリポリへ移され、そこのMSFによる治療を受けるのだが、なんと皮膚呼吸もままならないはずのジャンタンはそこで2回も誘拐される（いわば死にかけている彼がなぜ誘拐されるのかは突っ込んで聞けなかった。しかし、いわゆる難民・移民を拉致し、その家族から金をゆすり取るという事件は頻発しているらしい）。

その後ミスラタという別の町で解放されたあと、ジャンタンは首都から50キロ離れた場所にある私立病院に移り、さらに元のバニワリドに戻された。しかし脱走して再び首都トリポリへ行き、今度は海からボートで国外へ脱出。ヨーロッパに向かおうとした。

密入国業者が手配したボートには150人余りが乗せられ、「15時間でイタリアに到着する」と言われたそうだが、リビアの沖合ですぐに沿岸警備隊が来て捕まり、そのまま再び収容所に連れ戻されてしまったという。その牢獄にはコートジボワールやマリ、セネガルといったアフリカ諸国や、エジプト、イエメンといったアラブの国々から来た人びとなど約1000人が押し込められていたらしい。7ヵ月後の2018年10月6日、彼は祖国カメルーンに戻った。彼にはその選択肢しか残されていなかった。

地獄の底にいるような彼を救ったのが、リビアで知りあったMSFのフランス人であった。満身創痍《まんしんそうい》のジャンタンがフェイスブックのメッセンジャーで連絡すると、MSFはアンマンの再建外科病院で治療を受けさせる手はずを取ってくれたという。それから約1年間、彼は度重なる皮膚移植手術を繰り返している途中なのだそうだ。

とにかく、よく生きていてくれたとしか言いようがなかった。以前、ギリシャの難民キャンプでMSF職員が感じさせてくれた「難民への敬意」が、自然に俺にも強く芽生えた。彼はとんでもない災厄の中を生き抜いた。死ななかったし、自殺もしなかった。

そういう意味で、俺が目の前にしている漆黒の隆起を身にまとったジャンタン・エ

火傷の痕も生々しいジャンタン・エリゼ、26歳

リゼは、一人の英雄であった。

だが本人は小さな声でこう言った。

「ちょっとしたトラブルさ。これは俺だけの話じゃないんだ」

それは北アフリカ、中東で多くの人を地獄に落としている紛争や貧困の渦のひとつに過ぎないと、ジャンタンは言うのだった。

「治ったら？」

俺に同行するMSF広報の舘さんの質問にジャンタンはまず短くこう答えた。

「自分の事業をやりたい」

そして息を少し大きく吸い、こう付け足す。

「運があったらそこで稼いで、再び学校に行って、将来は外科医になりたいんだ。自分みたいな困っている人間を助けるために」

なんと切実な夢だろうか。運はあるよ、と俺は言いたかった。いつ死んでもおかしくない悲運の連続を、なんと乗り越えてしまったのだから。しかしそれを言うことが彼の心を傷つけるかどうかを俺は恐れた。日本で暮らしている自分には、彼の内面を想像することなどかなわない。

そのあと、戦場カメラマンの横田さんはジャンタンをあらゆる角度から撮った。その様子はジャンタンの立派な体格や落ち着いた態度ゆえに、ロックスターの撮影のように見えた。

取材を終えてみんなで廊下に出て歩き出すと、アンマン広報のイハブが首を振った。

「僕もあそこまで壮絶な話だったとは知らなかった。患者全員がそれぞれ驚くようなストーリーを持ってる」

ランチのために病院を背にして急坂を登っていき、少し繁華な通りへ出た。そこでビリヤニと、薄く焼いたパン、羊肉と野菜を炒めたものなどを俺たちはおいしくいただいた。食事の間にも陽気なヨルダン人が「ニイハオ！」と声をかけてくる。これは南スーダンなどでもそうで、ひるがえってなぜガザでは一度もそう呼ばれず「コンニチワ」だったのだろうと俺は考えた。

答えは簡単だった。世界のあちこちで中国の時代が来ており、建設だのODAだので多くの中国人労働者や会社員が実際に各国の人々と接触しているのだ。それに対してガザは封鎖下にあり、いまだに日本の景気がよかった時代を生きているのである。この発見はなかなかショックだったし、どこかタイムトラベルを思わせた。

3歳で空爆を受けた少女

15時少し前、食事から帰った俺たちは3階に上がった。

例のフランス人理学療法士のエリーズ・トゥブロンがいる『3D　デパートメント』、新しい技術で義手やマスクなどを作っている部門の、その奥が行き先であった。そこに広がるベランダで作業療法、OT（Occupational Therapy）が行われると聞いて、是非取材したいと考えたのだ。

作業療法とはいえ、参加者は10歳未満の女児ばかりである。つまりそれはリハビリを兼ねての生活訓練とでも言うべきものであった。

そしてそこに、俺たちが話を聞きたいナハムという女の子がいた。かわいらしいドレスを着た彼女の姿は朝から見かけており、実のところ俺は面と向かって話が出来るかどうか自信がなかった。

彼女の顔には焼けただれた跡があり、明らかに右手が義手で両足は不自由であった。その足を引きずるようにして歩くナハムは、付き添う背の低い父親の腿にしがみつくようにし、人目を避けていた。どうやって彼女を傷つけないように取材が出来るのか。

他の子も参加した訓練を十二分に見たあとで、なぜ彼女がそうなったのかを、ナハムを膝に乗せたままのお父さんに聞いたのだが、まずその事実を書いておこうと思う。

2017年7月8日、イエメン国内にある彼女らの自宅は空爆された。そもそもイエメンは、ハディ暫定政権と反政府武装勢力フーシ派との間に激しい争いが続き、深刻な人道危機が起きているためMSFが援助活動を続けている場所である。

空爆されたナハムは当時3歳。攻撃で2人の姉をなくし、母親は両足を失った。ナハム自身、顔をやけどし、右手をなくし両足に大けがを負った。知人が車で20時間かけて北部アムラン州のMSF病院に連れて行ってくれた。その後、首都サナアのMSF病院に転院、そこで3ヵ月治療を受けたあと、いったん故郷の町に戻ったが、2019年7月からアンマンに来て治療を受けられることとなった。

すでにアンマンでも3ヵ月経ち、3回の手術を受け、顔の再建、義手作製、左足の再手術を行っている。俺たちが病院を訪れた翌週の土曜日には退院し、いったんイエメンに戻って半年後にまた来院する予定だということだった。

両足をなくした母親はイエメンに残っていなければならず、彼女にはまだ義足が付いていないのだそうだ。ナハムを誰かが連れて来なければならないから、母親はその日も一人で絶望に耐えているのだろうと思った。とにもかくにも残酷な話である。

さて、そのナハムは田舎のお嬢様めいた青いサテンのドレスを着ていた。付き添う父親のスーツは古びていたから、彼女にだけ着飾らせたいのだと切なくなった。席に座るまで、彼女はお父さんのズボンをぎゅっと握り、顔半分をその腿の後ろに隠すようにしながら、足をひきずって歩いた。

俺たちの存在にはずいぶん前に気づき、緊張している様子がわかった。わけのわからない巨大な悪意で彼女は焼かれ、家族を失っていた。心がすっかり傷ついているのは当たり前のことで、まして知らない人種の3人組などが現れれば不安で仕方ないはずだった。

だが、ナハムはその緊張と不安をなるべく表に出さないようにした。すべて見て取れるのだけれど、彼女は怯えをあらわしたら必ず攻撃されると信じ込んでいるようだった。それでちらちらとこちらの方向にぎょろりとした目を向け、身を固くして下を見た。

ベランダには三角形のプラスチック製テーブルがあり、それが4つ組み合わさっていた。上には靴が1足ずつとビーズ付きのかわいい紐が4セット置いてあり、他にオモチャのバナナやブドウ、包丁などがある。

最初に席に着いたのがナハムで、続いてあらわれたのはやはり4、5歳の女の子で右手に義手をはめていた。他にも笑顔のかわいいやつがとことこ歩いてきて、付き添

3歳の時に空爆に遭ってしまった少女ナハム

いの父親に聞けば彼女は先天的に腕が欠損しているそうで、パレスチナの難民キャンプから来た親子であった。

結果、女の子たちは4人になった。どの女の子もポップなTシャツや半ズボンなどでお洒落を競っていて、そのままおしゃまに義手で靴を押さえ、そこに残りの手で紐を通していく。いかにもレディーな仕草や笑顔を見せるのが素敵で、いじらしく切ない。

中でもナハムは靴の穴に紐を通すのも少し遅く、リハビリ担当の美しい女性理学療法士に手伝ってもらって2回目はうまく行った。俺は見ないようなふりをして、遠くからハラハラしていた。

次は布製の大きなサイコロに貼られた服のボタン穴にボタンを通すトレーニング。つまりどれも女の子がママゴトでしたいこと、そして実生活でも自分に誇りが持てることを訓練していくわけだ。

うれしいことに作業が続くうちナハムはリラックスし、おそらく自立心を養うためにわざと席を外した父親の去った方向を見なくなっていくと、少し楽しそうに義手でバナナのオモチャを押さえ（バナナは切れていてマグネットで一本になっている）、オモチャの包丁でそれを切った。療法士は誉めるが、ナハムは笑顔にまではならなかった。声も一切出さない。

けれど、作業がうまくいった瞬間ごとに、彼女は顔を上げた。それが俺にもひどくうれしかった。ただし、相変わらず右の義手を隠しがちなのはいつまでも変わらなかった。

そうやってあれやこれやの工程が終わり、女の子たちはナハムを気づかいながら部屋を移動して、休憩に入った。そこで舘さんが日本からのおみやげである小さなチョコセットみたいなのを出してきた。

「いとうさん、これを」

舘さんがそう言うので、俺は女の子たちにそれを渡していく。その間もずっと、俺はナハムを気にしていた。そして彼女が一瞬、右の義手を出しかけ、それをすぐ下ろすのを見てしまった。利き手だったのだなと思った。

すぐに彼女の順番になった。俺は気が動転していた。果たして自分はチョコをナハムのどちらの手の前に出すべきなのか。無事な左手か、それとも気にせず右の義手か。

結論、俺はすごく曖昧な中央におみやげを差し出し、ナハムは左手でそれをぎこちなく取った。それが正しい判断だったかわからず、俺は自分の気の遣えなさを呪った。

16時半。

その日最後に会った患者さんはやっぱり幼い女の子、イエメン出身のウィズ・ハサン・アリ、8歳。

いかにも利発な表情をした明るいウィズは、住んでいたアビアン州で、車で移動中に爆発に遭い、その破片を左足に受けて怪我をした。

開放骨折を負い骨折部から細菌に感染、骨髄炎を発症し、厳重な隔離状態で治療を受けた。アンマンでの治療生活はすでに14ヵ月におよび、これから6ヵ月続くそうだ。彼女は紺にピンクの格子や水玉が切替えで入った膝丈の超お洒落なワンピースを着こなし、松葉杖をついて横田さんによる撮影をこなした。じっとレンズを見つめる彼女には、8歳にしてすでに落ち着きがあった。さかんに眠たいと言っていたから、単にそのせいかもしれないが。

ちなみに、付き添っていたのは叔父で、ウィズの家系なのだろう、こちらもつぶらな瞳でヒゲの似合う渋い中年であった。トーブやカンドーラと呼ばれる足元まである長衣の上にカーキ色のジャケットを着ているので、ひょっとしてと思ったが、聞いてもらうと案の定、彼はどちらの側かは知らないが兵士であった。ウィズの父親が病気で付き添えず、彼がウィズを連れてきて、そのまま付き添い続けているらしい。

「とにかくこの子の怪我が治って欲しい」

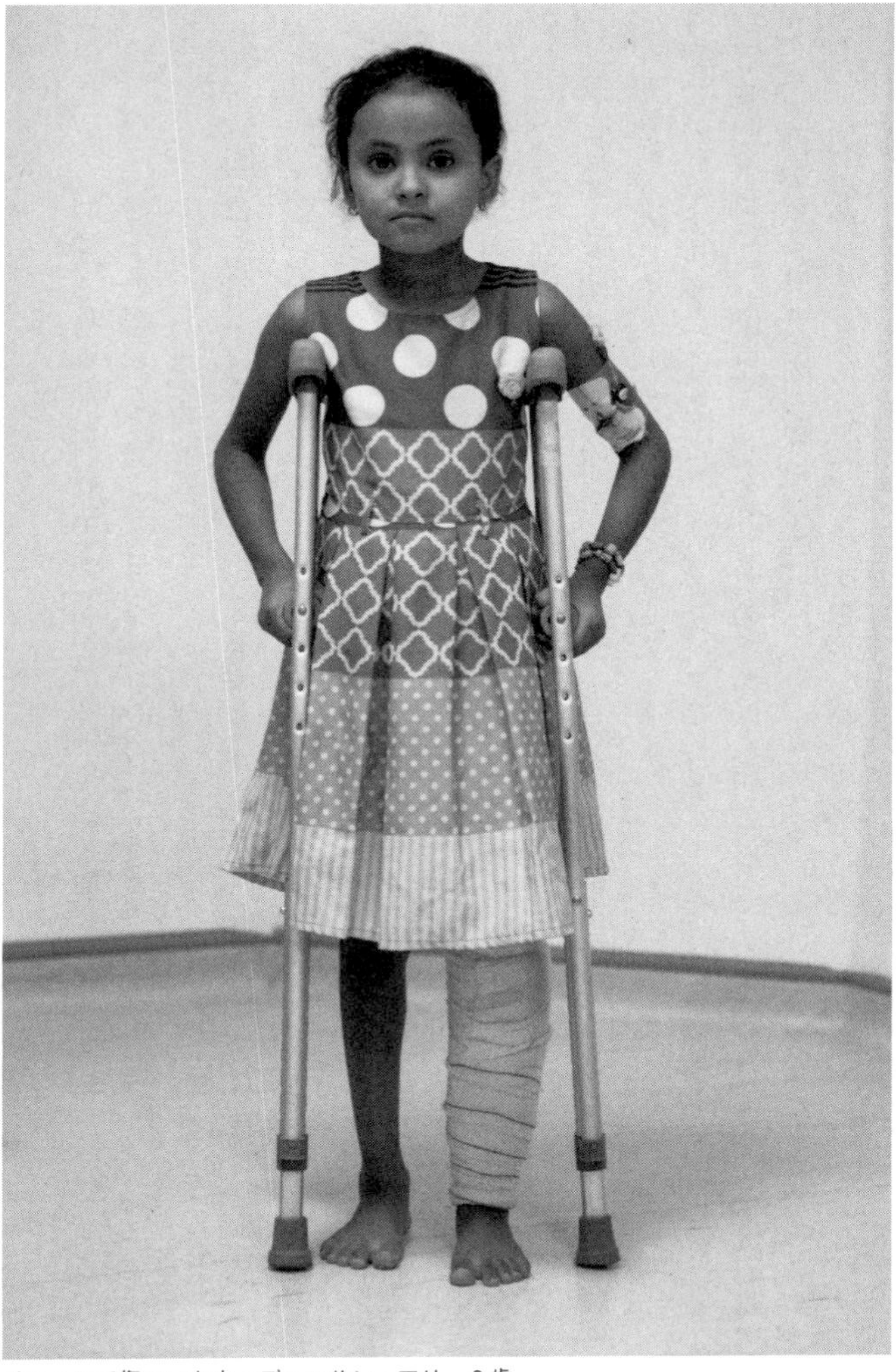

イエメンで傷ついたウィズ・ハサン・アリ、8歳

叔父さんはそれ以外に何も望まないというように、俺たちの質問に答えた。ウィズはその叔父を姿勢よく背筋を伸ばしてじっと見ている。

韓国人ジャーナリスト、クーさん参加

この日の夕方、ホテルに戻った俺たちの前にクーさんという韓国人が現れた。丸い顔で常に優しく笑っていて少し肥満気味の彼はビデオジャーナリストで、数ヵ月前から戦場カメラマン横田さんに密着取材をしており、実は自主的にヨルダンへ入って朝から再建外科病院で撮影するはずだったらしい。

ところが何時になってもクーさんが病院に到着しないので、横田さんは何度もスマホを見て首を傾げていたのだった。どうやらクーさんはホテルに着いたものの、どこが病院かわからずのんびり待機していたようだ。

高級ホテルで会えたクーさんは目を細めて挨拶などしてくれ、俺たちもその少し薄い頭の愛らしい姿にすぐ心を許したのであったが、呆れている横田さんに言わせれば「明日から2日は金曜土曜で病院はほとんど動いてないわけで、クーさんが今来ても何もやることないんですよ」ということなのだった。

事実、俺たちはその日の夜、舘さんが見つけてきた旅行代理店で観光コースを選

び、まずはアンマンから南に下ったペトラの遺跡を見ようということになった。映画『インディ・ジョーンズ』のロケ地としても有名だという噂を聞き、インディ好きの俺はかなり興奮したものだったが、残念ながらすでに空きがないとのことだった。中東のヨルダン周辺では観光の余裕が出てきているらしく、多くの申込みがあるのだと係員は残念そうに言った。

で、舘さんはさらに南部の港湾都市アカバに行くのはどうかと、旅行代理店の中で俺たちに提案した。写真を見せられたがよさそうだと言うのだ。何がよさそうなのか、どのコースを見てもたいていが砂漠なのでよくわからなかった。ただしアカバなら紅海の間近であり、おまけに近くのワディラム渓谷でピックアップトラックに乗れるという。

正直な話、俺は「国境なき医師団」の中東での奮闘を見に来たわけだし、戦場カメラマン横田さんは紛争地の緊張の場面を撮りたいわけだし、クーさんはそういった取材で苦悩する横田さんをビデオに収めたいわけだった。だが舘さんはかなりのノリでそのバスツアーを勧める。MSFの人々はこうして、休日を思い切りエンジョイするのが常だ。その誘いを断るのもどうかと、残りの俺たちは思った。ただ、ずっと微笑んでいるクーさんが何を考えているのかはわからなかった。

料金は基本ひとり16ヨルダンディナール（約２４００円）、オプションで紅海に臨むランチ付きボートトリップ、砂漠の四駆ツアー、また渓谷の入場料を現地で払うとのことで、ひとり合計46ヨルダンディナール（約７０００円）が予算だった。まあガザではほぼ使わなかったから、そのくらい出す余裕はあった。

それで俺たちは前日見つけたケバブ屋にまた行き、帰りにおしゃれなトルココーヒー屋を見つけて、超濃いコーヒーをクーさんに飲ませて驚かせ、全員で打ち解けた夜を過ごした。

翌朝5時半にフロントで待ち合わせると、舘さんの交渉でホテルがコーヒーを出してくれ、朝食バイキングのかわりにとランチボックスを渡された。このへんは高級ホテルに泊まった利点である。

そのままホテル前に呼んであったタクシーに乗って、アカバ行きのバスがある場末の道路脇に向かえばほんの10分ほどだった。落書きだらけの広い道路に停まったバスは、朝の冷え込みもあって最初寂しかった。けれども気づけばあれよあれよという間に人が集まり、特に若い女性でいっぱいになってきた。中にはあからさまにアメリカ人であろう肌を露出した夫妻なども乗り込んだ。

俺はともかく他の3人とはぐれないよう緊張しながら自由席に座った。いったん席を離れて近くのビルのかげで立ち小便などする間もじっとバスをにらんだ。もしもそこで一人になってしまったら、俺には情報と言えばホテルの名前しかなかったのだ。ツアーコンダクターは若いヨルダン人男性で、この男がよく働いた。誰彼なしに話しかけ、確認を取り、土地の言葉で説明をした。英語もそこそこは通じた。まあ何かあったらやつに言うしかないだろう。バスが出発すると、俺たちはまずは安心してランチボックスを開けた。中身はサンドイッチ、ケーキ、クロワッサン、バナナ、リンゴと十二分だった。

そこから何時間か、バスはデザートハイウェイという砂漠を突っ切る道路をひたすらイスラエルに沿って南下する。窓外には砂漠と大きな岩稜が続いた。

面白いのは各席の頭上に小さなスピーカーが付いていることで、そこのスイッチを各々で切らない限り爆音で中東音楽が鳴るシステムだった。特に前方に陣取った若いヒジャブをかぶった女性たちが音楽に合わせて手を打ち、時にサビを一緒に歌い、下手をすると今にも立上って踊りそうになる。後ろを見ると、そこでは高年齢のアラブ女性が首でリズムを取りながら全体を見ているのだった。

その音楽のひとつひとつがきわめてダンサブルで、思わず俺は何度もスマホでビデオを撮ったし、ダンスミュージック界で「ハチロク（八分の六拍子）」と言われるビートが基本であることに感動もした。四拍子でも三拍子でもノレるリズムのことで、これはいかにも騎馬民族的な、いわば狂喜乱舞を前提とした音楽である。しかも女の子たちは最高のタイミングで強めのハンドクラップをし続けた。ジャストでもない、アフタービートでもない、ほんの少しだけ突っ込んだところに強拍を置いてノっていく。音楽をせかしていく、という感覚だ。

ちなみにだけれど、俺は帰国後、その短いビデオを今最高に気に入っている『思い出野郎Aチーム』というソウルバンドのボーカル、高橋マコイチ君にメールで送った。彼のすかさずの返信にもアフリカや中東のビートがもつ見習うべき祝祭性への言及が音楽オタクっぽく満ちていたので、ますます「一緒にこういうノリやろうぜ」と盛り上がったものだ。

それはともかく、バスの中で音楽が鳴り続ける様子は、昭和の日本にもあったもので、そうした純粋な祭り体験みたいなことが中東にはまだまだ根強くあることに俺は憧れた。彼らはまさに音の民であり、これは横田さんが言っていたことなのだが、軍事行動にも音楽での高揚が使われる世界であることも事実で、そのへんは『マッドマックス　怒りのデス・ロード』が見事にフィクション化しているのだと実感した。

バスは途中、2時間に一度ずつくらい、ドライブインに寄った。見たこともない形式の服が売られており、時には毛皮であったりした。食べ物にも魅かれたが我慢した。自分の胃がそれに向いていないかもしれなかった。横田さんはかわいい子供服をじっくりと見つくろった。なにしろ取材前、娘さんにグズられたばかりだったから当

音楽に手を合わせリズムを取るヒジャブ姿の女性たち

然の行動であった。

俺はその砂漠のオアシスみたいな場所で、バッタもののでかい金色の腕時計を見つけた。デュアルタイムでなかなかヒップホップな感じである。舘さんに金を借りたと記憶するが、迷った末に俺はそれを購入した。さっそく腕に巻き、じっと見てみると、デュアルタイムの小さい窓と針はすべて絵で出来ていた。まさに正統派の素晴らしいバッタものであった。今も部屋に飾ってある。

踊りに踊るアラブ人たち

バスはやがて11時半過ぎ、1時間弱遅れてアカバに着いた。そこはまさにリゾート地でブーゲンビリアがあちこちに咲いていた。白い壁の美しいホテルも散見された。アンマンからは330キロメートル来たことになる。

国の最南端であり、紅海に通じるアカバ湾に面した港湾都市。ヨルダンが唯一海に面している要所がアカバで、かつてアラビアのロレンスがオスマン帝国から奪取したという戦略的に重要な街だ。そしてヨルダンとイスラエルからは、紅海に通じるアカバ湾があり、シナイ半島を挟んでエジプト側からは同じく紅海までスエズ湾があるという地形になっている。

そのアカバであの歌姫たちはごっそり降りた。見ているとそこそこきれいな建物に吸い込まれていく。どうやら学校のように見えた。歌う姿から田舎に帰る労働者たちだと決めつけていたのだが、実は所属大学か何かが持つ宿泊地を利用するのかもしれなかった。

ショッピングモールが立ち並ぶ中、バスはまたゆるりと移動し始め、やがて申し込んでおいたランチ付きボートトリップの船着き場に着いた。厚ぼったい大気の中を、黄色い日光が射し、目の前のアカバ湾をキラキラ光らせている。木の机を置いただけの受付カウンターで名前を言い、乗船券とランチクーポンをもらうのだが、チケットは高校の文化祭の屋台で使うようなかわいい印刷物であった。

乗った船は『White Prince号』と言った。ダイニングスペースを抜けてデッキに上がる。イスとテーブルがぎっしり並べられて多くの人が急いで席を取った。俺はなるべく日陰を選ぶ。日よけのサンシェードが限られていたからだ。そういえば、デッキにはウォータースライダーのようなものもあって、そのまま海に飛び込めたのかもしれない。

デッキが人でいっぱいになると、青空を3機ほどの戦闘機が並んで飛び始め、それぞれに色の異なる煙を出した。ブルーインパルス的なやつだが、特にアナウンスもない。とにかく軍もサービスするなあという印象しかなかったが、もちろんそれがヨルダン空軍であるはずもなかった。しかし、ではあの戦闘機はなんだったのであろうか。

それより何より驚いたのは、アカバ湾を南下し出した客船のデッキにＤＪブースがあることで、何かが始まる気配が十二分であった。

そして13時をすぎた頃、案の定ＤＪが音楽をかけ、それを爆音で響かせた。すると躊躇なく乗客数人が踊り始める。初めは冷静な顔の乗客が椅子に座って眺めていたが、ＤＪがあおるにつれ、フロアの老若男女も盛り上がり出し、手をつないで右に左にとはねた。

むろんヨルダン人の客ばかりではないが、ともかくアラブ系の者たちは当たり前のように踊る。彼らはやっぱり歌舞音曲の民であった。それは再建外科病院だけ見ていてはわからないことだった。とはいえ、クーさんはその時点で歌舞の方しか見ていないから、どういう気持ちだったろうか。

やがてランチの時間になり、階下のダイニングスペースに移動。チョイスはなく一択で、ケバブとフライドチキンにパンとパスタとライス、それにサラダとヨーグルトソースがついている。ただ飲み物だけはコーラかスプライトが選べた。かなり若者っぽいコースだ。

カメラマンの横田さん（中）、MSFの舘さん（右）とアカバで記念撮影

若者っぽいランチボックス

踊りに踊るアラブ人たちを尻目に、東アジア組は階下で涼み、行き交う巨大客船などをじっと眺めた。中産階級が厚く存在していることは見てあきらかで、それがイメージの中の紛争地帯の中東とは別に彼らの世界を動かしているのだろうと思った。

反対に言えば、こうしたのんびりしたアラブがあって、その裏にすぐ空爆があり、銃撃があり、大やけどがあり、メンタルケアが必要な子供たちがいるわけである。その構造自体は、実は東アジアでも見られることであった。一言でいえば、貧富の差だが、たとえ空爆の被害者が貧しくなくとも、社会構造上の差があれば、そこに暴力はたやすく忍び込む。そしてナハムのような例を生み出してしまうのだった。

船はアカバ湾をゆっくりと周遊し、14時過ぎに港に戻った。下船後、ツアコン男子に案内され、次に乗るバス乗り場に移動。しかしバス出発まで1時間弱ほど時間があったので、俺たちは周辺を散策することにした。

色褪せたみやげが並ぶ人気のない店を冷かして歩き、海辺のマクドナルドで休憩した。アイスコーヒーとWi-Fiが目当てだった。だが暑い国であるにもかかわらず、アイスコーヒーは置いていなかった。仕方なく全員でアイスクリームを食べた記憶がある。他にカフェはあまりなく、マックは観光客でいつまでもごった返していた。

バスは定刻で次なる目的地ワディラム渓谷に出発。乗っている客はきわめて少なくなる。車窓から見える岩稜はさらに険しくなって、ほとんどそのままで砂漠体験ツアーのようになった。

通りのナツメヤシ並木の中に普通にラクダが歩く姿が見つかる。日没前の17時半頃だったか、やっと目的地に到着。ワディラム渓谷は映画『アラビアのロレンス』のロケ地だとの触れ込みだったが、どこがどうだったかもう映画を覚えていなかった。

日が暮れる前に急いで四駆ツアーが始まった。砂漠の上をあちらこちらから四駆が走ってきて、そのひとつを選んで乗る。たいていがトヨタのピックアップトラックだった。

俺たちも乗ったのだが、一緒になったのがサウジアラビアから娘に会いに来ていたおばあちゃんをリーダーとする、その娘と孫の3世代6人組で、俺たちのグループと譲り合うようにして車内に行く者、荷台に乗る者に分かれた。申し訳ないが、インディ・ジョーンズ好きとして俺は残る夕日の中での荷台での疾駆は外せなかった。

陽気なドライバーは広がる砂丘の上を、まるで船で波を越えるみたいにグングン走り、クッションとして砂を使った。あちらこちらに走る四駆がいて、それが野生動物に見えた。思わずヒャッホーと声を出したくなるが、同じ荷台に知らないアラブ人の子供がいるのでそれも出来なかった。

するとおかまいなしに「ウォーッ」と言い出したやつがいる。クーさんであった。彼はうれしそうに微笑みながら、雄叫びを上げていた。俺は思わず笑った。なにしろクーさんからしてみれば、取材に来たのにわけのわからない観光に金を使わされ、薄まる夕日の中で初対面のアラブ人家族と砂丘を走ったりしているのだ。立場上、何か叫んでしかるべきであった。

ドライバーは俺たちを砂漠の見渡せる小さな丘のそばに連れていき、早く登れと言った。急がないと日が完全に落ちるところで、西の岩山の向こうがオレンジ色に光り出していた。全員が男である俺たちは迅速に丘を上がったが、アラブ人一家は時間がかかった。それで彼女らはほとんど薄闇の中での記念撮影になった。

俺たちはその家族での撮影をにこにこ見ていたが、おばあちゃんが一緒に入れと言う。遠慮する俺たちを無視して、一人の男がおどけた格好で中に入ってピースサインを出した。クーさんであった。

すると、かなり迷惑な雰囲気になっている家族の中で、おばあちゃんだけがクーさんの闖入《ちんにゅう》をたいそう喜び、彼の横に移動して自分も腰をかがめておどけた。あとは言葉も通じない二人が楽しそうに笑うのを見ているだけだった。

そのあと、ドライバーは少し車を移動させ、赤い肌の岩に先史時代の動物の絵が残っているとライトをつけて説明したが、舘さんや横田さんは口には出さないものの、まったく信じなかったようである。そんな貴重なものが見事に痕跡として今もあるなんて、というわけだ。

トヨタのピックアップトラックで砂漠を疾走する

アラブ人一家の記念撮影に飛び込んだクーさん（左）

しかしさすがに先史時代とはいわないが、俺はかつてペルーのパンアメリカン・ハイウェイをえんえん走った時、砂漠の真ん中の道の脇に数百年前のミイラがぼこっと飛び出しているのを見たことがあった。さほど歴史意識がない土地で、古い遺跡が残ることはあり得ると俺は少なくとも思った。アラブ人一家はと言えば、信じるも信じないもほとんど興味を持たなかった。

ベースキャンプに四駆は戻った。中に入ると黄色い照明が広場を照らしており、周囲でビールやワインが売られていた。アルコールは観光客のみの特権であったが、俺たちはドライミッションのおかげで飲み癖をなくしており、コーヒーで満足した。

さて、そこから夕食のサービスになるのだけれど、すさまじいのはそこでもＤＪタイムがあり、スピーカーから流れる大音量が割れまくるのも気にせず、現地の音楽で多くのアラブ人が踊り出したことだった。その乱痴気を横目にテントに入って食事を配給してもらう。大量の米の上に煮込んだソーセージだのにんじんだのがほぼ丸ごと載っていて、ドヤ街の炊き出しみたいな感じだった。

途中、よほど興奮したのか何かを呑み込んで窒息しかけた女性が運ばれてきて、ずいぶんな騒ぎになったが、とりあえず詰まったものは出たようで30分ほどして歩いて外へ出ていった。その間も、例のハチロクの音楽はやむことがなかった。

宴の終わりは20時半。再びバスにのり、我々は薄暗いドライブインでの数度の途中休憩をはさみつつ300キロを戻ることになった。当然、バスでも爆音での音楽が1時間くらい続き、俺などは自分の上のスピーカーを切ったのだったが、後方座席にいた背の高いアメリカ人女性はもはや我慢ならなかったらしく、つかつかと運転席まで行って「うるさい。音楽をやめろ」と抗議した。

しゅんとしたツアコンは音量を明らかに下げた。すると近くの席にいた横田さんが、こちらを見てにやりと笑って言った。

「まともな人がいてくれて安心しましたよ」

確かにいくら音楽好きでも、朝から晩まで大音量でダンスミュージックを聴いているなんて、さすがにどうかしていた。

違う文化を持って、同じ希望を生きる

アンマンの下町人情にふれる

長距離バスでアカバ湾まで行ってヨルダン庶民ノリを垣間見た俺たちは、翌11月9日には一日中、アンマン市内を撮影する横田さんのお供をした。この日も再建外科病院が休みだったからだ。

したがってあちこち移動する後部座席には、あの韓国人ビデオジャーナリスト、クーさんもいて、停車すると素早く三脚など持って外に飛び出す。俺たちは途中、ショッピングモールの上部ベランダから市内のモスクの偉容を撮ろうと考えたのだが、正式には認可が必要で、それであくまで観光客が行う範囲内のシューティングを装った。

こういう時のクーさんの静かな燃え方が激しくて、こちらに鼻息が聞こえるほどだった。やはり何かスクープを取るタイプのジャーナリストなのだろう。それでクーさんだけ逆にモールの警備員に怪しまれたりもして、元編集者の俺はまるで何も知らないふりで遠くから現場を見守ったが、様子は味わい深く面白かった。ちなみに戦場カメラマン横田さんの気配の消し方は、気づく人にはむしろ異様なくらいで、そこは人々が普通にショッピングをするモダンな空間なのだが、実際の戦場で彼がどうふるまうかを彷彿とさせた。

とはいえ、この日の白眉はそこでの撮影ではない。レンガ積みの壁があちこち毀《こぼ》たれている地区を通って俺たちは高台へ行き、そこから遠くまで見下ろせるアンマンの街の美しさをカメラに収めようということになった。有料の遺跡があったが、中から撮るには厳しい規制があった。ここには軍人めいた警備員がいたから市内のモールのようにはいかない。

それで横田さんは少し下に素早く徒歩で下り、ヘアピンカーブの続く狭い道の隙間からなんとかカメラポジションを見つけようとした。クーさんは黙って従うが、時おり他人の家に入り込みそうになる。このへんは日本のちょっと前のマスコミじみたところがクーさんにはあった。

と、横田さんの声が遠くからした。

「この家の屋上、見てみましょう！」

小走りで近づくと、コンクリートで出来た二階屋があり、そこに今度は堂々と入っていくクーさんの後ろ姿があった。

ＭＳＦ広報の舘さんによると、家のご主人が外にでていたので、もしよければ中に入らせてもらえないかと横田さんが聞くと、ウサマさんというそのおじさんはかえって喜んでしまい、まだ撮影すると決まってもいないのに、いそいそと俺たちを迎え入れたのであった。

１人ずつしか通れないくらいの階段で上に行くと、途中の窓にはガラスも何もなく、風が通っていた。そのまま屋上まで出てみて、俺はため息と呻きを両方、口から吐き出した。遠くまで見通せると同時に、その街で暮らす人々それぞれの建物、それぞれの屋上がよく見えた。もともとうねうねとした丘で、その上に階数の異なる建築を（ただしすべてベージュ色の外壁だ）載せているから、どこまでもデコボコで見飽きることがない。しかもそれら人間の暮らしの上には青空がある。

近くの屋上を見下ろせば、時間をもてあましたような男たちが、彼らの上空を旋回する鳩の群れを見上げ、時々何か木の実を拾って投げたりした。いじめているのだろうかとしばらく眺めていると、木の実を投げなくなった男のもとへと鳩たちは帰った。どうやら飼育をし、訓練でもしているらしい。

また別の建物との隙間には、お母さんたちが洗濯物を広げて干していたし、狭い横

ミントティーをご馳走してくれたウサマおじさん

丁を犬がのろのろ歩いていた。その後ろにまだよちよち歩きの子供がいる。ガザで銃撃された若者たちに会い、再建外科病院で惨たらしい空爆の被害に遭った者と話していた身からすれば、アンマンは素晴らしく平和だった。

俺のコメントまでそこで撮ろうということになって、気持ちのいい陽射しの下で撮影していると、ウサマおじさんは微笑みを絶やさずそれを見ているかと思えば、ふと姿を消したりもする。横田さんの話では、撮影が終わったら紅茶でもどうだと言っているらしい。それでおじさんは準備に余念がないのだった。

実際、作業が終わるとおじさんはあわてて下の階へ行き、銀色のお盆の上に透明のガラスコップを並べて持ってきてくれた。それぞれのカップの中に紅茶が注がれており、摘み立てらしきミントの葉が1枚ずつ入っていた。近くの店に注文したものらしい。それは胃袋にしみたし、ありがたさが心にしみた。ウサマおじさんはその柔らかい笑顔で下町の人情をたっぷりと示してくれたし、奥さんのいる階下の部屋まですべて見せてくれたのち、こう言ってくれさえした。

「夕ご飯、食べていかないか？」

食べたかったぜ、おじさん！　しかし時間はまだ午後の3時頃で、夕ご飯までおじさんと過ごしているわけにもいかなかった。出来れば他にも撮影をしたかったから。

あ、書き忘れたが、ウサマおじさんのルームツアーで彼らの寝室に聖母マリアの絵が掛かっているのを見た。聞けば彼はキリスト教徒で、そういうヨルダン人もいるのだった。あとで調べると1割がそうらしい。そして宗教対立はないようだ。

というわけで、前日とこの日の2日で俺はすっかりヨルダンびいきになってしまったのである。そもそもシリアにもイラクにも接しているのに戦争に巻き込まれない政治力には興味がわいた。

そして彼らヨルダン国民の20％ほどが、パレスチナから逃れ出た難民だといわれているのだった。

エコ視点の新たなチャレンジ

さて翌日、11月10日は俺たちの取材の最終日だった。

同時にクーさんにとっては初めてのＭＳＦ取材日だ。

高級ホテルのフロントで朝9時半に集合すると、まず横田さんが笑って言った。

「クーさんに聞いたんですけど、昨日までなんとＭＳＦのことを知らなかったそうです」

つまりともかく彼は横田さんの仕事を追いかけて来ただけだった。それで前日、そんな奇特な集団がいるのかと驚いたのだそうだ。

ひたすら優しく微笑んでいるクーさんを見て、俺はもう腹がひっくり返るほど笑った。そもそも韓国からヨルダンへは入りにくいと聞いていた。その苦労をものともせず、クーさんはこの地まで来た。

3日も前に。

けれども病院にはあわてて来ようとしなかったし、翌日ただのバス旅行に付き合い、昨日は市内撮影を手伝って、俺たちが気に入っているケバブ屋で肉の串焼きを食い、コーヒースタンドで濃いトルココーヒーを飲んだ。特に横田さんを撮影する様子さえ、クーさんは見せなかったのである。

「何しに来てんのよ、クーさん」

そう言っても、クーさんは笑顔を崩さなかった。少し照れ笑いに変えただけだった。

さてホテルを出た俺たちデコボコ集団は、秋晴れの下でイハブの車とタクシーに分乗し、15分ほどでアンマンの再建外科病院に着いた。

建物の前にはすでに患者たちが出てきていて、それぞれに傷を負っているからクーさんもとまどったはずだが、俺はあえてその姿を見ようとはおもわなかった。

近くに子供専用の施設もあるらしく、そちらからあのナハムがゆっくり足を引きずって現れた。威厳があり、浮き世離れしたムードがあり、まるでこの空間においての

アンマンを満喫するクーさん。何をしに来たのか？

王女のようだと思った。お父さんのズボンをぎゅっと握ったままなのは変わりない。その隣に先天的に片腕がないと聞いた子がいて、誰か他のおじさんに背中を支えられて微笑んでいる。

他にも片足の甲が腫れ上がり、というかそちら側の指も何もグチャグチャになってしまっている人もいたし、頭部全体が焼けただれているのだろう、フードの隙間から見える耳が溶けてしまっているらしき若者もいた。ちなみに後者の彼には話を聞きたかったが、最後まで許可は出なかった。

院内に入って、あの受付の浅葉克己似の鼻ヒゲのおじさんから入館カードをもらって奥へ奥へと進み、サプライ（物資の調達供給）チームの部屋に行った。前にMSFハイチで会ったコリアンジャパニーズの宋正実《ソン・ジョンシル》さんがしばらく赴任していると聞き、俺はどうしてもインタビューがしたかったのだった。

こちらはエルサレム事務所で余っていて持っていけと言われた、オタフクソースをひとチューブ持っていた。ジョンシルさんと連絡を取り合っていた舘さんが、もし手に入ったら運んで来て欲しいと頼まれた品だった。どうやらアンマンでお好み焼きを作ってふるまったら好評だったらしいのだが、ジョンシルさんとしてはやはり本場の濃いソースを同僚たちにご賞味いただきたかったらしい。

ということで、まるで面会許可証がわりにオタフクソースを前面に押し出した俺たちのもとに、やがて髪をひっつめて団子にし、白いブラウスの上に毛のポンチョをかぶり、ジーンズとバックスキンのサンダルをはいた、いつも通りオシャレなジョンシルさんが出てきた。

　風邪気味らしくせき込むジョンシルさんは、オタフクソースにいたく喜び、出会ってすぐにアンマンでのお好み焼きの具材に興味を持つ舘さんに「キャベツでしょ、コーン、チーズ、ごほっ、豚ベーコン、あればエビ、ごほっごほっ、そんな感じっすかね」と、懐かしい調子で答えた。

　あたりに人が集まってうるさくなり、もともとジョンシルさんが所属するサプライの部屋から別の部屋へ移った。インタビューはそこで始まった。せきは苦しそうだから抜いて再現する。

「あたしは今、病院全体の契約を見直す仕事をしてるんですよ。もともと建物とかの賃貸、病院を運営するライセンスを現地で手配してるわけなので、そこに契約が生じるでしょ。医療ニーズを元に、ログ（ロジスティック／物資調達、施設・機材・車両管理など）ともアドミン（総務）とも連携して」

　ハイチでもご飯を食べながらよく話したし、その結果出た本も読んでくれているので、ジョンシルさんはけっこう奥まで内情を教えてくれる。

「こうやってインターナルな、えっと内部の？　そういうプロセスをすべて見て、各セクションで外部契約の必要はあるか、契約内容は妥当かをワーキンググループを作って検証していくんです。サプライがそういうことを担当するのはフィールドレベルでは初めてなんじゃないかな」

俺は質問した。

「なんでその作業が必要になったんですか？」

「ああ」

ジョンシルさんは通りかかった現地スタッフに無言で投げキッスしてから答える。この人のこういうところはいつもかっこいい。

「業者から提供されるサービスの質の改善と価格の見直しが主な目的です。そうした契約やプロセスを見直す作業を各部署と行い、人と人をそれまでにない形でつなぐと、違ったものを生んでいきますよね。大きな病院のマネージメントとして新しいし、現地の規則とＭＳＦの考え方をすり合わせることにも意味がある」

それはほとんどＭＳＦ全体のチャレンジというか、視点としてきわめて高く、視野の広い実践だった。言ってみればウサマおじさんの家の屋上から街全体を俯瞰《ふかん》するのに似ている。

「わかりやすい例で言いますね。Reduce（削減）、Reuse（再利用）、Recycle（再生利用）で３Ｒだとか、日本だと当たり前だけど、ここではそうじゃないんですね。

じゃ意識を変えてもらったらどうなるか。エコロジーコンシャスになって、医療側も患者さんも浪費をなくすとしたら。その水だってそうです」

　たまたまあった飲み水の半透明の青いタンクをジョンシルさんは指した。

「これがプラスチックでいいのか。水はヨルダンは安心なので、この容れ物に別の考えを導入出来るか。そう考えてみると、体にもいいし、寄付でまかなえることが増えるじゃないですか」

「エコの視点、ＭＳＦ取材で初めて聞いた！」

　俺は目からウロコが落ちるのを感じた。

「国によって習慣や考え方、規則が違うから、ひとつの鉄則を作ることは難しいんです。でも問いかけをしてみると、色んな声が色んな部署から上がってくる」

「うんうん、来るでしょうね」

「例えばね、この病院で年間に使うトイレットペーパーはアンマンからどこまで行くかとか、1年で使うガソリンで地球を何周できるのかとか、そういう単純な問いかけが意識をガラッと変えちゃうんです。じゃ、こうしようってことまで出てくる」

宋正実さんのMSFスピリット

なぜジョンシルさんは、こうした他のミッションでは出てこない視点を得たのだろうか。聞いてみると答えが面白かった。

「ラッキーだったんですよ。今までのミッションだと、『もの』は買うことよりも供給するのがサプライの意識だったんです。例えばアフリカの遠隔地で清潔な水が必要だとします。井戸を掘り、水を汲み、飲料水として処置し、水を配給する。でもアンマンなら飲み水のタンクを普通に買えてしまう。この違いはなんだろうって考えたわけです。これまでのミッションの常識に照らせば、水道水が飲めないなら浄化して飲めるようにするとか、そうした工夫をすることがMSFらしさだと思うんです」

ジョンシルさんのその素朴な、しかし根本的な疑問が活動を変えつつあった。

「買うなら安くということだけでなく、少なく買うってことがあり得る」

それが単に経済的な理由で言われていないことが俺にはよくわかっていた。ハイチで聞いた彼女のキャリアでは、もともと輸入会社にいて環境問題に興味を持ち、ボランティアをするうちにMSFへとのめり込んでいった人物だったからだ。つまり彼女の「少なく買う」は「少なく使う」なのであった。

そこから話はジョンシルさんがハイチ以降、どこにいたかに移った。まず俺が出会った時はOCB（オペレーションセンター・ブリュッセル）所属、ハイチ滞在中にFacebookでパリにいた元同僚から緊急ミッションの提案があり、「ナイジェリアに2週間」と言われたが彼女は依頼された業務内容から2ヵ月に変更してもらって入国、以降もレバノン、バングラデシュとミッションを続けて、MSF自体に11年。

アンマンには8ヵ月弱いて、実はその週いっぱいで帰国することになっていた。平均では18ヵ月ずつミッションに参加して、最長はインドでの20ヵ月。

「6ヵ月じゃ現地の変化がわからないんですよ。9ヵ月過ぎるとようやく見えてくる。だからやるなら長期で臨んで、業務を見直し、改善し、そして安定させるところまでやりたいんです」

そして長期の滞在から帰るとゆっくり休む。

「とはいえ、間に必ずエマージェンシー入れるようにしてるんです」

つまり緊急事態に対応する短めのミッションに参加することで、MSF本来のスピリットを忘れずに済むとジョンシルさんは言った。すごいストイシズムだと胸を打たれ、

「やっぱり緊急だと心構えも違いますか？」

と聞くと、答えは明快だった。

「例えば3ヵ月なら無理もきくんですよ。エボラでアフリカに入った時もそうでした。もう必死で。あの、赤ん坊の上にタンスが倒れそうになったら、お母さんが飛び込んで助けるじゃないですか、絶対。あれと同じで力が出ちゃうんです。考える暇もなく、体が先に動いてる。心構えがあろうがなかろうが」

これは人の善意や、「仁」というものや、利他性などを考える上で非常に大切な話だったので、俺は黙って何度もうなずいた。すると、すぐに彼女の軽い調子がシリアスさを中和するように出た。

「ま、そう言うあたしだって、もういい年なんでねー。ただアジア人だし、おバカキャラだからどこ行っても若く見られるけど」

ちょうどそこで現地スタッフでよく協力してくれているというイフサーンさんを紹介してくれた。彼の理解がなければ、現在のエコロジー運動はないのだという。

そう言ってようやくジョンシルさんは持っていたノートPCを開けた。

『GO GREEN』プロジェクト、と可愛らしいロゴが出て、色鮮やかなデザインでエコ意識を高める運動の説明が次々に現れる。よくまとまっていたし、どうやら3Rの効果で明らかな結果も出ていた。

やりがいあるだろうなあと俺は心底思ったし、今週末に帰国ともなればジョンシルさんは後をイフサーンさんたちに託すべく、やれることはすべて手を尽くしたのだろ

ハイチ取材でも会ったコリアンジャパニーズの宋正実さん

エコロジー運動を助ける現地スタッフ、イフサーンさん

う と理解出来た。

そもそもこうしてキャリアも長く、経験も豊富なジョンシルさんだからこそ、部署間をつないだプロジェクトが可能なのだろうし、ＭＳＦにもそういう人にこそ権限を与えるという気風がある。

彼女が生み出した新しい動きを、やがて俺自身、別のミッション地で見るに違いないと思っていると、ジョンシルさんはもう舘さんとお好み焼きの焼き方について再び会話し始めていた。活発な人である。

救命後の長い時間を生きる

舘さんがジョンシルさんからＭＳＦジャパンを支える方々へのビデオメッセージをもらうことになっており、横田さんがそれを撮影する準備に入った。クーさんは機材をチェックするなど、寡黙に手伝いをした。

俺は部屋を出て、入り口のロビーに並んだパイプ椅子に座って終わるのを待つ。すると片足をなくして杖で進む青年が目の前を通り、杖はつかないが足を引きずって歩く少年が行き過ぎ、足に付けた外装器具で銃撃による骨の破砕を治している男性が移動した。なんともいえないことに、彼らはすでに数日俺を見かけており、必ず全員が微笑んだり、うなずいたりと挨拶をくれるのだ。病院は彼らの場所ではないけれど、それでもホスピタリティを忘れないのである。俺はここではゲストなのだった。

そこへ外からナハムのお父さんがちょっと早足で入ってきた。彼は少し遠いところから、俺に向けて笑顔を送り、あごを軽く上げる形で挨拶をした。俺も微笑んだが、彼への挨拶がそれでいいのかわからなかった。

撮影を済ませた舘さんたち取材チームが戻ってくると、医療ディレクターのイブ・ブルースという女性が、入り口から入ってどん突きに逆U字型の穴が通路としてくり抜かれた壁まで俺たちを導いた。穴の左右には美しい花が描かれている。

「マーティン・トラバースという素晴らしいアーティストがこれを描いてくれたんです。全部きれいな草花ですよね。左からポピー、コーヒー、バラ、菖蒲《しょうぶ》、ジャスミンになっていて、それぞれがパレスチナ、イエメン、イラク、ヨルダン、シリアを表しているの。患者は違う国から違う文化を持ってきて、同じ希望のもとで生きる。それがこの病院のモットーだから」

違う国から文化を持ってきて、同じ希望のもとで生きる。それは患者だけの話ではなく、医療に関わるスタッフ全員のことであるのは言わずもがなだった。実際、花々の間には蝶が飛んでいて、おそらく医療者をあらわしているのだろうと思われた。

11時過ぎ、今度は病院の外科部門を取り仕切っているラシッド・サムライーという医師に話を聞けることになった。狭い部屋の中、俺たちの目の前に座っている温厚そうな彼が、いわばあらゆる技術に関する責任者であり、当然ヨルダン国内の他のMSF、地元の学術団体とも密に連係を取り合っているということだった。

自身、13年前からイラクで別プロジェクトに参加し、今に至るそうで、その目からしても再建外科はきわめて特殊、かつ緊急的な高度の医術を要請されているという。

「なにしろ命を救うだけじゃなくて、生活出来るようにするんですからね」

確かにこれまでの取材でもわかったように、そもそもの救命は各国で行われていることが多く、再建外科はそこから先を担当する。傷口に皮膚を移植して目立たなくし、リハビリとメンタルケアを行い、仕事をするための精神と体力を養うのだから。

ラシッドさんはその全体を「クレイジー」とも表現して笑った。多くの患者と出会っていると、ついつい当たり前のように考えてしまうが、アンマンの再建外科病院が責任を持とうとする範囲は実は非常に広く、かつその志を貫徹するのはなかなかに困難なのである。

そうした方針のもと、すでにこちらでは5500人ほど診ており、手術を1万3000件は行っているとラシッドさんは言った。一日当たり4・5件で、一件につき4、5時間はかかるそうだ。

外科部門を取り仕切るラシッド・サムライー

病院の壁に描かれた様々な花と蝶

「現場ではとにかく緊急医療しかあり得ないわけです。だいたい若い男性が戦争、紛争で傷つく。そして、もうおわかりのようにその後の時間が長いんですよ」

俺は黙ってうなずいた。３歳で空爆に遭ったナハムがそうだ。ガザで松葉杖を吹奏してくれたイヤードがそうだ。体中の火傷の跡が盛り上がるエリゼがそうだ。みな、これから途方もなく長い時間を生きていくのである。

「僕がイラクから来た、ただの外科医だった頃はこんなにメンタルケアを重視していなかった。しかし今ではよくわかる。患者たちは心理的、社会的にもつまり包括的に治療されなければならない」

世界の医療はそこまで来ている、というべきだろうと思っていると、ラシッドさんはまさにこんなことを言った。

「僕としてはね、13年蓄積してきた自分のノウハウをＭＳＦのみならず他組織とも、つまり世界全体で共有したいんです。なぜなら残念なことに紛争はまだ続き、テロリストはいなくならないでしょうから。医療者はたくさんのデータを解析し、国際社会へ論文を提出し、僕らがやっている三次医療の役割をもっと広げていきたいんです」

なんていうか、このラシッドさんの静かで深い気持ちにもう俺はたまらなく心動かされ、何度もうなずいて賛意を示しながら、メモ帳の方へ顔をうつむけているしかなかった。こういう医者が世界にはたくさんいる。

そのあと、あれこれと患者さんとの連絡が行き違ったのち、俺たちは治されている側にまた話を聞くことになった。

2階のある部屋に行くと、3日前左足を腿から切断する他なかったという青年がおり、名前を出さないのならという条件でドアから先へ入ることが出来た。

仮名セイフ、シリアの南から来た23歳。

車椅子に座って向こうを見ていた彼のがたいはよく、それに比して後頭部がとても小さく、おそらく軍隊で鍛えていたのではないかと思った。

静かに回り込んでいくと顔色はよく、どこかスタローン似の彼だったが、左足の膝あたりに太い包帯のロールがあるように見え、それがつまり切断手術の跡だった。名乗ると右手を差し出してくれるので、握手をした。乾いた手のひらが熱かった。

「何があったんですか？」

舘さんはずばりそう聞いた。

セイフはしばらく答えず、レースのカーテンの方をじっと見つめた。

そしてようやく口を開いた。

「エアアタック」

空爆だ。

そしてセイフはまた少し黙り、もう一度言った。

「空爆」

しかしそれ以上は話さない。フラッシュバックが起きそうなのかもしれないし、機密をしゃべらないよう気をつけているのかもしれない。どちらにせよ、俺たちはそれ以上踏み込む気はなかった。

ずいぶんしてから、セイフは話し出した。

2年前、彼はシリアへの空爆で足を負傷し、南側国境を越えてすぐの北ヨルダンのラムサにあるMSFで治療を受け、そこですでに切断しかないと診断された。それでもあきらめきれず他の病院を回り、他の方法を探した。しかし八方ふさがりとなり再びMSFを受診。それから骨だけ7センチ削り取ることもしたが、すでに感染症も始まっていた。

とうとう足先に血が届かなくなり、この病院へ移送されたのが先月。そして3日前に手術。そしてセイフはこれ以後を片足で暮らしていくことになったのだった。

「どんなリハビリをしていくんですか？」

重ねて舘さんが聞いてみると、通訳を務めてくれている広報イハブがまず答えた。

「まだ手術後間もなくだから、何も始まっていない」

すると本人が気丈にも話してくれた。

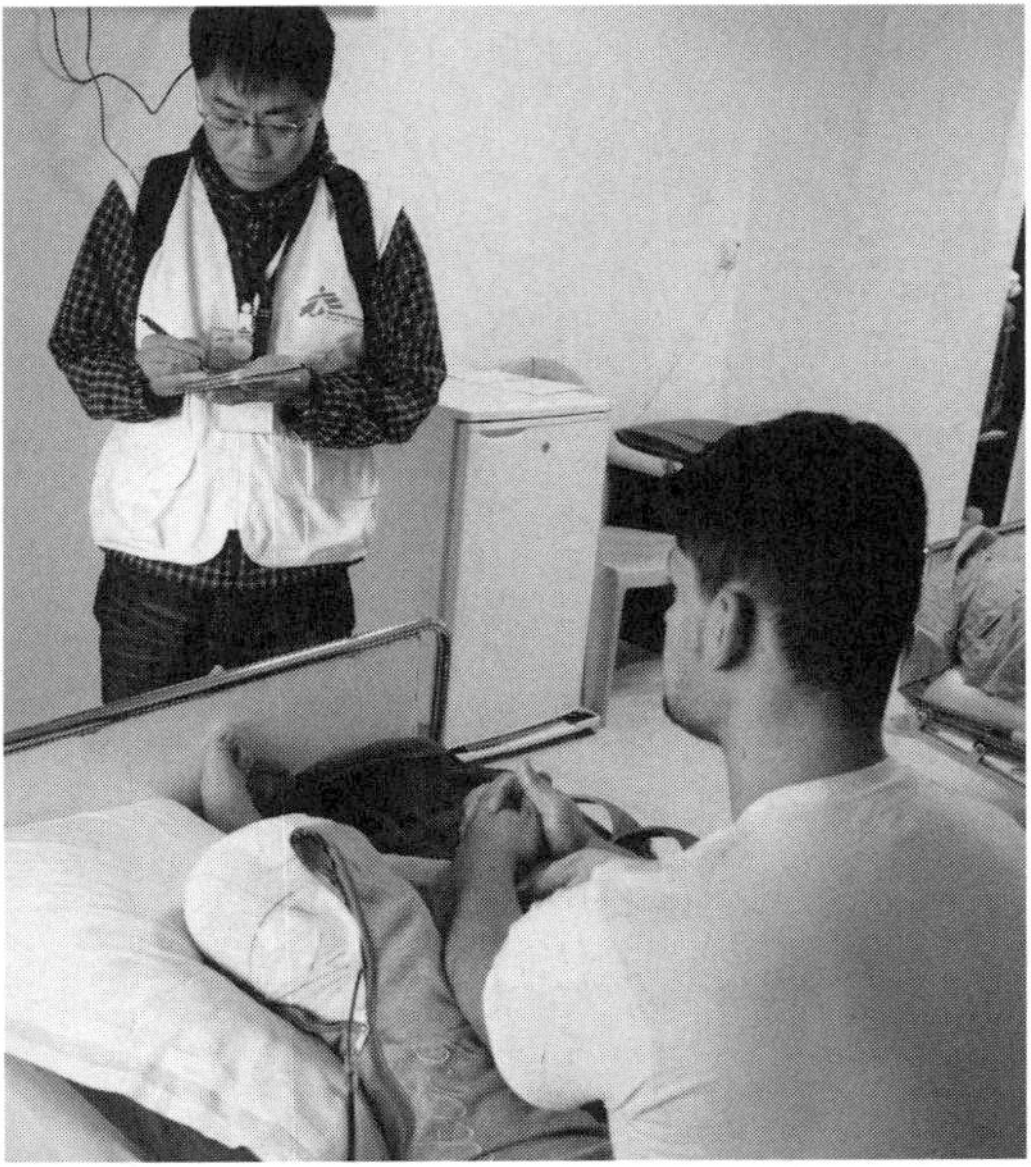

空爆で左足を失ったセイフ（仮名）

数々のインタビューを通訳してくれたイハブ

「義足をつけてトレーニングすることにしたいんだ。でも膝より上を切っているから難しいらしい」

セイフはまったく足を見なかった。ぐるぐる巻きの包帯の先から管が出ていて、そこから出た血が少しずつ小さなタンクに溜まっていた。それがひとまず止まるのはいつだろうか。その傷の痛々しさと彼の無表情の対比を、俺は言葉に出来ずにいた。

するとイハブが彼の昔の暮らし、そして行く末をかなりおおまかに質問してくれたようで、セイフもそこは話せるとばかりにイハブの方を見て一気にしゃべった。

セイフは軍人などではなかった。内戦前はただの学生で、戦火がひどくなって学校に行けなくなり、しかたなく農園で働いた。しかし空爆に遭い、片足を失った。

「そしてこれからはなんとか義足をつけて歩けるようになり、ここヨルダンで手に職をつけたい」

短い話だった。1分もない話。

そこにセイフの人生の苦難がすべて詰まっていた。彼の幸せだった子供の頃とか、悪友とはめを外した夜とか、旅に出て働きながら経験を積むとか、そんなエピソードは今の彼にはなんの意味もないのかもしれなかった。

インタビューはそこで終わり、横田さんはパイプ椅子を差し出してそちらに移ってくれるかをイハブから聞いてもらうと、ＯＫを得てセイフの大きな後ろ姿にカメラを向けて丁寧にシャッターを切り出した。

クーさんは黙ってそれを手伝い、やがて植樹された若木のように心もとなく立った。

まさかそんな取材になるとはまったく予想していなかっただろうと思った。

音楽の力と、一体感へのかすかな信頼

途中でセイフに運ばれたランチを眺め、パンとヨーグルトと小さなバナナという日本とよく似た献立に驚いていると、イハブが別の取材が出来るようになったというので、４階へ移動した。

エレベーター前には顔が焼けただれて薄いピンク色になり、唇もすっかりなくなっている男が、モンスターエナジーのマークが入ったキャップをラッパー風にかぶって他の患者と談笑している。出来れば話を聞きたいと思っていた相手だったが、俺たちの相手は彼ではなかった。

ほぼ一番奥の部屋に行くはずが、手前の左側の部屋からとんでもなく大きな音が規則的にして気になった。イハブに聞くと、音楽療法の時間なのだそうだった。

「音楽療法？」

「そう。見てみます？」

「是非」

というこことで俺はドアを開けた。すると、中に患者たちが10人ほど、椅子を輪にして座り、あれこれと楽器を持って音を出し、同じビートを単純に繰り返している。

楽器の方は、大きいタンバリンのような太鼓やら、小さめの琵琶のような弦楽器で中東音楽に欠かせないウードやら、アコースティックギター、縦に持つ弦楽器などなど。

患者の方はすでに廊下などで何度もすれ違っている人々で、なんとあの体中を蛇のように膨れ上がらせたカメルーン人エリゼもいてウードをかき鳴らしていた。数日前のインタビューでは見せなかったリラックス感がよく伝わった。

俺はそのエリゼに目配せし、右隣があいたので座った。その俺に打楽器を渡してくれたのはさらに右隣の一人の少年で、ただれて崩れ去っている顔の右側の口角を上げて微笑んでくれる。彼は初日に見た時から双子だと思い込んでいた2人の少年のうちの一人で、実はそのあとのインタビュー相手だった。それをまだ知らなかった俺だが、彼から譲ってもらった太鼓を叩かないなんて選択はなかった。というか、リズムがすでに鳴り響いているから実際叩きたくて仕方がなくなっていた。

ドーンドーンと叩いていると、誰かもそうしている。そこに調弦もおぼつかないウ

太鼓を叩き出すと言葉を超えてしまう

ードが音を刻む。何か叫んでいる子供もいる。メロディなんて正直どうでもよかった。みんなで同じ広い道の上を歩いている感覚があって、それで十分だった。

何人かの患者と目があった。彼らは楽器でしゃべろうとしたし、こちらもそうだった。しかしそもそも考えてみれば俺は患者でもないし、医療者でもなかった。いわば最もわけのわからない部外者だ。それが突然部屋に入ってきて太鼓など叩いている。それでもすぐさま仲間になれるのは確かに音楽の力だった。孤立を防ぐには実に手っ取り早い方法に違いなかった。

しばしいい調子で叩いていると、エリゼがふと我に返るように表情を固まらせ、しかし礼儀正しく他の患者にウードを渡して部屋を出ていった。彼にとっては悲しみから離れているのにはもう十分過ぎるほどの時間だったのかもしれない。まるで立場のはっきりしない俺もそれから少しだけみんなとセッションを続け、廊下に出た。

イハブによると、時間を変えて女性たちだけの「音楽療法」もあるそうで、中身はさほど変わらずやはりリズムに身をまかせて他人と共に音を出すらしかった。それもまた彼らのメンタルケアのひとつなのだったが、一番リラックスしたのは俺だと思われた。

なぜならそこで、少なくとも俺の側からは参加者全体の一体感へのかすかな信頼が生まれており、距離のあった関係から別の何かへと自分たちが推移したように感じたからである。

今から思えば、それは続いて行われた取材に大きく影響した。俺は体中に火傷を負った2人の少年を前に少し思いがけないようなことをしたのだが、音楽療法の時間なしでそれはきっとあり得なかったのである。

懐かしい人々が詰まった病院

迫撃砲で焼かれた兄弟

同じく2019年11月10日の昼過ぎ。

俺はヨルダン・ハーシム王国の首都アンマンにある再建外科病院の4階にいて、取材が始まる時間を待っていた。

じきに広報イハブ経由で許可が出され、奥の415号室へ移動する。

手前のベッドの上に一人の父親がおり、その横に2人の少年がいるのがわかった。

少年はどちらも取材初日から気になっていた相手で、Tシャツから出ている腕にも顔にも重い火傷の痕があった。

お父さん自身は目立つ場所に傷はなく、茶色いヒゲを生やし、逆三角形の特徴的な顔をしていた。その父親が愛しくてたまらないという風に、横の少年2人はくっついている。

しかし彼らの顔は正視しづらかった。両目とも正常なようだし、鼻の穴も口も開いていて、あの取材を断られてしまったフードの男性のようにどこが失われたかさえわからない状態ではないのだが、それでも一方のまぶたが垂れ下がってしまっていたり、唇の一部をなくして歯が出ていたり、頬の一部が隆起していたりする。腕にも手の甲にも火傷の痕が赤黒く這いずり回り、どこに視線を送れば失礼でないか俺は迷いに迷った。

おどおどする俺をしりめに、日本側の広報舘さんがテキパキと質問を始め、それがお洒落なイハブによって素早く訳された。

お父さんの名前はムジャヒッド・シャバーニ。

少年は兄アミールが11歳、弟ヌールが10歳。

つまり年子であった。あんまりにも似ているので双子かと思っていたのは、つまり俺が彼らの顔の差異をよく見ていないせいだった。

イエメンのアムラン州に住んでいる彼らは、２０１５年8月に町ごと迫撃砲で攻撃された。迫撃砲は英語でモルタルと言うから、最初俺は少しのんびりと町の建築の話でもしているのかと思った。実際はとんでもない話だ。

そもそもムジャヒッドさんは３人の息子と３人の娘を持っており、アミールとヌールの上の長兄モハマド（14歳）は、彼ら弟の治療のめどがついてから入院をする予定だという。

うっかり、というか心苦しくて俺は３人の娘さんの安否を聞くことが出来なかった。ともかく爆撃当時、ムジャヒッドさんは遊びに来ていたおばに家をまかせていたというから、他の家族が彼と同様に無事であったことを俺は願うしかなかった。

最初はアミールもヌールも少し緊張していて、お行儀よくというか体を固くしてベッドに腰かけていた。彼らは自分たちが話題の中心だとわかっており、そうそう勝手な動きもしにくいと判断していたのだろう。聡明であることは逐一の反応でもよくわかった。

動かずにいてくれるおかげで例えば、兄の方のわずかに顔が細いように見えるアミールの、左手の小指がないのがわかった。きちんと見れば他にも欠けてしまった部分がありそうで、むしろ俺は目をまた泳がせることになった。自分がそんな欠損を見つけて何になるのかという罪の意識が生まれた。

ムジャヒッドは故郷ではイスラム学校の教師であった。しかもまさにアミールたちのような15歳以下の子供が通う学校だそうだ。したがって決して厳しくはしないが、ムジャヒッドは少年たちがもぞもぞ動くのを優しく手で押さえていた。

「今、イエメンは厳しい状況です」

MSFのあちこちでも、ムジャヒッドが言うこの認識は共有されている。アラビア半島の南西の端にあるこの国は紛争による飢餓、地雷や爆撃に苦しみ続け、国連によれば「世界最悪の人道危機」にさいなまれているからだ。俺たち日本の報道にはあまり出ない。これはパレスチナの状況と似ている。他国の難儀に目を向けない国になっているのだと思う。

それはともかく、もちろん問題が起きている現地でオペレーションすることも大切だが、こうして手術が必要な人を国外に連れ出し、高度な医療を提供することにもMSFは寄与している。事実、この病院には他にもイエメンから助け出された人が多かった。

さてそのイエメンで迫撃砲の攻撃に巻き込まれたアミールとヌールは、体中を火に包まれ、現地の病院を経てアンマンに担ぎ込まれた。そして何度も形成外科手術を受け、皮膚移植にチャレンジしたという。

いまだに顔のあちこちがひきつれているけれども、それは最初の被害とは比べ物にならない状態だったことがわかり、俺は気が遠くなる思いがした。当時会っていたら、俺は彼らとどのようなコミュニケーションを取れていただろうか。

「手術はすべてうまくいっています」

父ムジャヒッドはそう言い、さらに付け加えた。

「特にヌールの目のあたりの皮膚、そして足も」

ムジャヒッドが指す先に、俺も目をやった。服で隠れているからわからないが、火傷を負っているか、あるいはどこかに欠損があるのかもしれなかった。

俺は無表情になって、彼の傷を想像した。

しかし、10分も経たないうちに不思議なことが起こった。

まず俺は、さっきまで音楽室で一緒に太鼓など叩いていたヌールが、体を左右に揺らすのに自然に反応してしまっていた。それは言語を超えた、まあ子供っぽいやりとりだった。一方は本当に子供だし。

そのヌールがやがて、こちらをいたずらっぽく見上げるのがわかった。俺は思わず両手で爪を立てるような仕草をした。熊というかライオンというか猫なのか。ヌールは笑い、すかさず逃げるふりをした。

一方、兄のアミールにも俺はすぐに話しかけた。名前を呼ぶ以外、彼らの言葉は何もしらなかった。すると顎の細いアミールはベッドに敷いてあったシーツを引っぱり上げ、その中に顔を隠した。よく見ると、シーツの向こうでアミールが震えて笑っているのがわかった。

お父さんにとっては行儀のよくないことである。したがって何かしら小さな声で注意があったと思う。しかし、彼らと一緒にふざけ始めたのは、他ならぬインタビューをしているはずの俺なのであった。

ということで真面目なインタビューは舘さんが続け、それにお父さんが答える間、俺はふざけるのに集中する流れになった。

今度はいたずらっぽい目のヌールがこちらを見てくすくす笑うのを俺は相手にした。続いて兄アミール。遊びの間でも彼らはやたらに恥ずかしがるのだが、それがこちらの思うつぼであった。くすぐらなくても、少しでも手を近づけるフリをするだけで2人はくすぐったがって笑うからだ。

前に書いた「一体感へのかすかな信頼」というのがそれだった。音楽を通した遊びで得たヌールからのかすかな信頼が俺の受け入れにつながってくれた。音楽室にいなかったアミールとさえ、その信頼はバイブレーションみたいに共有された。

お父さんには申し訳ないが、俺はもはや取材メモも取っていなかった。シーツのどこらへんから兄弟が出てくるかの方がよほど大事なことになっていた。

誰も恨みつらみを言わない

そして俺に不可思議なことが起こった。

笑っているアミールとヌールの、火傷前の顔が俺の目にはっきり見えてきたのだった。

まるで表面に映されていた余計なCGか何かがなくなっていくかのように、彼らが受けた傷の向こうにある、何年か前までの彼らの表情が俺には確実に見え、隆起や欠損が薄らいでわからなくなったのだ。

わ、なんだ、これ？

この体験に俺は出し抜かれ、呆然とした。

呆然とはしたが、やっぱりそれより大事なのは奴らと遊ぶことであった。考えてみれば、連中は連中で黄色い肌をしたわけのわからないメガネ人間の、その表面的な表情のほんの少し奥にある顔つきというものだけを見てとっていたんじゃないかと思う。

少なくとも俺の方は、もうアミールとヌールの火傷とか失った唇とかをあまりよく覚えていない。そして、それが正常化バイアスだったようには感じられないのだ。人間が与えあう顔の情報は、あくまで先天的な人格のあらわれる表情に集中するんじゃないだろうか。

しばらくしてから彼らを連れて廊下に出ると、俺たち取材班は音楽療法をやっていた部屋の前を抜け、階段の踊り場の光の入る場所で撮影を始めた。

まずは兄のアミールから。俺は戦場カメラマンの横田さんに「いい表情撮ってくださいね！」と言いたかったが、そんなことは百も承知だろう。そして弟ヌールが少し心配そうにのぞきこむ横田さんのカメラのモニターには、まさしくあの俺が見た笑顔が映っていたのである。

ヌールの単独写真も撮り、２人の写真も撮っていると、階段の後ろ側をアラブのおじさんが通りかかり、瞬間気配を感じて振り返ったがなんのことはない、手を振って陽気に挨拶しながら子供たちを示し、いい子たちだろうというように自慢げに笑った。俺も親指を立てた。

撮影を終え、子供たちに別れを告げると、俺たちはランチのために病院を出ようとした。すると、横にいた舘さんがもはやひとりごとのようにこう言うのが印象的だった。

「誰も恨みつらみを言いませんね」

そう、彼ら誰一人として他人を責めなかった。それは病院の中で、自分よりもっと

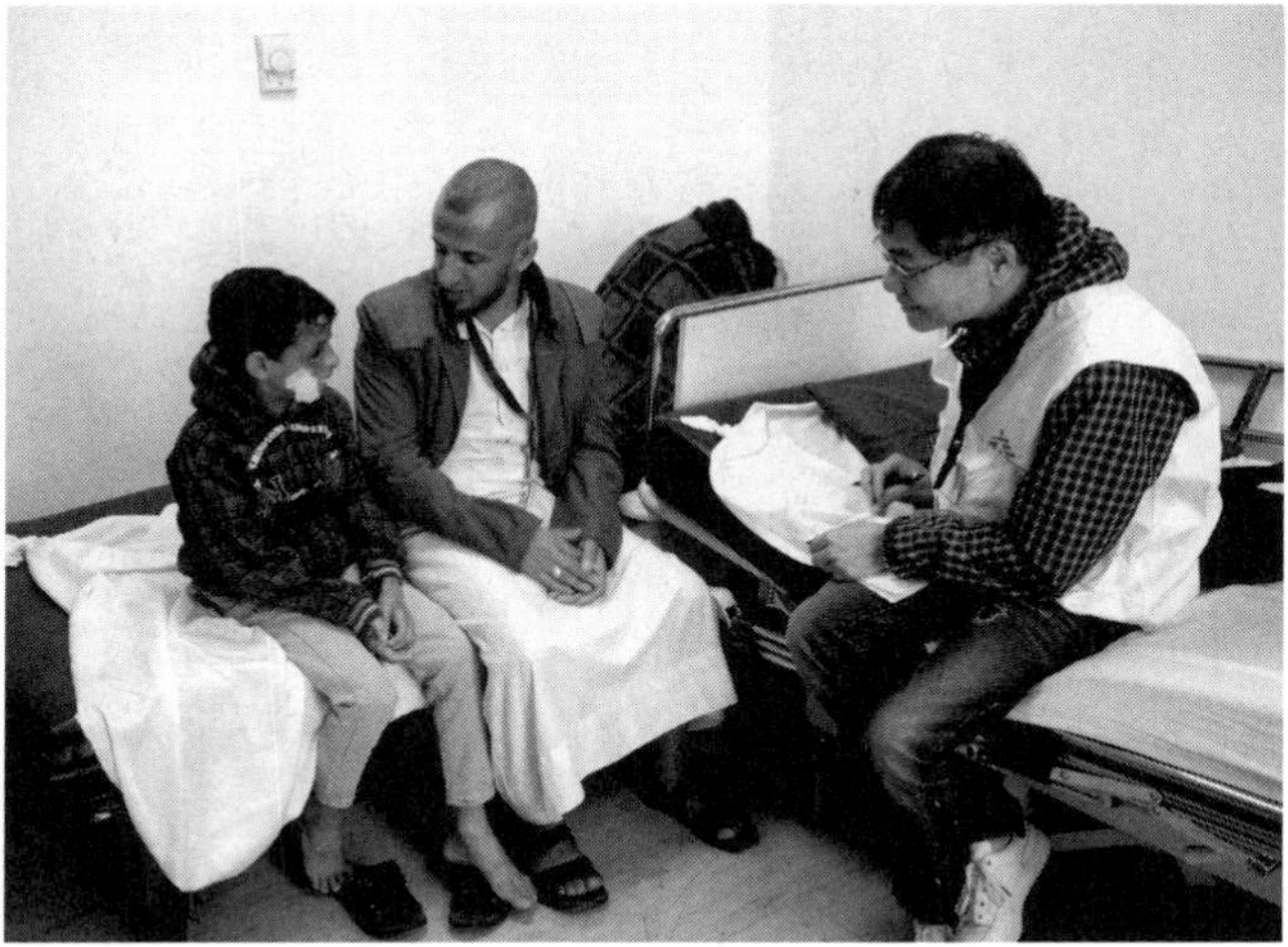

イエメンで迫撃砲の攻撃に巻き込まれたシャバーニ一家

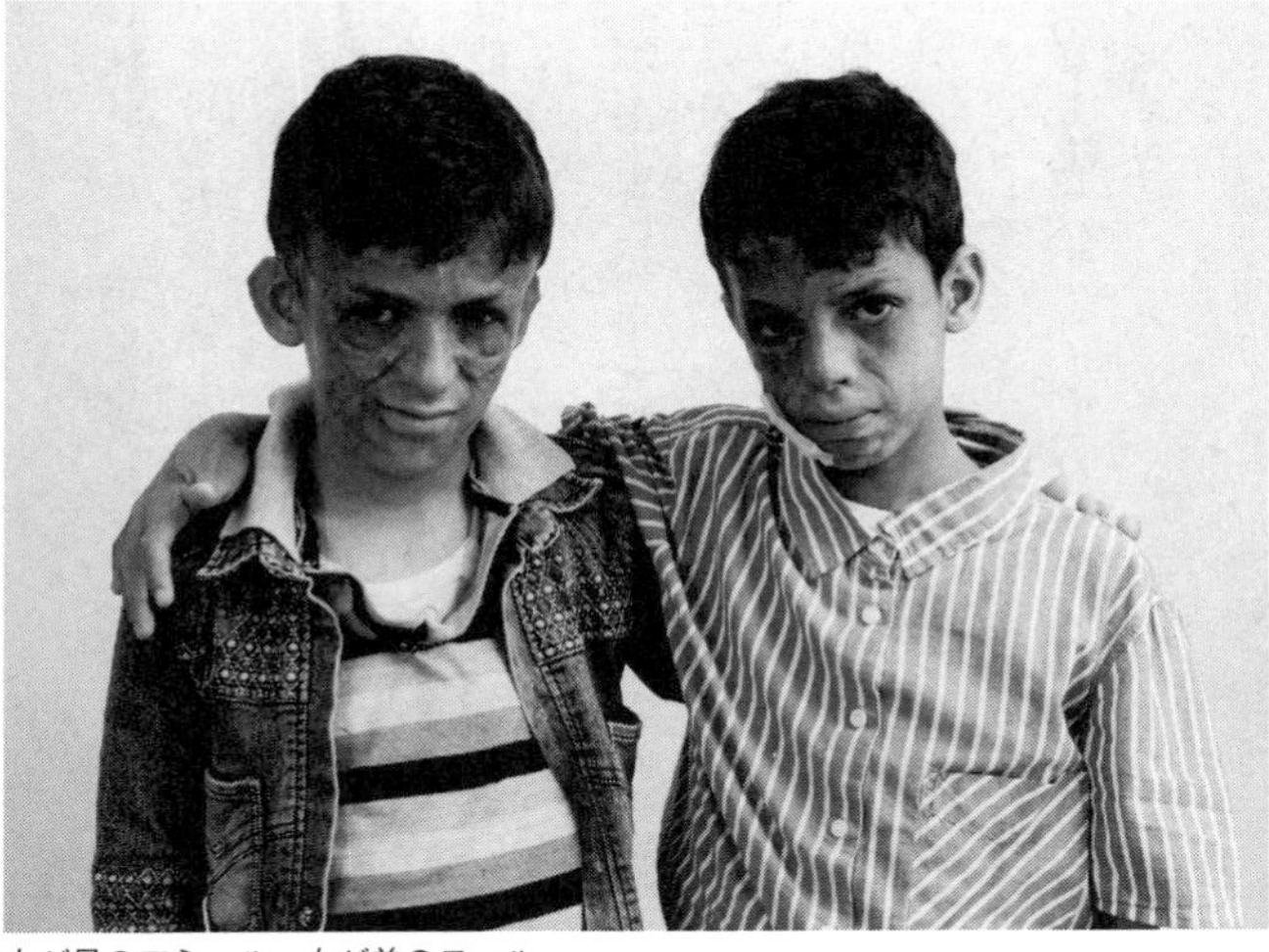

左が兄のアミール、右が弟のヌール

むごい体験をした人を知っているからかもしれないし、俺たちアジア人にそんなことを言っても仕方がないから、あるいはすべてを神のおぼしめしと受け取る文明の中を生きているからだろうか。

そのどれであるにせよ、現在の日本からすれば信じにくいことだった。ひょっとすると数十年前までは、西洋人から見た日本人がそうだったのかもしれないとは思った。今はどうだろう。自己責任という言葉は他人にだけ居丈高に使われ、自分の中には問われない。

ただし誰にも恨みつらみを言わないことが、中東に紛争を続かせているのも事実で、果たしてそれはそれでいいことなのかどうか、俺にはまるでわからなくなった。

急坂を登って数店のレストランがあるゾーンへ行き、イハブからチキンかビーフかなど選択肢を聞いた。しかしなんにせよ薄く焼いたチャパティのようなパンと、滑らかなフムスとケバブが中心なのに違いなかった。カレーがありそうなラインナップだが、そういうものはなく、おかげで変化がつきにくい。どれもおいしかったが、さすがに飽きてきた。どこへ行っても現地のものしか食べようとしない俺でさえ、である。そういう意味でも、中東の民は粘り強いと思う。

鎖につながれた天使の絵

病院に戻ったのが14時半過ぎ。

3階にあがって取材予定のイラク女性の部屋を訪問するが不在で、俺たちはいったん4階へ移動した。

例の音楽室からは、今度は女子たちの歌声が聞こえた。彼らの文化の中では男女が共に音楽を奏でることは禁じられていた。

打音の優しい演奏に耳を傾けていると、俺たちと一緒に立っていたイハブの腰のあたりに3歳くらいの男の子がぶつかってきた。見ればイハブをうれしそうに見上げている。気に入られているのだ。

もちろんイハブはにっこり笑い、指を動かして彼に挨拶をした。

ただ気づいてみると、男の子の右手の先はなかった。そこはあくまでも再建外科病院であって、平和な町の道端などではなかった。

しばらく時間をつぶしていると、取材相手に話を通してくれていた案内役の看護師サミーから連絡があった。すぐにまた3階へ降りる。

伝えられた番号の部屋へ行き、扉を開けた。中にドリニャという柔和な女性が立っていて、彼女のベッドサイドへと俺たちを迎え入れてくれる。

ドリニャ・ハッセン、21歳。

彼女は濃いオレンジのゆったりした服に、クリーム色のスラックスをはき、頭にはそれとお揃いのクリーム色のヒジャブをかぶっていた。おっとりと動く上品な女性で、後ろに控えめに立っている父上の礼儀正しい居住まいにも、農家を営んでいると は聞いたが地主的なものではないかと思わせるものがあった。全身焦げ茶色でズボンはふくらみ、まるでヨーロッパの昔の演劇に出てくるようなオシャレな民族服姿である。

優雅に見える親子だが、しかしドリニャの右頬から顎にかけて白いガーゼが貼られていた。ガーゼは十分に大きいものだったが、そこから火傷によるひきつれが飛び出していた。彼女の両手は赤く白くただれており、むろん体の他の部位も傷ついているだろうことはよくわかった。

彼女を焼いたのは戦火ではなかった。

イラクのクルド自治区スレイマニヤ出身のドリニャは、家のガス漏れによる引火爆発に巻き込まれた。三姉妹だったが、上と下の2人を同時に亡くしたのだそうだ。きつい体験をドリニャは時にこちらの気持ちを慮《おもんぱか》るように微笑みさえし、静かに語ってくれた。

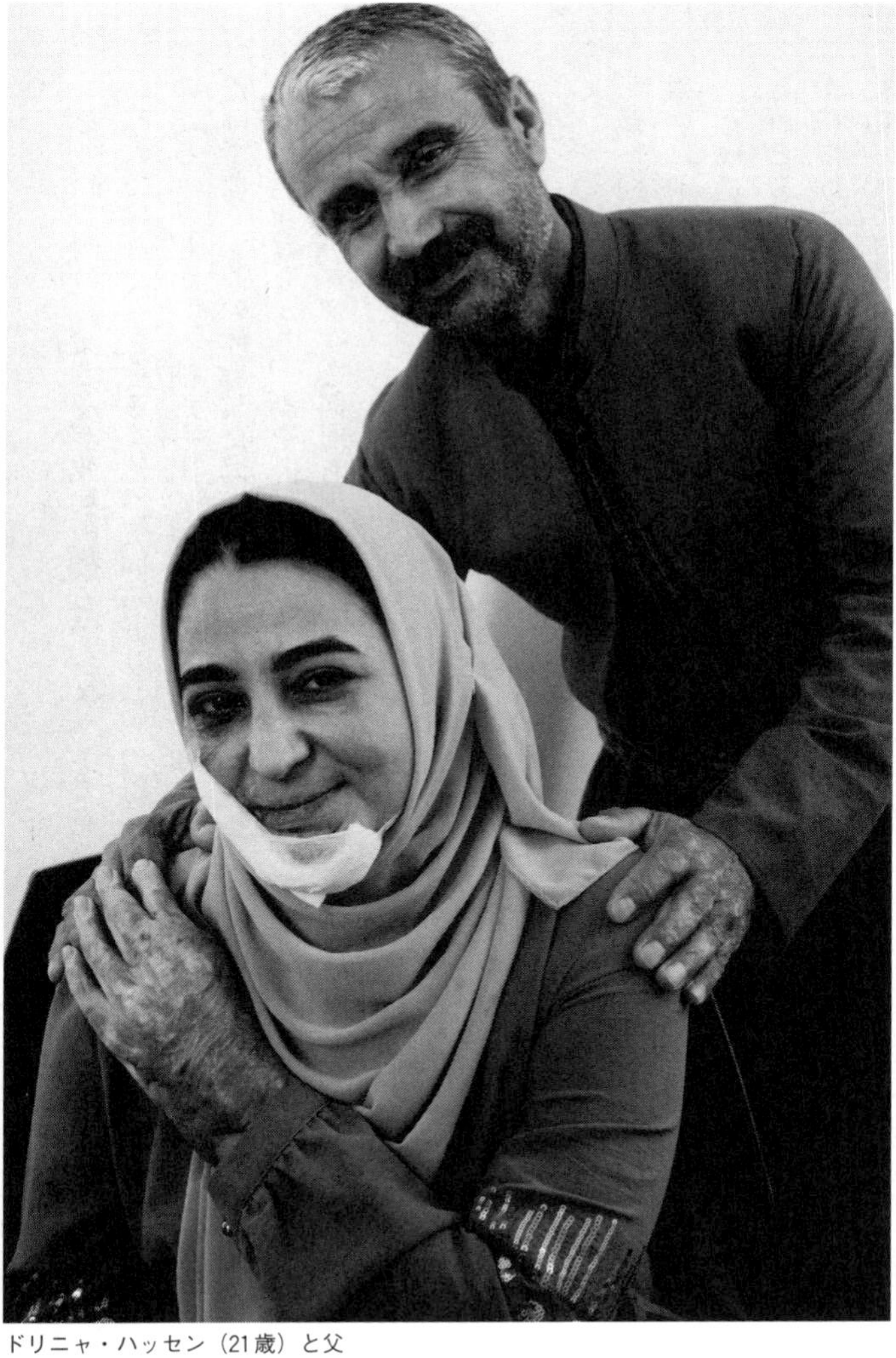

ドリニャ・ハッセン（21歳）と父

その間、例のお父さんが彼女の後ろからスマホで俺たちを撮った。何かの証拠にというのではなく、おそらく残っているドリニャの母親にでもみやげ話として送りたいのだろう。しかし、袖から出ている彼の手の全面にも火傷の痕があるのが見えた。心だけでなく、彼の体もまた傷ついていたのだった。

ドリニャはしかし、話を聞いてもらいたいのではなかった。彼女は枕元からあれこれとスケッチブックを何冊も出してくると、それをベッドの上に広げた。すべてに絵が描いてあった。

「子供の頃からなんとなくやってはいたんですけど、こういうことになって余計に描くようになって」

控えめな調子でそう言うドリニャだったが、どうしてもそれらの絵の存在を伝えたいという気持ちは強く伝わった。

鎖につながれた天使が絵の中央に崩れるようにへたり込み、顔を伏せている。石を敷いた道の上で彼女は鉄の鎖によってつながれ、動けなくされている。

背後には鉄条網があった。おそらく網の外側にはつらい現実世界があるのだろう。けれども左端にビルがひとつ建っていて、屋上にMSFの記号が赤く染め抜かれた旗が風に揺れており、周囲を小さな鳩たちが飛んでいる。それどころか倒れた少女の上に白い鳩が来ていて、一本の鍵をくわえているのだ。

ある意味、メッセージのわかりやすい絵である。ドリニャ自身が今、救われようとしている様子と、ＭＳＦへの深い感謝がそこには広がっていた。けれど、にもかかわらず金色の髪で表情を隠している少女のその弱さ、暗さというようなものがむしろ俺を惹きつけた。

まだ不安であることが、彼女の意図とは別に絵の中央にはっきりあらわれていることが、言葉では伝わらないドリニャの複雑な心境を俺にそのまま教えた。

物理的にも心理的にも、と頬のガーゼを気にしながらドリニャは言った。

「ケアを受けられない人がたくさんこの世にいて、鎖につながれて飛べずにいます。それをＭＳＦは医療で解放してくれているんです」

彼女そのものが、火傷で命も危ぶまれ、助かったのちも痕が消えずに絶望の極致におちいった。地元の病院で21日間、治療を受けたのだが、国家内の混乱で医療スタッフの無給が続き、病院側も患者全員を家に返すという事態にもなった。

いざ家に戻ってみても、周囲から奇異な目で見られた。火傷のせいだった。人間らしく扱われないとも感じた。

「大学にも受かっていました。でも、行きたくなくなってしまったんです」

そのドリニャの話を、同室のベッドの上から黒ずくめの中年女性が静かに、しかし心をこめてという感じで何度もうなずきながら聞いていた。時々、ドリニャを見て柔らかく深い笑顔を見せる。彼女の身の上話に集中し、きちんと聞いていることを示しているのだ。

俺はそこにも鴆がいるのを感じた。

ドリニャの作品には、他にもジグソーパズルのように細かく割れてしまった女性の絵があり、周囲に黒い姿の男たちが描かれていたりした。性暴力への非難としてドリニャはそれを描いたと言うが、果たしてそれが他の女性への連帯なのか、自身の体験なのかを聞く権利は俺にはなく、ただこの絵を描くことは素晴らしいと何度もイハブに伝えてもらった。ドリニャは胸を張り直すようにして、俺の目を見た。

お父さんの方はどう感じているのか。これを聞くのには少し複雑な手法が必要だった。英語をまずイハブがアラビア語にする。それをドリニャが聞いてクルド語にする。

ただ聞いてみると、父フセイン・アフマッド（47歳）の答えは簡潔だった。

「治療は順調に進んでいると思います」

しかしながら、ドリニャの傷痕が目立たないとはとうてい言えなかった。それは彼女本人が一番気にかけていることだった。

そこで、広報の舘さんがいつもの質問をした。

「ドリニャさん、イラクに帰ったらどうしようと思いますか」

ちなみにその時初めて俺は、このタイプのＭＳＦ広報の問いに重い意味があるのに気づいた。それまではよくこんなきついことが聞けるなとばかり思っていたのだけれども。

むしろ、どんなに過酷な状況下にある者にでも、将来を聞かなければならない。少なくとも聞かれた者は、答えはどうであれインタビュアーは自分に未来があると考えていると思うからだ。つまり、それは決して酷なだけの質問なんかではなかったのである。

いや酷だと思っていた俺の方が残酷なのであった。まるで相手に明日がないかのように扱っていたのと同じなのだから。

事実、ドリニャは目をふわりと上げ、うれしそうに答えた。

「勉強をして看護師になりたいと思います。それか……」

ドリニャは背後の父親の方をちらりと見て、照れたように笑って言った。

「ファッションデザイナーになって、お店も持ちたい」

俺たちはみなうなずいた。たぶんクーさんもビデオカメラの三脚を持ちながらそうしていたはずだ。

いつの間にか俺の後ろに同じ病室の患者なのか、空のように青いブラウスを着たアフリカ女性らしき人が車椅子で来ており、ドリニャが未来を語るのに丁寧に耳を傾けていた。

あの黒ずくめの女性も集中力を切らしていなかったし、その隣に寝ている顔の肉を半分失って点滴を受けている女性も、その付き添いをしている女性も、みんながみんなドリニャの夢を真剣に聞いた。

英語でアラビア語でクルド語で。

その後、また階段踊り場に行き、写真を撮らせてもらった。一度は横田さんが正面からシャッターを切ったのだが、ドリニャは写真を見せて欲しいと言い、火傷がより広範囲である右側からは撮らないでと言った。横田さんは彼女の望み通り、左側からだけ撮った。

俺がもらったギフト

3階へ下り、菌を持ち込まないように特殊な衣服をはおって隔離エリアに入った。

302号室。

中にベッドがあり、そこに黒いポロシャツを着てジーンズ姿の青年がおり、かたわらに松葉杖を立てかけていた。

バルハム・ラジブレム、32歳。

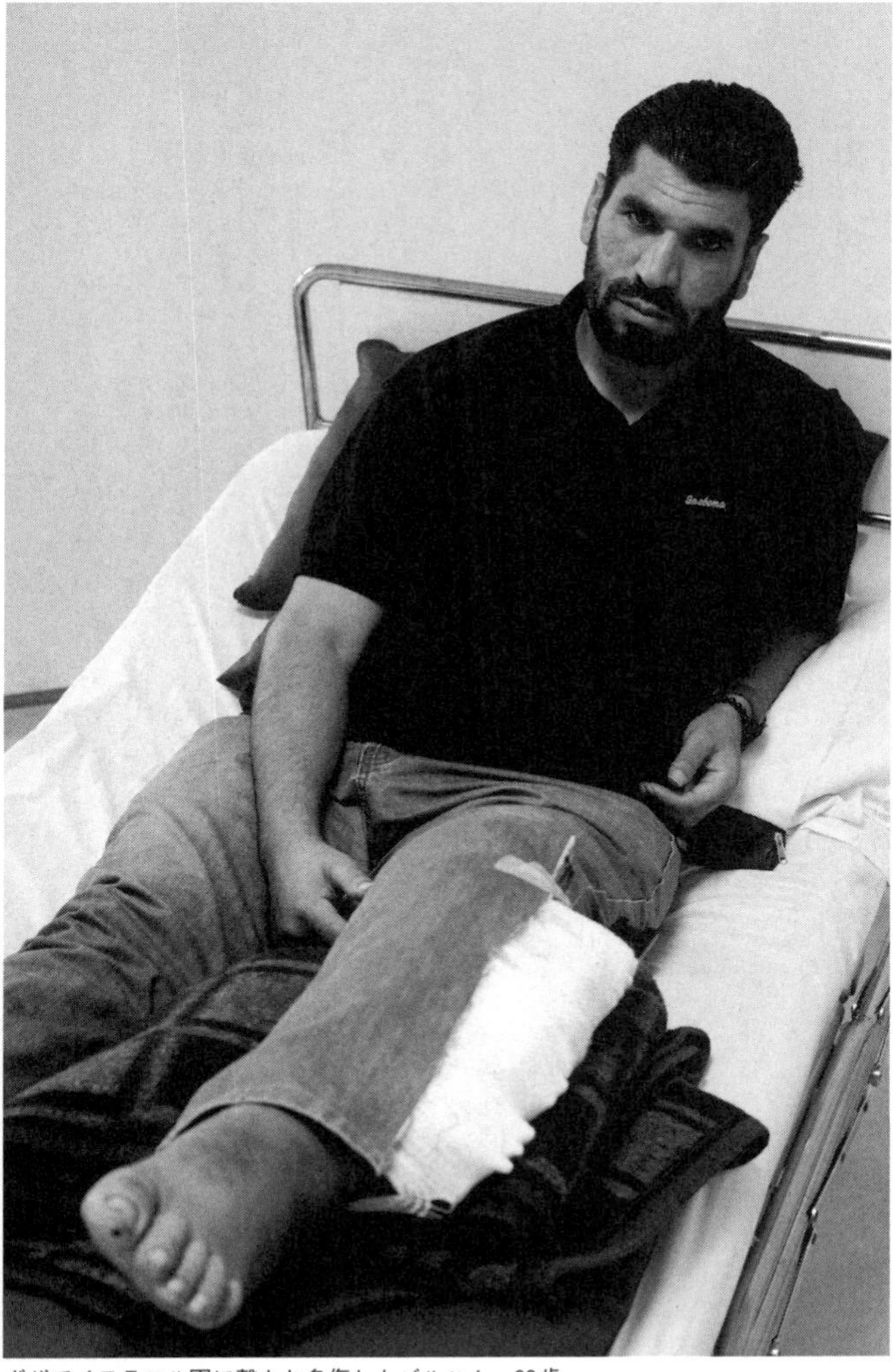

ガザでイスラエル軍に撃たれ負傷したバルハム、32歳

なんと彼は俺たちが数日前までいたガザから来ていた。

髪はオールバックでがっしりした顎を持ったバルハムは、ジーンズの左足の外側を縦に切ってそこから外装器具を点々と飛び出させており、まさにガザでよく見たスタイルのまま、アンマンにいた。申し訳ないのだが、なんだか懐かしい気持ちがした。

バルハムもバルハムで、こちらがガザから来たばかりと知ったからか、緊張を解いたように思えた。ベッドの上に左足を上げ、靴下を脱いで患部を見せてくれる。足の甲が亀の背中のようにぷっくりとふくらんでいた。

小麦農園で働いていた彼は、近くで行われた抗議集会を見に出かけた。参加したとは言っていなかったと思う。しかしそれでも狙撃手は彼を撃った。それは、２０１８年５月14日。イスラエル建国とパレスチナ人の強制移住が始まった日からちょうど70年の節目に、在イスラエル米国大使館のエルサレム移転記念式典が行われた日だった。その日とその翌日、パレスチナ難民の帰還を求める集会で、イスラエル軍はパレスチナ人に向けて実弾を発砲。２７６８人が負傷し、62人が死亡した。

ガザの公立病院に収容された彼はＭＳＦの病院に移され、非常に稀なことだが、ガザを出てエジプトで２度の治療の機会を得たということだった。そこまでで計10回ほど手術を受け、さらに２ヵ月半ほど前にここアンマンへ運ばれてまた手術をしたらしい。

隔離エリアに入っているということは、つまり感染症の疑いがあったに違いないが、結果危険な細菌は発見されず、そのまま入院を続けて万全を期すとのことだった。他人事ながら俺はほっとした。故郷を離れて手術を重ね、複雑な感染症を併発するのは心理的にもよほどきついと、度重なる取材でもう十分にわかっていた。

「ここで友だちとかは出来てる?」

そう親しげにバルハムに聞いてみると、彼は少しだけ苦笑いのような顔になって答えた。

「こういう病院に国を越えて患者が集まるのは素晴らしいことだと思う。でも、僕は社交的じゃないいんで……」

2ヵ月半、彼は孤独でいるのだった。

あのロバが走るガザ地区を出て。

そして、いつ故郷に戻れるとも知れなかった。怪我の治癒がどうとかいうことでなく、いったんガザを出たパレスチナ人をイスラエルが再び中に入れるかという政治的な問題だった。

彼が壊されたのは左足だけではなかった。

横田さんたちはそのバルハムをどこで撮影しようかと話しあい始めた。

イハブによると話を聞ける患者は彼で最後だった。

16時半。

俺はみんなの荷物を見張る形で1階の食堂に陣取り、そこで例の甘いトルココーヒーを注文した。もう飲めないかもしれないと思ったからだ。

がらんとした小さな食堂。その前の廊下を患者や病院職員などなど様々な人が矢継ぎ早に通った。そして知っている人も知らない人も、例外なく俺を見てにこっと笑った。

初日からその姿を見て話を聞きたかったがかなわなかった少年が、松葉杖をつき、足をひきずりながらどこかへ移動した。彼もまたわずかにこちらを向き、かすかな微笑みを見せる。俺ももちろんにっこり笑ったのだが、その時に寂しいと思った自分に驚いた。

別れがたいなあと思ったのだった。

むろん別れがたいのは彼だけではなかった。俺は何人もの患者の苦難を聞き、それを救おうとする医師たちの奮闘を見た。その全員が俺にはひどくちかしく感じられた。

人間らしいというのだろうか。弱い立場にある患者たちはなおさらのこと、そうであるからこそ妙に人間くさく、彼らが今日一日をどう過ごしているのかもう一度聞きに行きたいような気になった。きっとさらにくわしく話してくれるに違いなかった。

そういう懐かしい人々が詰まった病院に来られたことで、俺はギフトをもらったような気持ちになっていた。

なんだよ、この感じ。

とまどいながら濃いコーヒーを飲み干す。

また一人医師が通り、俺に笑いかける。

こちらも手を振る。

そうこうしているうちに舘さん、横田さん、クーさんが戻ってきた。この人たちもまた俺へのギフトみたいなものだった。

みんなで荷物を分け持ち、玄関へ出た。

俺たちをホテルまで送ってくれる車より前に、一台のスタッフ用の白いバンが来て止まっていた。

そこへ仕事を終えたエクスパッツ（外国人派遣スタッフ）が一人、また一人と現れて車に乗り込んだ。３Ｄ部門のエリーズも、他の部門で医療を担当する男性たちも、女性ボスも年下のスタッフにからかわれながらあらわれたし、そしてもちろん日本から派遣されてもうすぐ帰国するジョンシルさんも来た。

今まで見てきた海外ミッションのどれとも違い、エクスパッツは同じバンで移動し、同じ宿舎に戻るらしかった。一蓮托生と言えばシリアスなようだが、要するに無駄を省いているのかもしれないし、常に集団でいることで情報ネットワークを強化している可能性もあった。

がそれより何より、彼らは一時的につながりを持ったひとつの家族のように見えた。事実、バンの中で人を待つ間、彼らは和気《わき》靄々《あいあい》とよくしゃべったし、患者が車の外から彼らに話しかけたりもした。

中でも明るいジョンシルさんは、左手を包帯で吊った中東の少年と犬の真似、猫の真似を交互にしあった。入院患者である少年は、ジョンシルさんが宿舎に帰ってしまうのがつまらないのだった。それでワンワン鳴いてみせる。するとジョンシルさんはニャーンと返す。周囲のスタッフは笑い声をあげる。そのやりとりはえんえん続いた。

村に来た医療グループと現地の人々の交流を描いた映画のようなシーンが、しばらく目の前で続いた。俺はそれをやはり懐かしい田舎での子供時代を思い返すように眺めた。都会育ちの俺にそんな思い出はほとんどないというのに。

ずいぶんして、俺たちの車も来た。

それに乗り込んで走り出すと、白いバンがのっそりと後ろからついてきた。中から人々が手を振ってくれているのがわかった。

俺たちも手を振った。

そのまま広い道路に出た。

白いバンはスピードを上げ、俺たちを追い越した。

名残惜しく後ろから見ていると、何ひとつ音は聞こえないのに中が騒がしいだろうことがよくわかった。彼ら一団はまるで陽気な楽団のように笑ったり叫んだりしているに違いなかった。

病院で過酷な仕事を続けている彼らに、短い息抜きの時間が訪れたのだ。


と、ここで美しく終わりたいところだが、あの少々肥満気味の韓国人ジャーナリスト、クーさんの話を足しておかねばならない。

MSFのことをもともと知らなかったクーさんは、しかし結局航空券の関係もあってしばらくアンマンに残ることになったのだった。

そもそもは戦場カメラマン横田さんをビデオ取材するはずだったクーさんは、そのあとの数日を見知らぬ地で一人ゆったりと過ごしたそうだ。彼なりに何を得たことだろう。

いつもにっこり笑っているばかりで寡黙だったクーさんが、前夜のコーヒーショップで俺たち3人にそれぞれカルダモン入りのトルココーヒーの粉をひと缶ずつプレゼントしてくれたのが忘れられない。

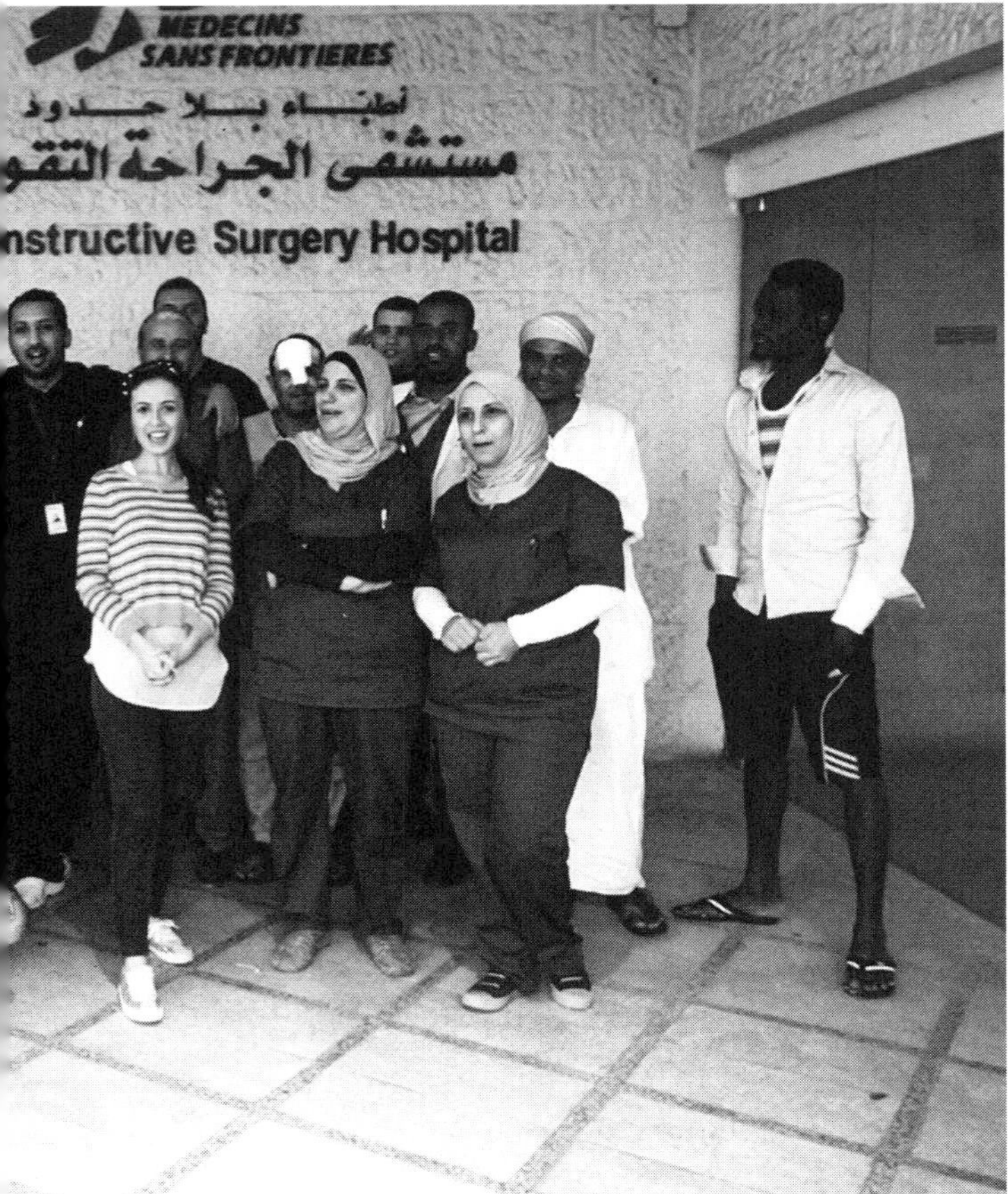
MEDECINS
SANS FRONTIERES
أطباء بلا حدود
nstructive Surgery Hospital

ヨルダンの再建外科病院に勤める医師や看護師たち、そして患者のみなさん。どうもありがとう

ちょこんと頭を下げ、今までどもありがとございましたとたどたどしい日本語でクーさんは挨拶をしてくれた。そのあとでにっこりと、目を半月みたいにして彼は微笑んだものだ。

まったくもって、そこにも別れがたい人はいたのだった。

そしてまもなく、世界はコロナウイルスに襲われる。

ただでさえ困難な医療現場にさらに大きなストレスがかかる時代の、ほんの少し前を俺は早くも懐かしく思い出している。

南スーダン編

2018年11月

南スーダン

面積：64万4300㎢
人口：1119万人*
首都：ジュバ
平均寿命*：58歳
＊世界銀行2020年

2011年7月に20年以上にわたる内戦の末、独立を果たした南スーダン。和平合意や統一政府の発足後も多くの地域で不安定な情勢は続き、独立から10年以上を経たいまも、内戦や暴力によって大勢の人が命を落とす状況が続いている。加えて大洪水や食料危機、病気の発生など複数の緊急事態にも見舞われている。人道援助を必要とする人は、2021年には人口の3分の2を超える890万人に達した。国境なき医師団（MSF）は、南スーダンの6つの州と2つの行政区で人びとに必須医療を提供しながら、緊急の医療・人道ニーズに対応している。

南スーダンへ

２０１８年11月１日。

俺はまた多くのワクチンを数回に分けて打ち、成田空港にいた。行き先が決まったのは１ヵ月前。

南スーダンであった。

これまでも俺は世界あちこちに展開する「国境なき医師団」（ＭＳＦ）の活動地を訪ね、そこで様々な仕事にいそしむ人々を見てきた。そして取材を一冊の本にまとめて出版したりもした（『「国境なき医師団」を見に行く』）。

しかしなおかつ、結局何も見ていない気もしていたのである。彼らＭＳＦの参加者はもちろん、その彼ら彼女らに助けられている人々それぞれの窮地のひとつもわかっていない。

それで俺は本を出す作業をしている時分から、ＭＳＦ日本の広報で同行者だった谷口博子さんにまだまだ取材は続けますと言っていた。残念ながらその谷口さんはＭＳＦを辞め、現在東大大学院に入って国際保健や公衆衛生などを学び直している。世界の人々が医療を受けられるように最先端の理論と実践を身につけようというのである。

そういう態度の人を「ヒューマニタリアン」と言う。

人道主義者だ。

世界ではしごく当たり前のこの人道主義が日本では小馬鹿にされる。俺がかつて書いた東日本大震災に関する小説に関しても、「この作家はヒューマニズムに屈した」みたいなことを言った人がいたようだ（俺は特に最近賞の選評をほとんど読まない。字数が少ないコメントだと、アマゾンの書評欄とさして変わりがなくなる）。

しかし、人道主義がなければＵＮＨＣＲ（国連難民高等弁務官事務所）はない。もちろんＭＳＦもないし、ユニセフ（国連児童基金）もなければ、セーブ・ザ・チルドレンもない。果たして彼らは甘ったるい自己満足で活動している組織だろうか。

一度海の外に出れば、しかも素敵なリゾートとかブランド物であふれる都市だけ見て歩くのでなければ、それら国際機関やＮＧＯが国家と同等のような資格で厳しいルールを自らに課しながら動いているのがわかる。つまり世界は国家だけで出来ていないのだと実感される。難しいことでもなんでもない。難民の人々が暮らすテントにそれら団体のマークが付いている。だから難民の方々はよく知っている。どこの国家も信用出来ない時、彼らが頼るべき組織は人道主義団体しかないのだ、と。

むろんそれら団体が完璧だというのでもない。彼らのバックボーンには特定の宗教心がないとは言えないし、国家を揺さぶるためのなんらかの政治的意図がある可能性も否定出来ない。ただ、それでも彼らは役に立っている。国を追われ、飢餓に苦しみ、暴行され、とんでもない破壊力の伝染病にさらされている者を救うのは、今のところ人道主義者たちだし、彼らなしでは弱者がいつまでも弱者のまま滅びていくだろう。

MSF舘さんと戦場カメラマン横田さん

と、なかなか取材場面に移らないのは、今回の同行者がMSFの舘俊平さんという冷静でユーモラスな男性以外にもう一人、戦場カメラマンとしてニュース番組で見たことのある横田徹さんだからかもしれない。

横田さんの言葉によって考えさせられたことを前提として共有しておかなければ、簡単に先に進んではいけないと俺は思っているのだ。

我々はまずドバイに向かう搭乗口で、あるいは南スーダンの首都ジュバへのトランジット時に、現在の日本の状況についてよく話した。折しもジャーナリスト安田純平さんが帰国し、自ら記者会見を行う日だった。

「後藤さんは亡くなって誉められ、安田さんは生きて帰って吊るし上げられてるんですよね。死ねばいいんでしょうか、我々戦地を知ろうとするジャーナリストは」

常に笑いながら寸鉄釘を刺す横田さんは旅の行程のどこかでそう言った。飛行機に向かうバスの中でだったか、ジュバの1週間ほど前まではテント同然だったという飛行場の中、なかなかイミグレーションが終わらない施設内でだったろうか。

「欧米メディアは優秀なジャーナリストを責任持って雇います。日本は責任を回避するためにフリーから映像を買うんですね。そして面倒なことになるとフリーを責めます。個人の責任を問う形で」

「そうでありながら、責任を問われるような場所に自衛隊を出したりもする」

「そうなんですよ」

汗をかき始めていた記憶もあるから、やっぱりジュバで新札100ドルを入国のためにマジックミラーで囲まれた入管の部屋に納めたあとの、審査の列でかもしれない。

3つあるイミグレーションの窓口のうちの二つで広げられたノートブックパソコンの背中に、3枚のシールが同じように貼ってあった。ひとつはIOM（国際移住機関。この機関は南スーダンのあらゆるところに展開していた。我々の取材先が難民キャンプに準じる場所だったこともあろう）のもの、ひとつは南スーダンの国旗、そしてもうひとつは意外にも日の丸で、その下には英語で「日本国民より」と書かれてい

いまや懐かしくもあるMSFの四駆と鉄条網（いとうスマホ撮影）

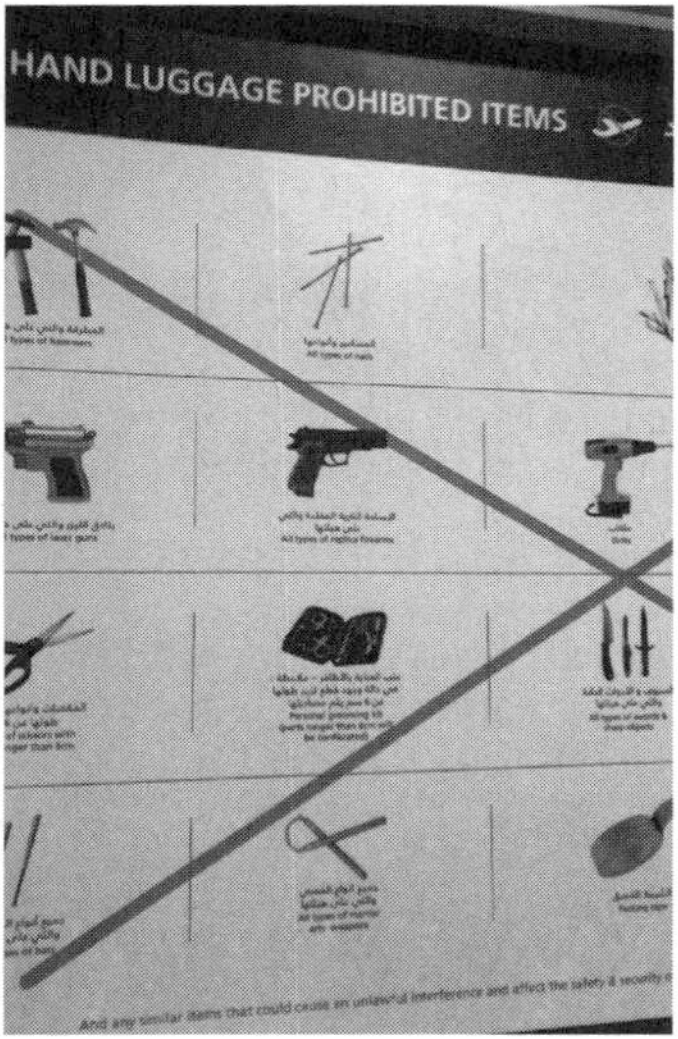

途中ドバイからの便ではヌンチャク携帯禁止

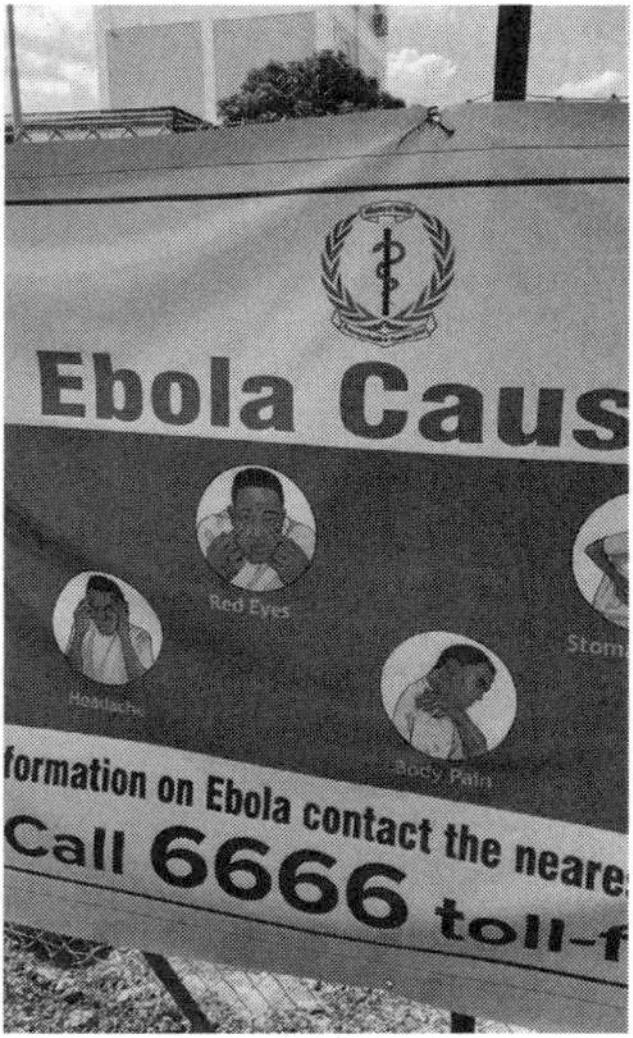

ジュバ空港ではエボラ出血熱を警戒

た。

舘さんによると、このシールはＯＤＡで提供された医療機器や橋などによく貼られるもので、パソコンがジュバ国際空港整備事業の一環として供与されたことを示しているらしい。「日本国民より」と書かれているのは、税金でまかなわれたという意味になるようだ。

さて、南スーダンの官僚かどうかもわからない人が次々出て来て違うことを言うイミグレーションを経て、出来たばかりの小さな2階建ての空港を出ると、外は曇りがちながら蒸し暑く、すかさずカメラを構えてシャッターを切った横田さんはすぐに近づいてきた警備の軍人にきつくやめろと言われた。とはいえ、横田さんは当然わかっていて数枚を撮ったのだろう。顔がすっとぼけているのでおかしかった。

建物の前はすぐ駐車場になっていて舗装されていたが、その上にびっしり赤土が乗っかってしまっていた。風が運んでくるのだ。

我々は舘さんが見つけた現地ＭＳＦスタッフに拾われ、急いで飛行場脇の掘っ立て小屋みたいなところに連れて行かれると、申請していたカメラやバッテリーなどのすべてを役人と警察官と共に照合させられた。そうしたちょっとした緊張感は、トランジットのドバイでアフリカ便の空港へ移動していた時にもあって、横田さんはそこでも構えたカメラをおろすよう注意を受けた。すると横田さんはヒゲに囲まれた唇で言った。

「ドバイからは戦地にも飛行機が飛んでますから、すでに警戒してますよね。ぴりっとした、いわば戦地の匂いがします」

そんな匂いをかぎとる男と、のんびりした俺などが一緒に南スーダンで10日間ほど過ごすことになるのだから、これは前回とはまた一風異なった取材になるに決まっていた。

我々をMSFのマークが付いたピックアップトラックに乗せたのはOCBの車だった。OCBとは世界に5つあるMSFのオペレーションセンターのうち、ブリュッセルに本拠を置く事務局である。しかし今回我々の取材を受け入れたは事務局はバルセロナを本拠とするOCBAである。スタッフの空港への送迎は各オペレーションセンターの車を融通しながら行っているらしかった。

冷房など当然ない四駆に乗り込むと、現地スタッフのドライバーが無線を持ち、本部と連絡を取った。ハイチで経験したことのあるスタイルだ。

出発からわりとすぐ、舗装道路から外れてとんでもないがたがた道に入った。戦車でもよけるためだろうかと思うほど、その道はのろのろ運転を車に強要した。それもハイチと同じだった。あるいはウガンダだ。

到着すると鉄扉が開いて、四駆が中に入った。白人スタッフが3人立って話をしている。降りて挨拶を交わし、舘さんが聞いたところによると、彼らが出て来た2階建ての洋館は、1階をOCP（パリ）が、2階をOCBAが使用する共有の建物なのだという。

さらに鉄扉の向こうにはOCB、付近にもOCA（アムステルダム）の入った建物があるらしく、これは私には初めてだったが各組織がきわめて近い場所でひしめきあっているのだった。もちろんそれは南スーダン首都ジュバがいかに危険な地帯かを示しているのだろう。

セキュリティとディグニティ

その日のうちに我々はMSFの規則通り、連絡用のあれこれを貸与され、レクチャーを受け、地図のコピーをもらって昼間だけ自由に出られる区域があまりに狭いことを知らされ、何時までに宿舎に帰らなければならないかの門限があることを叩きこまれた。ブリーフィングに次ぐブリーフィング。

その過程で匿名希望のお洒落で迫力ある女性広報マネージャーに注意点を並べたコピー用紙を渡されながら言われた言葉をここに挙げておく。

「さあ、よく読んで。その上でセキュリティとディグニティには特に注意すること」

セキュリティはいわば自分の安全のことだった。

そしてディグニティとは、取材される南スーダン人の「尊厳」を絶対に傷つけるな、という指令である。

女性マネージャーの横には実際、ウガンダでジャーナリズムを学んだという南スーダン出身のムサ・マハディという若い男性がいて、ブリーフィングに参加していた。

「ムサさんはなぜ『国境なき医師団』に入ったんですか？」

と思わず俺は聞いた。２０１１年、我々が東北大震災の被害を受けた年にスーダンから独立した南スーダンだが、内戦は１９５５年から始まり、長く続いた。しかも建国後も民族対立は絶えず、大きな内戦が起きた。何万人もの人々が亡くなり（戦争で飢餓で病気で）、国連によると２５０万の人間が家を捨てて難民となった。

おそらく20代後半くらいの年齢と思われるムサさんは、つまり平和を知らない。生まれてからずっと戦争が続いているのだ。

そのムサさんはこの国で特に困難なジャーナリストであろうとしている。そのためかどうかわからないが、彼は同時にＭＳＦの一員、現地の広報担当者となって活動している。

「わたしは」

と少し考えていたムサさんは口を開いた。

「人々に力を与えたいんです。小さな頃から、わたしは学校でそう発表していました」

やせた体でムサさんは淡々と言った。

淡々とだけれども、その言葉の重さ、複雑さは尋常なものではなかった。

ジャーナリストがすべきことのすべてがそこにあると俺は思った。

人々に力を与えること。

それはあらゆる圧力をはねのけ、正しい平和を吟味してもたらすことでもあるだろう。

たぶん。

建物の外に出て、しばらく四駆が宿泊施設へ出発するのを待った。鳥の声が絶えず響いていて、ジュバはすっかりのんびりしているように感じた。

だが気づけば塀の上にはぐるりと三重になった鉄条網が設置されていた。

隣の敷地に立つ細長い木の頂上に灰色の鳩が一羽いて、それが他の鳩と場所を争い出した。追い落とされた方の鳩はすぐにまた頂上へ来て、相手を蹴ったりつついたりした。それが愛の季節のせいなのか、縄張りを巡る抗争なのか、いくら見ていても俺にはまるでわからなかった。

宿舎の豪華さは任務の激しさに比例する?

同日(11/1)、18時過ぎにOCBAジュバ事務所を四駆で出た我々は、乗り込んできた4人のMSFスタッフと共に宿舎へ移動した。

名物がたがた道(それはランダムに土に穴を深く掘って作ったんじゃないかと思うほどで、自動車移動を阻む意図さえ感じる)をゆっくり行くが、行き交う人は驚くほど少ない。これは空港からの舗装道路でも感じたことなのだが、人口が他の国(例えば隣のウガンダ、あるいはハイチ)に比べて圧倒的に少なく感じられる上に、特に中年から年寄りまでの層を見受けないのである。もしかしたら相次ぐ内戦で若い者以外は避難してしまった、あるいは命を落としてしまったのかもしれない。

たった数分で鉄扉の前に着き、中に入ると洒落た建物があった。エントランスにもソファがある。建物自体に入ればダイニングがあってテーブルにはすべて白いテーブルクロスがかかっており、別の部屋はなんと広いバーでこちらには玄関以上にふかふかのソファが幾つかあって、その奥のカウンターの向こうに様々な種類の酒が置いてある。どうも元はホテルだったらしい。それをうまく借りたのだ。それはそうだろう、内戦の激しかったジュバでホテル経営は難しい。

しかも俺たち日本からの取材班に与えられたのは4階の3部屋で、荷物を持って入ってみると冷蔵庫がありテレビがあり（何も映らなかったが）、空調があった。これは俺のMSF取材歴で初めてのゴージャスな部屋だった。そして俺がキングサイズのベッドに飛び込みながらつぶやいたのは以下のセリフだ。

「ここのストレスはよっぽど凄えぞ」

さすがに幾つもMSFを取材していると、考え方が変わってくる。

特にストレスが宿舎の作りに比例しているわけではない。


しばし荷ほどきして一人で1階に降りると、背の高い白人女性がダイニングにいた。事務所から移動する時に四駆に同乗していたベルギー出身のエレン・ダールで、彼女とは滞在中よく顔を合わせることになる。疫学を専門としているというエレンは常に好奇心旺盛で質問も多い。

「で、あなたは？」

「作家です」

と答えるときょとんとしている。それはそうだ。「国境なき医師団」のミッションに「文学」なんて項目はない。

「インタビューしてるんです。その、あらゆるスタッフに」

説明を追加してもエレンの寄った眉はほぐれなかった。そこに医療コーディネーターで黒人男性のアデリー・メンギストゥ・エンダショウさんが歩いてきて、

「彼はジャーナリストだよ」

と助け船を出してくれる。

それでエレンもああ……とうなずいた。確かに「報道」であれば理解しやすい。そこで書かれたニュースが状況を変えることもあるだろう。だから俺は積極的に自分をジャーナリストと名乗るべきなのかもしれないと思い、また同時にそんな知識も技術も彼ら独特の常識もないと恐れ多く感じるのであった。

ダイニングでじっとしていると舘さんも横田さんも降りてきた。エレンともう一人の小柄なフランス人女性も参加し、エチオピア出身のロジスティック・コーディネーター代理ティショメ・タデスから再びくわしいセキュリティ・ブリーフィングが始まった。配られた紙を見れば、夕方までに自由に歩ける範囲はごく狭く、前に書いたように車で移動出来るゾーンにしても早い時間に細かく「curfew」が設定されている。あるゾーンは18時まで、隣のゾーンは16時までという風に。この単語を以前は「門限」と訳したけれど、ニュアンスとしては「立ち入り禁止」「外出厳禁」に近い。

その細かい設定に戦場カメラマンの横田さんは言った。

「紛争地で活動している人たちがここまで自主的に細かく注意していることを知った

上で、〝世間〟の人たちは自己責任って言って欲しいですよね」

確かにそうだった。

さて、ちなみにティショメのキャリアを聞いてみると、最初はエチオピアの現地スタッフとしてMSFに参加し、その後は海外派遣スタッフとなってロジスティックとセキュリティ管理を20年務めているというベテランなのだった。ナイジェリア、イエメンなどなどミッションを果たした地域も15以上で、いかにも頼れそうな雰囲気を出している。

一番きつかった場所はと質問すると、少し考えてから「ナイジェリア」とティショメは答えた。

「ボコ・ハラムがさんざん暴れたあとの、まだ彼らが点在している町に入ったんだけど、たくさんの人が殺されていて……」

まさにメンタルの医療が必要なケースだろうし、むろんすでにティショメはそれを受けていただろうと思う。

そういえば、彼からはいかにもジュバならではの、こんな注意も受けた。

「もし交戦を目撃したらすぐに……」

安全上の問題に敏感な場所ゆえ、それ以降の言葉はカットしておく。

そのあと、ティショメは宿舎のあれこれを実際に案内しながら説明した。例のバー

OUTRAGE（全員悪人）のＴシャツがこんなところにまで

こんな瀟洒な「国境なき医師団」があるなんて！

セルビア出身のミラン。いかにも経験者らしい落ち着きとユーモアにあふれている

では小さな金庫に自分で金を入れてビールやコーラが飲めた。さらに下の階には大きなキッチンがあり、大きな冷蔵庫があった。近くの部屋にはシャワールームなどもある。ただし、これら施設の充実を贅沢と考えてはならない。ある部屋に入ったティショメはこう言うのだ。

「大きな紛争の時には、ここに避難してください。キッチンには（情報カット）」

とティショメは言ったのだ。

最初に「ストレス」を予想したのは当たっていたことになる。

さらにティショメは、夜に部屋へ上がる者は必ず宿舎内の扉を複数の錠前で閉めるようにと掟を教えてくれた。

きわめて厳重に、ジュバのＭＳＦ宿舎は自衛をこころがけているのだった。

続いて経理に関するブリーフィングがあったのも独特だった。語り手はチーフのミラン・ガシー。少し太り気味で優しい笑顔のセルビア人だ。

「まず君たちに質問がある。だがその前にディナーは？」

「まだです」

「じゃ短くすませるよ」

といかにもなジョークから始まり、彼らが一日何ドルで３食をまかなっているか

(したがって、ここのMSFスタッフは皆、毎月まとめて食費を払うシステムだ)、南スーダンの為替レートがどうなっているのか、まず各自に渡される額はいかなるものか、と始まってみればミランのしゃべりは非常に流暢で、かつ終わる予感を見せなかった。

しかも好奇心旺盛なエレンがよく質問した。同席した小柄なフランス女性も、ふわりとしたワンピースの裾から女神像らしき入れ墨が大きく入った片方のふくらはぎを出したまま、ささやき声で様々なことを聞いた。質疑応答となればミランもますます調子を上げ、あらゆることを教えてくれる。

この人はミッションの責任者をやったことがあるだろうな、と俺は思った。MSF全体の動きを非常によく把握していたからだ。それが今、わりと地味な経理部門を任されているのは彼自身が現場にいることを志願するからではないか、とも俺は腹をすかせた状態でぼんやり考えた。

そのへんが「MSFあるある」であることも、俺はすでに知っていたのである。

ジュバでの小さな外出

11月3日、よく寝て9時過ぎに朝食をとった。食堂は例のダイニングルームだったが、土曜日だからか地元の料理人はまだ出勤しておらず、置いてあるドーナツやら自分たちで焼いたトースト、冷蔵庫から出したヨーグルト、誰かが沸かしておいてくれた湯で紅茶を飲んだりする。

しばらくその日の行動をＭＳＦの舘さんやカメラマンの横田さんと相談し、まずは出ていい周囲の狭い地域だけ歩いてみることにした。宿舎を出る前には当然、警備室の白板に名前と行き先を書き残す。

ほぼ人のいない土の道を歩き出すと、５歳くらいの男の子が近づいてきて無言で手を出し、物乞いをした。悲しい気持ちで首を横に振り、さらに歩いていく。道の脇、特に木の陰にプラスチック椅子を並べて座っている若者たちがいた。数人単位でところどころ。やはり人が少ない。横田さんが持っているカメラに気づくと、中の数人があっちへ行けというように手を振り、大声を出した。

幾つか道を折れ、しかしほとんど数分で我々は宿舎に戻った。それくらいしか外出の許された区域がないのだった。

昼食に焼いたジャガイモと現地の主食めいたクレープ、牛肉を辛く煮たものをいただき、そこからＯＣＰの宿舎へ移動して日本人スタッフの的場紅実さんに会うことにした。時間は当初の予定から30分遅れた。

もちろん薬剤師も大切なスタッフ

そもそも的場さんは薬剤師としてMSFに参加しているのだが、今は海外派遣スタッフが順番に担当している食事の係（「フードボックス・マネージャー」と呼ぶ）となっており（調理は現地の専門スタッフが行うが、食費の徴収と管理、およびちょっとした嗜好品などを決められた金額内でフードボックスに満たすというボランティアベースの仕事だ）、土曜日はその任務で大変忙しいのだ。

背の小さな的場さんは実際、オフィスで待ち合わせてからOCPの車の後部座席、ベンチになった場所に詰めて座るまで、あっちへ走ったりこっちに走ったりした。その間に我々に笑いかけるのだが、笑いは時間に追いつめられた者特有の焦りに満ちていた。

車には、的場さんの同僚というフランス人男性が乗ってきた。親切にも彼は的場さんを手伝ってくれるのだった。もじゃもじゃの髪の毛で丸い銀縁メガネをかけてヒゲ面。Tシャツと半ズボンである。彼は的場さんと対照的にゆっくりと動き、ほとんどしゃべらない。

発進する車ががたがた道から舗装道路へ行く間に、食事係が1ヵ月ごとに替わることがわかった。そして的場さんの本来の仕事が正式にはファーマシー・コーディネーターと呼ばれるものであることも。

的場さんはさらに、食事係がどれだけ責任の重いものかも買い物メモをしじゅうチェックし直しながら話してくれた。例えばパンに塗るいつものチョコペースト（『ヌテラ』という欧米でもポピュラーなもの。これが本当に助かる！）、あるいはオレンジジュースが途中で切れてしまえば、スタッフのモチベーションが一気に下がる。だがだからといって、予算は決まっているから余計に買うわけにもいかない。

事実、的場さんは少しでも安いスーパーを目指しており、それが一年前に出来た中国系の『ジュバ・モール』なのであった。これはウガンダのMSFを取材した時にも感じたことだが、中国のアフリカ進出はすさまじい。ダム建設や国連軍参加と、様々な機会をとらえて彼らはアフリカに移動しているのだ。

スーパーマーケット前の駐車場に車を止めると、的場さんは小走りに店内に向かった。我々もフランス人男性もついていく。すると開いたドアの向こうに、すぐに中国軍兵士が複数人いた。銃を肩に下げて何か買い物を済ましたところだった。

その兵士の横を抜けて的場さんは走った。俺たちもメモの内容を少し覚えていたので、的場さんに「手伝いましょうか？」と声をかけるのだが、猛烈に急いでいる人にその余計なお世話は聞こえない。

ということで的場さんはプリングルズを色んな味で数本買った。他の基本的な菓子を買い、ヌテラも買ったと思うが、ジュースだけは買わなかった。

「他にもっと安いところがあるの」

的場さんはけっこう叫ぶようにそう言った。

なるほどとうなずく我々は彼女の足手まといになる子供のようだった。なにしろ俺などはフランス人男性が個人的に買った煙草の箱を、よかれと思ってかわりに運ぼうと奪い取ろうとし、驚かれて取り合いになったくらいだ。

さらに的場さんは『フェニシア』というスーパーに寄り、そこでジュースなどを仕入れた。的場さんがレジでお金を払う間、役に立たない我々は背の大きな白人の店主と話をした。

こぎれいで敷地もなかなか広い『フェニシア』には2階もあり、そこではピクニック用具もファッションコーナーもあるらしかった。もともと小さな店を出していたが、苦労して稼いで大きくしたのだという。

俺は1階にあるケーキ売り場の、その種類の豊富さと色遣いの多彩さにも驚いた。真っ青な川を模した土台のケーキに、ジャングルと動物たちを描いたマジパンの数々。白いホールケーキに真っ青なビキニを着せ、はちきれたバストがすっかり出てきてしまっているというデザインなどなど。

ジュバに平和が訪れつつあるということに違いなかった。そのへんは商人が現実的だし最も敏感だ。

消費者が戦地の跡に生まれつつあるのだった。

コニョコニョ・マーケット、薬剤倉庫

続いて的場さんはコニョコニョ・マーケットに行くらしかった。これは前日から我々が気にしていた場所で、コニョコニョとは南スーダンの言葉で「ごちゃごちゃ」なのだそうだ。あらゆるものが売られていて、しかも安いらしい。的場さんが狙いをつけないはずがなかった。

がしかし、車輛後部のベンチで的場さんがさっきの買い物のレシートを見ながら難しい顔をし始める。買い物ではスーパー店内にある両替所でお金を換えるのだが、レートの金額が合わず、手持ちがずいぶん少なくなってしまったというのだ。

「ここで取り戻さないと、あとが苦しい」

的場さんがしぼり出すようにそう言うので、我々にも事の重大さがわかった。急いで車でスーパーに戻り、的場さんより早い勢いであの店主を探した。すぐに見つけて舘さんが的場さんと一緒に英語で冷静にまくしたてた。横では横田さんがカメラを構

え、あたかも〝嘘ならそれを暴く〟みたいな雰囲気を出した。もちろん俺もメモ帳を無駄に使い、なんでもかんでもばんばんメモった。重大な犯罪がそこに起こったみたいな感じになった。

店主の公正さゆえ、お金は無事返ってきた。フランス人男性がクールな表情で、インフレゆえにやたらに多い紙幣を数えた。当初の計算通りの額におさまったのがわかった。

的場さんの子供みたいな気持ちになっていた我々は、うってかわっておおげさな笑顔で白人店主に礼を言い、外に出た。しかし的場さんからはこんな事実が告げられた。

「時間がなくなっちゃいました。買い物はまたにします」

我々はがっくりと肩を落とした……というのは嘘だが、役に立てなかった情けなさはそれなりにあった。

さて、なぜ的場さんがそこまで急いでいたかというと、彼女は同時に本職の薬剤師として、薬剤の倉庫へ行って荷物を受け取る必要があったからだった。

先に書いておくと、薬剤は常に指定された温度で管理されねばならず、それをまた決められた時間ごとにチェックしなければならない。つまり、的場ママは何も出来ない子供たちを連れてコニョコニョ・マーケットで買い物なんかしてる場合じゃないのだ。

ということで倉庫へ目標を変えた。

どのくらいの時間がかかったかは安全保障上の理由で言えない。

ただそこは巨大で、全部で5つのOC（オペレーションセンター）が16のプロジェクトを抱えている南スーダンにおいて、なんと4つのOCが薬剤を備蓄している場所だった。

的場さんは車から降りて、また小走りになった。我々も当然そうなる。

幾つもある倉庫のうちのひとつの大きな扉が開くと、中に痩せた白人男性フレッド・ドゥワールがいた。彼がサプライ・コーディネーター（物資の輸入、運搬、建設など担当）だと手短かに紹介される間、俺は倉庫内に宮崎駿映画の音楽が流れているのに気を取られていた。ナウシカの曲だった記憶が強い。

なぜその音楽にインパクトがあったかといえば、倉庫内に見たこともないほど巨大な四駆があったからで、それはイダなど雨季に道が通れなくなってしまう場所を走破して薬を届けるための、戦車より車高の高い車輌だった。俺にはそれがナウシカのオームに見えた。的場さんを手伝っていた男性はどう思ったものか無言で車輌にかじりつき、やがて運転席に座ってこちらを見下ろした。何か人間離れしたものを感じてい

歩けるきわめて狭い地域をゆくMSF舘さん、カメラマン横田さん（ジュバ）

こんなケーキ群がジュバに

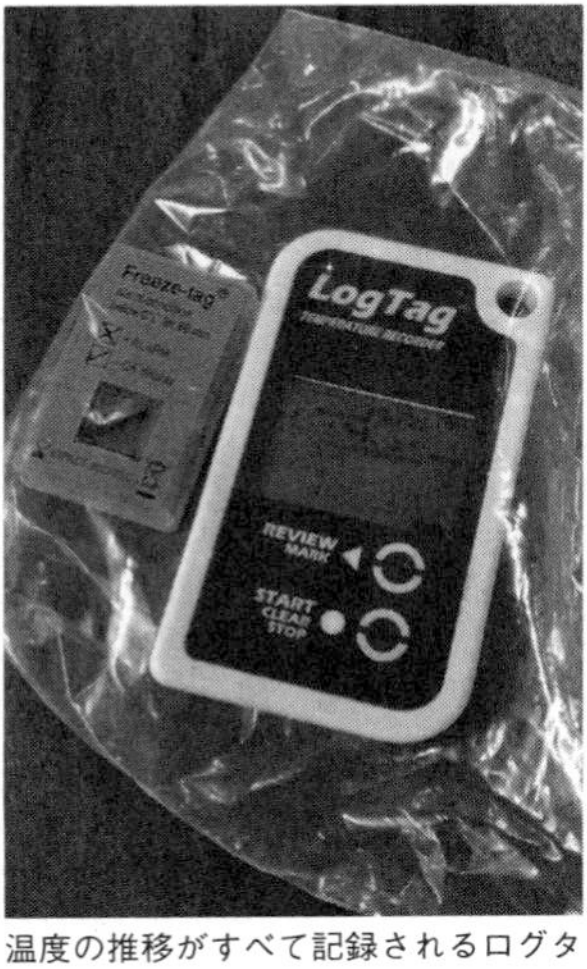

温度の推移がすべて記録されるログタグ

ることに違いはなかった。

そんな俺たちにはもちろんかまわず、的場さんはずっと奥の、温度管理されている部屋に歩いていった。急いであとからついていくと、中でようやく基本情報を教えてくれる。

南スーダンのミッションで使用される薬剤はいったんジュバに輸入され、陸路やMSFの飛行機などによって国内各地に運ばれる。そうした過程で薬は決まった温度以下で保管されねばならない。

的場さんは少しひんやりした室内で、

「一日に2回、その温度をチェックするんですが、今日のようなウィークエンドなんかで人がいない日は、私たちが来ないといけないんです」

そう言いながら、大きなボックスを次々に開けてはログタグと呼ばれるチェックグッズのモニターを眺め、低下の記録がなかったかをメモに記録していく。

「休みの日だときついこともあるんですよ」

的場さんは笑うような泣くような表情をして言った。他の役職ならば十分に休める1日を、薬剤師たちの何人かは少なくとも2回、中断しなければならないのだった。しかもそこに食料係が回ってきたとしたら。

まさにその多忙の権化が、我々の目の前にいる的場紅実さんだった。

さて、こちらも安全保障上の理由でどのオフィスとも書けないが、我々はいったんOCPに帰ったあと、しばらくあるMSFの建物の周囲をぼんやり見て回った。すると、ある場所で横田さんが変な3文字を口にした。

「え?」

「ヘスコです」

言われても意味がわからなかった。

大きな筒だった。青い布を筒状にして土を巻き、針金で作った格子をその上からさらにぎゅうぎゅうに巻いてある。それが何本も、建物に高く立てかけてあった。

俺だけだったらまったく気づきもしなかったろう。何かの建材だと思って。戦場カメラマンの横田さんにはむしろそれは常識中の常識だったらしい。

それは砲弾を防ぐ防壁で、簡易な方法で出来て非常に強度が高いのだそうだった。つまり布と針金を一緒に巻いて運べば、あとは現地で土をぎっしり詰めるだけなのだ。きわめて軽い防壁である。

そんなものが建物の窓を隠していること自体、南スーダンがどういう状況だったかを示すよい例だった。

俺はジュバの空に飛び交った砲弾のことを、ようやくリアルに想像することが出来たのだった。

善意を信じるミッション

次の日、俺は自分の個室で目覚め、ふと「善意を信じることが、彼らの最もハードなミッションなのではないか」と思った。彼らとはもちろんMSFスタッフのことである。世界が善意を裏切り続けるからだし、それを嘲笑する者さえあとを絶たないからだ。

おまけに南スーダンの政情はあまりに複雑で、そこで医療活動を続けるにはある種の精神状態でいなければならないはずだった。

歯を磨いて顔を洗い、ゆっくり下の階に降りていくと、ウィークエンドゆえに食事はますます自分たち次第となっており、俺も舘さんも横田さんも、それどころかダイニングルームにたまたまいたスタッフが助け合う形となっていた。なぜならトースターのブレーカーがよく上がってしまうからで、その分トマトオムレツを多めに作って分けてくれる者、コーンフレークを勧めてくれる者などがいた。俺はその各自に短くインタビューをした。

少し休んでいると、活動責任者代理の女性から南スーダンそれ自体のブリーフィン

和平協定を記念する平和式典の看板があちこちに（舘さんのスマホで横田さん撮影）

宿舎を守るヘスコ。紛争地ならではの防壁だ

日曜日のランチ（各自工夫する。俺のトーストは黒焦げ）

グがあるという流れになった。説明を受けたのは前日と同じく我々3人、そして大きな刺青をふくらはぎに入れたおとなしい女性とエレンの5人だった。

責任者代理の彼女はTシャツにデニムの短パンで、しわがれ声だった。業務時間外のブリーフィングでカジュアルなスタイルだったらしく、どこかのリゾートに長く滞在しているおしゃれな女性といった感じだ。

彼女はかれた声で立板に水、南スーダンの基本情報をよどみなく話した。我々はたった5人の田舎の小学校の生徒のように話を聞いた。

国が成立したのは2011年、きわめて若い国だった。元は御存知のようにスーダンで、南スーダンはそこから独立した。前者はイスラム教徒が、後者はキリスト教徒が多数を占める国だ。かつては双方、英国とエジプトに支配されていた。

それはともかく、スーダンからの分離独立までの道のりも厳しかったが、せっかくの独立のあと内戦が起き、周囲の国からの干渉も激しくなった。

資源には石油とウランがあり、そこに莫大な金が動く。しかし飢えがあり、マラリアがあり、コレラや他の伝染病、隣国にはエボラ出血熱が徘徊していた。富の取り合いと、生命の危険の両方が南スーダンに常在してきたのである。

さらに、そこに部族の問題があった。特に南スーダンは多部族で構成された国だ。最大部族はディンカ。そこにヌエル族やシルク族がからむ。大統領キールはディンカ族の出で、内戦の結果追い出された前第一副大統領マシャールはヌエル出身だった。もともと、彼らが権力争いを始めれば南スーダンの分裂は必定であった。

２０１３年暮れから事実上の内戦に入る。途端に国内避難民は増え、難民も国外へと逃れ始めた。国連によると２０１８年の初頭までに２４０万人が難民となって国外へ脱出し、ほぼ同数が国内で避難生活を送っている。その８割が女性と子供で、子供の６割が18歳以下だそうだ。俺が前に訪れたウガンダは、北から流入し続ける南スーダンの難民のうちの１００万人をすでに受け入れてきた。

ちなみにその間、あるイギリスの機関によれば内戦による死者は40万人にのぼり、半数は直接的な戦闘で命を落としたという。とどまっても地獄、逃げても地獄だ。

そこで国連ＰＫＯが当然、入った。日本の自衛隊が武器を携行してＰＫＯ活動に参加したのは、こうしたハードな場所だった。しかも内戦勃発からそれほど時間が経てないうちだったから、日報が隠されているのにはそれなりの理由があるだろうと推測せざるを得ない。

不思議なタイミングだが、その南スーダンを俺たちが訪れたちょうど2日前、首都ジュバではキールとマシャール両氏が出席のもと、9月に実現した和平協定を記念する平和式典が開催されたばかりだった。和平協定は南スーダンの周辺各国や、『トロイカ』と呼ばれる3ヵ国（アメリカ、イギリス、ノルウェー）の主導によって締結された。ちなみに、この合意の裏にも中国が見え隠れしているらしい。そろそろ停戦しないと財政支援を打ち切るとの圧力がかかったというのだった。

確かに俺たちが走ってきた道路のところどころに大きな看板が立ち、そこに大統領と副大統領らしき人物の写真が印刷されていた。デカデカと『和平協定』という文字が躍っていて、なぜか後ろにピラミッドが配置されており、かつてエジプトに支配されていたこととの文化的影響が見て取れた（取れたといっても、このブリーフィングを受けている途中に「なるほど」とうなずいたわけだが）。

和平協定の記念式典が盛大に開かれる一方で、MSFも活動各地で暴動への備えを厳しくしていたそうだった。なにしろたった1年前（2017年）、恐れ知らずのMSFでさえ南スーダン国内の一部プロジェクトで、スタッフの撤退や規模縮小を余儀なくされたことがあったという。和平協定に反対する勢力がいきなり暴れ出す可能性は小さくなかったのだ。

その政情がとりあえず安定していた。短期間であれ、政情が落ち着いていることは、例えば俺のような経験不足の作家が取材に入れる程度には楽観的な観測を許したのだろう。事実、2018年は全土で衝突が減少していたとの報告もある。

ひとまずこれからマシャール元副大統領が復帰し、暫定統一政権が発足する。その任期の3年間が無事明ければ、本格的な内戦停止とみなされるのだそうだった。

ここにきわめて微妙な、しかも国際的な機関を含んだ駆け引きがあることは、以上様々な事実で理解出来た。

俺たち田舎の小学生は、ここまでを真面目にメモした。

MSFの活動について

さらに説明されたのはMSFの活動である。

例えば南部ヤンビオでの小児科支援の開始。ここの病院は元々HIVプロジェクトを担っていたのだが、マラリア症例の増加など、より緊急な医療ニーズに対応すべく方向を変えたのだそうだ。

しかもズシンと重いのは、小児科支援の中に「少年兵を解放した上でのメンタルヘルス」が含まれていることだった。彼らは幼くして憎悪を植えつけられ、目の前で人が殺されるのを目撃し、自らもそれを行う。もしただ解放されたとしても、体験は一生重くのしかかり、ふとしたはずみですぐに憎悪の連鎖へと彼らを誘ってしまうのだ。

また、南部はコンゴ民主共和国の北部と国境を接しており、その地域ではエボラ出血熱が発生しているから、当然ＭＳＦも警戒をせねばならなかった。

さらに北東部アブロックでの一次、二次医療（一次とは外来診療、二次とは入院治療）およびアウトリーチ、すなわち往診。

他にもウーランという場所で、３週間前から新プロジェクトが発足しており、反政府エリアでの活動が始まっているそうだった。ここで出来れば現地スタッフを雇用したいのだが、政治的に対立する患者には反発があり、繊細な説得が必要とされていた。

また、俺たちがすぐ取材へ出かける予定のマラカルという都市のそばにある、ＰＯＣ（民間人保護区）内病院での医療活動。そして都市内にある40床の病院の運営などがあった。

ちなみに、マラカルになぜふたつの病院があるかといえば、ウーランと同じ問題のせいで、前者は政府軍に追われた避難民のための医療を行う場所であり、後者は追い出した方の政府側地域にある病院で、しかしＭＳＦは双方に医療を提供したいのだった。

こういう複雑さが紛争国での活動の常識なのだな、と俺は納得した。どちらが善でどちらが悪という画一的な見方では、とうてい被害者たちを救うことが出来ないのだ。

実際、前夜ダイニングルームにアデリー・メンギストゥ・エンダショウというエチオピア人医師が帰ってきており、医療チームのトップである彼が教えてくれた話もそうだった。

彼はその日、日帰りで北部へ行き、反政府勢力にも医療を施せるよう彼らを説得してきたのだと言った。ただ、反政府勢力がそれを受け入れたとしても、今度は政府側にもうまい交渉をしないといけない。なぜなら病院に政府側の勢力を入れないように説得する必要があるからで、逆に反政府勢力にも自分たちの息のかかったスタッフを入れないように話さねばならなかった。

そのように医療が中立を貫くべきであることを理解してもらうのに、アデリーはこれ以前にも何度も足を運んで粘り強い話を続けてきたのだそうだった。

ＭＳＦの、しかも医療チームがそうした交渉を危険地帯でしていることの立派さに俺はシンプルに頭が下がった。彼らは「どちらが善でどちらが悪と考えない」としても、それでもなお、どちらに対しても善意を向けてやまないのだ。

したがって翌日のブリーフィングでも、南スーダン各地で同様のタフなネゴシエーションが続いていることを知り、小学生男子たる俺はますます「そこまでして医療を提供する精神と行動力」にしびれてしまったのである。

再びコニョコニョ・マーケットへ

その日の午後、俺たちはＭＳＦの四駆で近くのＯＣＰ（オペレーションセンター・パリ）に行き、再び薬剤担当の的場紅実さんについて買い物へ出た。なにしろ例のコニョコニョ・マーケットへ行くというので、どうしても外せない予定だったのだ。

しばらく走った先、広い舗装道路の両脇に店舗らしきものが並ぶ中、四駆が止まった。それらの店自体もコニョコニョ（ごちゃごちゃ）に含まれるらしかったが、特にマーケットらしいのは建物と建物の間を抜けた向こうで、人が一人通れるかどうかという狭い土の道の左右にびっしりと主に野菜が積み上げられていた。それがけっこうえんえんと長く続いている。まさに市場であった。

「南スーダンだって、そりゃ野菜売ってますよね」

思わず俺はＭＳＦの舘さんに話しかけた。

紛争地とはいえ、争いが止まっていればすぐさま必要なのは食料であり、それを売買する場所なのは当然だった。しかし実際にその現場を見ると、どことなく信じられないような心持ちになったのだ。

俺はメモ帳を片手に、まだ雨のあとで水たまりもある道を歩いた。的場さんはむろん必要なフルーツがなるべく安く買える店を探していた。

メモったのはそこにあった品物の名前ばかりである。我々日本人にも親しい野菜や果物ばかりだった。しかもどれもうまそうだ。

トマト、じゃがいも、パパイヤ、にんにく、オクラ、とうがらし、ライム、パイナップル、ピーマン、大きな緑色のバナナ、楕円形のスイカ、卵、リンゴ、オレンジ、キャベツ、ズッキーニ、太い長いも、ナス、ドリアン、いんげん豆、カリフラワー、葉ねぎ、かぼちゃ、丸ナス。

なぜか必死になって俺はそこにある物の名前を書き続けた。そうしていると人が生きているというリアルな感覚が研ぎ澄まされ、料理する誰かが想像され、またそれを作る者たち、運ぶ者たちがくっきり見えてくる気がした。

ただひとつ日本と違うのは、入り口付近のテントの下でマイクを持って何か叫んでいるおじさんがいることで、合間に子供たちがハレルヤ！　と叫んでおり、その音声がずっと遠くまで響いていた。的場さんによると、それが彼らにとってのミサであった。労働する者たちは聞いているだけで礼拝に参加していることになるのだろう。確かに、主におばさんばかりの売り手がやけに控えめに口をつぐんでいるのは、そのせいだったかもしれない。

「去年はここに入っちゃいけなかったんです。危険でしたから。食事を作れることの幸福をかみしめています」
帰りに的場さんはそう言った。

的場さんインタビュー

それから俺たちは再び前日と同じ倉庫へ車を走らせた。的場さんの薬剤チェックと共に、そこで長いインタビューをしたかったからだ。日本人スタッフとして、またファーマシー・スタッフとしてどんな経歴のある人物か、俺には興味しかなかった。ありがたいことに奥の冷えた部屋に俺たちは入った。外がずっと暑いので、知らぬ間に体力が削がれているのがわかった。

そこで的場さんはまず、自分がＯＣＰの薬剤部コーディネーターであり、それはメディカルともロジスティックとも違う部署であることを教えてくれた。例えばＭＳＦの他のプロジェクトではロジスティックのサプライ部門が担うこともあるらしいが、ＯＣＰでは医薬品の調達は薬剤部の仕事だという。

「なんにせよ、私たちファーマシーも、ロジスティックもアドミン（人事や経理）も後衛のサポート部隊です。そのバックアップがあるので前衛のドクターや看護師、助産師などメディカルたちに任せることが出来ます」

コニョコニョ・マーケットに入れた！

広い倉庫の奥でインタビューは始まった

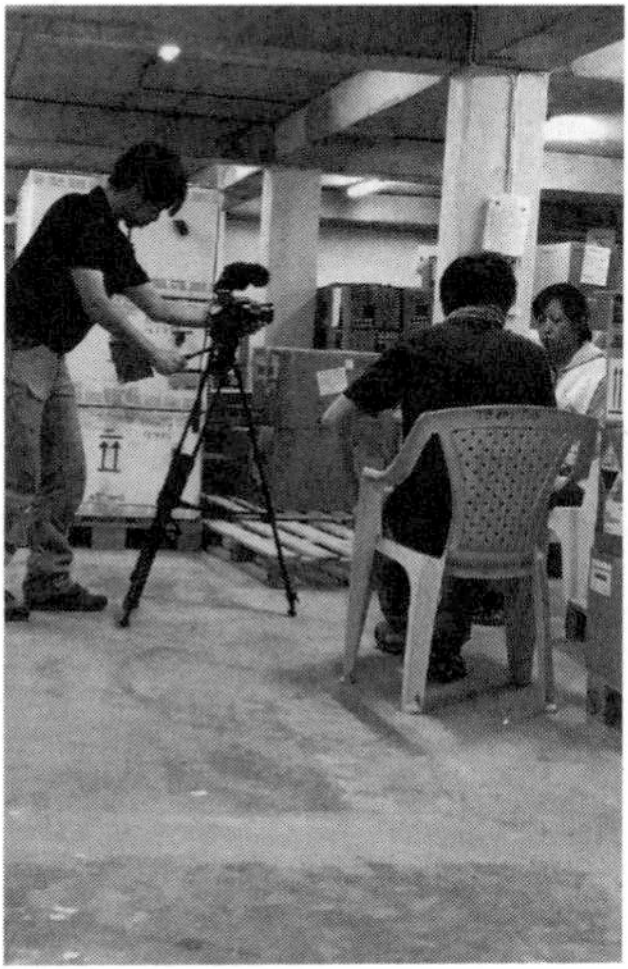

他にMSFジャパンのインタビューも受ける的場さん

「確かに。それで的場さんのキャリアをうかがえますか？　どうしてＭＳＦに入ったかを含めて」

そう尋ねると、椅子に浅く座ったままの小さな的場さんはエネルギッシュに語った。

まず的場さんは大学の薬学部に行き、しかし母親が薬剤師だったために〝やれることの限界〟を知っていて、遺伝子機器メーカーに入って営業として働いたのだった。

「でも勇気をもって止まるのは大事だと思います」

自分がやりたいのはそういう仕事ではない、と的場さんは思った。

「いくつになっても何でも出来るはずだ」

と考えていた的場さんは、しかしだからといって何をやるべきかわからなかった。

そもそも学生の時、医学部に落ちて挫折を味わっていたという。

自分は何者でもない。

的場さんは一方でそう感じ続けた。

けれどそれでいいはずがないとも思っていた。

ついに営業をやめて、『世界青年の船』というものに乗った。海外が好きだし、英語をしゃべるのも好きだったからだが、同時に何もやらないことへの「言い訳も探していた」。しかし小学生の頃の的場さんにアフリカの子供たちの写真が載ったＭＳＦ

について新聞記事を見せていたという、彼女のお母さんのヒューマニタリアンな薫陶がうごめき続けていたのも確かだ。

多くのアフリカの国々などを50日間かけ回るはずだった。しかも乗るのは15ヵ国の人間たちだった。

「『アジア青年の船』というのもあるんです。日本ってすごいんですよ。そういうことを実はたくさんやってるんです」

だがこの船に乗り込む直前に911テロが起こり、航路が変わった。アフリカには行けず、ニュージーランドやタイへ船は向かった。社会が変貌するのを的場さんは海の上で目の当たりにしただろう。

「そうやって色んな人たちと交流していたら、私に昔の元気な魂が帰ってきました」

それが25歳のことだった。

真面目に薬剤師をやってみようと思い、それから10年ほど様々な場所で的場さんは働く。しかしアフリカに行けなかったということが気にかかっていた。そのある種ささいな思いは、結局的場さんの人生を変える。

まず的場さんは職場の同僚医師から、MSFに参加したことのある女性医師についての話を聞いた。しかもその同僚はこう言った。

「的場さんと同じ匂いのする人なんだよ」

この段階ですでに的場さんはＭＳＦに参加することを目標としたのだろう。早速女性医師を紹介してもらい、さらに話を聞くと長崎大学熱帯医学研究所の熱帯医学研修課程のことがわかった。なんと、そこを履修すればマラリアやＨＩＶの勉強が出来るし、その研修課程なら医師や看護師だけでなく、薬剤師も参加出来るというのだった。

的場さんはいったんは補欠となるが、15人の合格者の一人が自衛隊員でイラクへ派遣されたため、結局滑り込むことになる。

おかげで3ヵ月の履修をし、晴れてＭＳＦに初めて応募するが不採用。だがあきらめなかった的場さんは、発展途上国での経験もなかったためタイのマヒドン大学へ行って公衆衛生の修士を取得した。

そして再びＭＳＦにチャレンジするが、また不採用。

「ね？　私なんて落ちこぼれなんです」

しかし彼女はまだあきらめない。

経験を積むため、救急やＩＣＵのある病院に勤務先を変え、4年間勤務。

そしてようやく的場さんは、ＭＳＦに採用されるに至る。

あらゆる困難を越えて、彼女は今目標の中にいる。そういう人物の言葉は重かった。

「MSFって、人に勧められていやいや来るなんて人は一人もいないんです」

的場さんはそう言った。

「ここで働きたくない人はいません。もしいたらすぐ帰ってるわけですし、ていうかそもそも来ないでしょ。だから私は朝起きていやだなあと思うことがない。自分が選んでここにいるという充実した思いしかありません」

この言葉の強さは俺を打った。そんな働き口が他にどれほどあることだろう。

それで的場さんは現在までの間にMSFで7ヵ国、他の人道支援団体で1ヵ国を経験してきた。

ただ、日本に戻っている間は、つなぎの仕事しかない。この海外ボランティアに対するシステムの欠如は大問題で、俺が出来ることは彼女たちが自国にいる時の仕事先を確保することだと思っている。なんとか人道支援の法律が作られるべきではないか。

「10年やってても、日本に戻って大学病院に行けば1年生として扱われます」

むしろ経験としては超一流の人材を、我が国では軽んじてしまう。だからまた人材は外に流れていく。

「この仕事、やりたくてやりたくて止められないんです。離れているとムズムズしてくる。いとうさんもそういう仕事じゃありませんか？　自分で選んで自分で続けてる」

おっしゃる通り。そもそもこの連載も自分から進んでやっているし、誰にお金をもらってるわけでも、強制されてるわけでもない。書きたくて書きたくてウズウズしている。

「それと、日本だと社長のためとか、自分の給料のためとか、あるいは不安だからとか、そういうモチベーションですよね。でもＭＳＦはシンプルです。患者さんのため。それだけ」

うーん、ぐさぐさ言葉が刺さる。勇気がわいてきてしまう。的場さんはそれでもまだま語った。

「私、人見知りなんですね。群れることも出来ない。日本にいると他人を気にして動きにくいんです。世間が神様で。でも、ここでは個でいられます」

黙って俺はうなずいた。

「誰と比較する必要もありません。自分で計画を立てて、患者さんのためになるだけです。だからストレスがないんです」

理想の職場ではないか。そして逆にいえば、日本がいかに働くことへの能動性を奪われる社会か、ということでもある。

俺たちはみなMSFのような職場を作らなければいけない。少なくともそういう場所への希望を捨てるべきではないのだ。

絶対に。

ただ、あとから的場さんに聞いたMSFあるあるギャグは（そういえば昔、他の活動地でも聞いた覚えがある）、理想の職場ゆえの女性たちの傾向を示している。

「MSFはMany Single Females の略」

もちろんこの手の冗談のバージョンは様々あるのだが、いかに女性が自立的に働いているかがよくわかる例のひとつだ。

国連機に乗って

そして11月5日、俺たちは北東部のマラカルへ移動するため、早朝に起きて簡単な食事をすませた。必要な荷物以外は別の部屋にまとめて置いておけるので、その作業をすませ、四駆に乗ってすぐにジュバ空港へ向かう。

到着の際にカメラなどを検査したエリアの方へ行くと、奥にあれこれ荷物を持ったアフリカ人たちがごった返しており、その人ごみをあてにして食べ物やビニールバッグを売る屋台が出ていた。その先に大きな白いテントのようなものがある。

背伸びをして人の背中ごしに見ると、左手前に木で作った簡易な受付があり、そこに向かって大勢の人々が集まっていた。それがＵＮＨＡＳ（国連人道支援航空サービス）の受付だとわかった。看板にはカナダ、ＥＵ、ドイツ、スイス、イギリス、アメリカの国旗に並んで日の丸も印刷されている。俺たちは今からそこで手続きをしなければならないのだった。

苦手な割り込みをしながら必死に前に進んだ。後方には別の地域に飛ぶエレンもいて、大きなリュックを背負ったままこちらに向けて肩をすくめてみせた。それはそうだ。すでにコンファームも済ませてあるはずなのに、そこに乗るアフリカ人スタッフたちは足りないものを奪い合うかのように切迫した表情で受付ににじり寄るのだ。

それでもじっと耐えながらじりじり前に行き、ようやく書類とボーディングパスを交換した俺は、テントの奥へ歩いていって、そこでＭＳＦの舘さんとカメラマン横田さんを待った。

奇妙なことに最も奥に台があり、その後ろに高い椅子に座ったアフリカ人老婆がいて、直毛にして渋い赤の布をまとった彼女がガムテープとハサミを持ったまま、通りかかる者に対してパスを見せて台に荷物を置けと言う。係員とも思えないのだが迫力に押されて荷物を置くと、ほとんど触ることなくじっと見てから黙ってうなずいた。

宿舎でも現場でもミーティングが常に行われる

ちなみに的場さんの買い物メモがこれだ

待合室のやせた猫を激写

それで俺の荷物は背後に運び去られる。

他のアフリカ人の中には老婆の周囲の若者によって荷を開けられ、彼女の持ったガムテープで補修されて運ばれていく者もいた。そのへんの法則がいっさいわからない。まるで透視でもしているようだ。

現地の部族の卑弥呼的な偉い人ではないかと思われ、民族学的な興味に取り憑かれた俺は、静かに後ろを向いて自撮りのふりをしてスマホで写真を撮った。が、しかし赤いベレー帽をかぶって銃を持った若い兵士に見とがめられ、適当なごまかしも効かず、老婆の姿だけ数枚を削除されてしまった。一体あれはなんだったのだろう。

それをあとから来た横田さんに言うと、彼は笑いながら、

「アフリカンの視力はハンパないですからね。遠くからでもスマホの画面が見えてますから」

と言った。さすが戦場カメラマンの体験上の話だろう。

3人が揃ったので奥へ進むとそこでもチェックがあり、ただしX線の機械は壊れているので荷物を持ってゲートをくぐり、その前後に中を開けて係員に見せる。先に進めるかどうかはがたいの大きな青いスーツのアフリカ人にかかっていて、彼に目をつけられるとなかなか先へは行けない様子だった。

待合室で時間まで過ごし、やがてバスで双発機のそばまで行く。面白いシステムだ

が、すでに飛行機のそばには搭乗者の荷物がずらりと並んでいて、各自が自分でそれを確認する。そして確認が済んだものから機内に詰め込まれるのだ。運び間違いがないという点で、これは意外にいいやり方であった。

短いタラップをのぼって機内に入ると、ボーディングパスは回収された。特に座席の指定もないからパスは再利用されるのだ。適当に座ってあたりを見回すと、白人が4割、黒人が6割というところだった。東洋人は俺たちの他には一人もいない。ごく普通の小型機でごく普通のアナウンスがパーサーから行われ、ただし機内撮影禁止だと付け加えられた。ただの一席も空きはなかった。

マラカル到着

1時間半ほど乗ると、ジュバ同様に平野の中の飛行場へ着いた。あたりには国連のジープが幾つかあり、そこに銃を持った兵士が乗ってこっちを見ていた。それらジープの横に懐かしいMSFのマークの四駆があった。駆け寄りたいような気持ちになった。

そこから直接、外に出る。しかし目的のミッションキャンプまで何ヵ所かで検問があった。そこここに例のヘスコが並ぶ中、四駆が止められる。ドライバーに声がかけられ、書類にチェックが入り、同時に他の兵士が棒の先に鏡を付けたもので車体の裏を検査する。

そうやって少しずつ進んでいくと、やがて最後のチェックポイントを過ぎる。鉄条網の中を入るとそこに看板があり、左は「人道主義者エリア」と書いてある。ちなみに右はロジスティックのベースらしく、コンテナが並んでいる。

人道主義者エリアには、世界中の様々な団体がしっかりしたテントやコンテナで拠点を作っており、国連の車と並んで各自の移動手段が配置されていた。そんな中、我らＭＳＦのマラカル宿舎は最も奥、赤十字国際委員会の隣にあった。トタン屋根で中は木造だが、広々としていて清潔感があった。どんどん中に入って次々にメンバーと握手しながら自己紹介していると、1人に1部屋ずつがあてがわれた。しかも部屋は仮設住宅で見たことのあるようなコンテナ造りで、クーラーがあった。

荷物をそこに置いてすぐに部屋を出ると、少し薄暗いパブリックな空間に3つの大テーブルがあり、幾つかの冷蔵庫があり、キッチンがあり、奥に広い洗濯場と男女に2つずつ都合4つのトイレ（フェスなどで見られるタイプ）、同じ数のシャワーが完備されている。

そうやって〝物件〟を見ている間にも、スタッフが握手を求め、軽くおしゃべりがある。ＭＳＦのＴシャツやベストを着た海外派遣スタッフだらけで、彼らが忙しく働いている様を見ているだけで、俺はほっとするようになっていた。すっかりメンバー気取りである。

テーブルのひとつを使い、アルゼンチン人のロジスティック部門マネージャー、ハビエ・マットからセキュリティなどに関するブリーフィングがあった。ひげ面のいい男ハビエは「裏の広場でサッカーをしてたら骨を折った」と恥ずかしそうに笑い、松葉杖で部屋から移動してきた。

続いてフィールド・コーディネーター（その地でのプロジェクトの責任者）のケニア人ベンジャミン・ムティーソから全体的な話があった。

南スーダンの北東部、上ナイル州マラカルはこの国第二の都市であり、空港があり、この国にふたつある油田のひとつに近い。もともと複数の部族が共存していたが、2013年、ジュバで始まったキール大統領とマシャール副大統領それぞれの出身部族の対立は1週間でマラカルにも飛び火。マラカル市の支配を巡って武力衝突が繰り返された。人々は妻や夫、親や子どもを目の前で殺され、家、家畜、農地など全財産を失った。逃げるときに生き別れた者は、家族が生きているかどうかもわからない。

多くの人が市内から国連南スーダン派遣団（UNMISS）に向けて逃げ出した。

そのＵＮＭＩＳＳに併設する場所にＰＯＣが作られた。『Protection of Civilian』、すなわち国連の民間人保護区だ。ＭＳＦもすぐさまＰＯＣ内に病院を作り、医療援助を開始。ＰＯＣ内ではしばらく複数の部族が避難生活を送っていたが、２０１６年２月、今度は大統領支持のディンカ族武装勢力がＰＯＣを攻撃、なんと1万５０００のテントを一晩で焼き払い、ディンカ族の人びとを強制的にマラカル市内に連れ戻したという。現在ＰＯＣにはディンカ以外の部族が暮らしているが、前にも書いた通りＭＳＦはディンカ族が支配する方のマラカル市内でも病院を再開している。

政治や民族、宗教などに左右されず、患者第一で動く。その姿勢は地域住民たちによく伝わっており、ＭＳＦの赤いマークを知らない者はいないらしい。

ベンジャミンのブリーフィングでは、地図上に部族間の勢力図がくわしく記されていたが、もちろん写真は撮れなかったし、文章でも再現はしない。ともかく複雑なこと、この上ないことは明らかであちらこちらで様々な部族がまさに群雄割拠しており、果たしてその状況に収まりようがあるのかと俺はため息をついた。

暗い気持ちになったのを見て取ったのか、ベンジャミンはこう言った。

「あ、それから、国連エリアになら〝ハードロックカフェ〟もあるし、ジョギングしたいなら人道主義者エリアを四角く囲む道で自由にやってくれ」

ちなみに、〝ハードロックカフェ〟の話はまたあとで書くと思うが、俺が知っているものとはまるで違っていた。

現地スタッフのリアルな信念

時間があったので、宿舎の裏側にしつらえられた共有スペース、金網で仕切られているポーチのような場所へ出て、現地雇用の男性スタッフからも話を聞いた。目の前には空き地が広がっていた。おそらくそこでハビエは足の骨を折ったのだろうが、実際はヘリポートなのだそうだった。いかにも平和な風景が実は危機管理の地帯なのだ。

さて、スタッフから詳細に聞けば、南スーダンに64もの部族が存在していた。シルク族、ノエル族、マバン族などなどが入り乱れる中、大統領を輩出したディンカ族が圧倒的な力で国を押さえていることになる。しかし抗争は絶えなかった。以前訪ねたウガンダでも聞いたことだが、おおかた軋轢は牛の強奪としてあらわれる。それは財産そのものであり、また名誉にもつながっていて牛を持たない者は結婚さえ出来ない。

また武器が全土に散らばってしまったことも大きな問題で、いったんそうなったものを取り上げるのは不可能に近く、今もあちこちで銃撃戦があるのだそうだ。

ＭＳＦの現地スタッフはそんな中、例えば国連ＰＫＯに保護されながら暮らし、しかも自らはどんな部族の患者をも助けるというわけだった。このような公正さを保つのにどれほど強い意思を持たねばならないことか。

「ＭＳＦの活動を目の当たりにすることで、視野が広がって僕は人道主義者になったんだ」

と彼は教えてくれた。

事実、彼の妻子は現在ウガンダに避難し、母はスーダンの難民キャンプに、自分は父と兄弟とともにＰＯＣに残っている。きわめて複雑な状況の中で、彼は「人道主義」を選びとったのだった。

しかもディンカ族が支配するマラカル市内にさえ、彼らが掌握しきれていない武装勢力が潜んでいて決して安全ではないと言う。

そんな毎日が今も南スーダンのリアルであり、現地スタッフたちの信念を問い続けているのであった。

人道主義者エリアにあるＭＳＦマラカル宿舎でのブリーフィングは、次々人を替えて続いた。

例えばパトリシア・ポツゴというスペイン人女性からのメディカル・ブリーフィン

夜の道に、各人道主義団体の宿舎が続く

ハビエが説明するPOCと人道支援団体エリア

すぐ近くに保護区のテントの群れ。紛争難民の方々が炎天下、ここに暮らしている

グ。

マラカルのプロジェクトには3つの重要なものがあって、それが前にも書いた2つの病院、そしてアウトリーチ（移動診療）である。その各々で一般診療、小児科、産科、新生児科、救急、ＨＩＶ（エイズ）、ＴＢ（結核）、風土病対策、予防接種があり、まだ小さなスペースではあるもののメンタルケアも始まっているのだそうだった。

ちなみに取材当時、ジュバに次ぐ都市であるマラカル市内には2万人（元は20万人）、ＰＯＣに2万8000人がおり、アウトリーチとなれば地域にたくさんの避難民が散らばっているため、200人を超える現地スタッフと18人のエクスパッツ（海外スタッフ）でも多忙な毎日である。

さらに雨季となると動きがとれないのだそうだ。その際にはボートで川を移動する以外に方法がなくなってくる。他に、例の薬剤倉庫で見たあの超巨大な車で水に覆われた世界を行くしかない。

そこで常に地元採用を求めているが、南スーダン内に医療的スキルのある人材があまりに少なく、衛生管理者、助産師に空きが出てもとうてい埋まらない状態なのだそうだ。

症例として多いのは呼吸器感染症や皮膚感染症であり、ＭＳＦはアウトリーチで行く遠隔地でもPOCでもコレラや肺炎、はしかの予防接種を行っている。ただ成人死亡率の高いのは今は慢性疾患のせいらしく（つまり紛争での殺し合いは減り）、その対策には出来るだけ高度な医療がもっと必要なのだった。

続くハビエのセキュリティ・ブリーフィングは機密も多くてほとんど内容を書けないが、こちらマラカル宿舎でも当然ヘスコがぎっしりと積まれた場所があり、防空壕が説明された。いざという時は、俺もそこに入って数日を過ごすわけだった。

また地元スタッフのアタナシオ・シボンゴが、ロジスティックのサプライ部門の説明もしてくれて、宿舎も病院も彼らが作ったことを教えてくれたし、常に動き続けるジェネレーター（発電機）の点検、またきわめて重要な無線設備の作動確認に関する業務も彼らの担当だった。特にマラカルでは、俺がこれまで訪ねたどの国とも違い、俺自身にもでかい無線機が支給され、腰に着けておくそれで何かあればすぐに連絡を取り合えるようになっていた。

彼の仕事をあらかた理解してから、俺はアタナシオの個人的な経歴を聞いた。すると高い身長のわりにとても小さな声で話す彼は、素直にこう答えた。

「僕は中学校の教師で、アラビア語を教えていました。でも学校の給料がよくないのでNGOに参加することになったんです。さらに民間企業で働ければ、公務員の25倍ものお金になります」

そう言いながらもアタナシオはＭＳＦのことを誇らしげに話した。

「私たちは世界のどこにでも行く準備があります。そしてどこででも患者さんに一番近いのがＭＳＦです。国連の敷地内だとはいえ、ここに宿舎を構えているのだって患者さんに近いからです。すぐそこがＰＯＣなんですから」

そして彼はこう付け足した。

「次の5月には和平協定が有効に働いて、平和が来ると僕は信じています。だって、ずっとずっと戦争だったんだから」

小さな声のアタナシオは、しかし願いの強さをあらわしてそう言い、にっこり笑って仕事に戻っていった。

夜の国連ゾーン

その日はもう予定がなかった。

俺は宿舎の中で与えられた部屋に空調をかけ、ベッドで昼寝をした。プレハブの住居部分は3畳あるかという面積。しかしプラスチックのテーブルの上に背負ってきた荷物を置き、無線機を置き、椅子にＭＳＦのベストをかければあとは毛布をかぶって眠るだけだ。

夕食の前に起き出してまた人に話を聞き、共有スペースのテーブルに並んだおかずを各自で好きなようにとって食べたりしていると、やがて日は暮れてきてすぐに外は暗くなった。

舘さんと横田さんが「国連の施設に行きませんか？」と聞いてくる。といっても避難民の方のインタビューというわけではなく、〝ハードロックカフェ〟に行くのだという。二人ともウキウキしているように見えて、それが面白いので俺もついていった。

四駆を出してもらい、闇の中を照らしてもらって進むと、国連やユニセフなどの四駆がずらりと揃っているのがわかる。みんなそれぞれの宿舎に帰ってきているのだ。

検問をふたつほど抜けて暗がりの道の途中で降りると、オレンジ色の照明の中にわりと広い家が整然と並んでいて、いかにも住宅街である。おそらく国連ＰＫＯに所属した世界中の軍人が住んでいるのだろう。

歩いていく道の脇には点々と木が植えられていて、小さめの葉ながらよく茂った上にびっしりと白いカラスめいた鳥が止まっているのが見えた。やつらがばさばさと羽根をはばたかせる以外に、音はしない。不気味なくらい静かなその道の上を、向こうの方から野犬が来て集まり、ある程度の距離を取りながらこちらをじっと見た。

幸い野犬の前へ行くより早く、右側から音が聴こえ始め、近づくとコンクリートの入り口があった。そこがマラカルに派遣された者たちが〝ハードロックカフェ〟と呼ぶものだった。実際、そういう名前が書いてあったようにも記憶する。ともかく足を踏み入れると、短い廊下の両側に各国の国旗が飾ってあった。抜けてホールに行くと、中はどかーんとだだっ広く、屋根も高かった。客はどういうものか、やたらに少ない。あちこちにテーブルと椅子があり、右奥には大きなカウンターがあったのでそこへ歩いていって、俺はエスプレッソを頼んだ。舘さんたちはビール。

ひとつのテーブルを俺たちのものとして乾杯し、カウンターと反対側の壁ぎわでビリヤードをする軍人らしきTシャツの男たちを見るともなく見ていたが、特に盛り上がるわけでもないので3人で立上って、入り口からまっすぐ奥の部屋に行ってみた。

音楽が大きく聴こえてくるのはそこからで、ホールからするとずいぶん狭い空間に照明で作られたミラーボールの反射のような光が動いている。客は誰一人いない。

DJブースがあるので覗くと、音楽はスマホからつながって出ていて、特にCDJがあるわけでもなく、機材のつまみもきわめて少なかった。そこからアフロダンスホールらしきものが聴こえている。低音が効いたビートの上にインドの旋律がしたり、ジャマイカンのような乗せ方でがなる声がしたりで、「ああ、これがインターナショナルなダンスシーンなんだろうな」と俺は妙に納得した。その音楽に貫かれて、人々が享楽的に踊る夜もあるのだろうが、その日は残念ながらみな家で静かに休んでいる

絶対ハードロックカフェじゃないやつ

各国の国旗が出迎える

これが閑散とした国連施設唯一の盛り場だ！

らしかった。

3人で踊るのもどうかと思われ、無言でテーブルに戻った俺たちはなんとなくもう少し粘り、やがて夜10時前、野犬の群れが腹をつけて寝ころんでいる道をとぼとぼ歩き出した。いつのまにか店の真ん前に犬の新しい糞があり、気をつけて避けて通る。連中からのちょっとした挨拶だろう。

舘さんが無線で呼んでおいた車両部の車に乗り込んだ俺たちは、もらったIDカードを検問で見せながら早くも懐かしい思いのする宿舎へ帰った。

ま、ともかく、どう考えてもあれはハードロックカフェではない。

POCの病院へ

翌11月6日、早朝。

7時過ぎに起きたが、宿舎が明るく騒がしいのは6時頃からわかっていた。MSFの団員たちがきびきび働き始めていたのである。

1時間後、俺も四駆に乗ってPOCの病院へと移動。これは前にアタナシオが教えてくれた通り、検問を幾つか抜けた宿舎のすぐそばで、驚くほど短い時間で着いた。人道主義者団体はみな、避難民のごく近くにいて彼らを守っているのだ。

金網が開くと、斜め前で女性たちが洗濯をしていた。正面にはコンテナがつなげて並べられている。各国で見てきたＭＳＦの「コンテナ・ホスピタル」だ。緊急に造り、しかもきわめてよくもつ。

中に入って手短に紹介され、全体ミーティングに参加させてもらう。現地スタッフは20人ほどで、女性医療者もいるし、白衣の男性もいる。みな南スーダン人である。そこに海外から来たパトリシアのようなＭＳＦのエクスパッツがいる構図だ。

その日の報告などが終わると、みな素早く持ち場に散っていく。俺たちは案内のパトリシアに着いて奥へ移る。救急室があり、「ホープ・センター」と呼ばれるメンタルヘルスの部屋がある。パトリシアが小声で教えてくれたところによると、そこでは主に性暴力にあった方々の心を癒しているのだそうだ。それが救急のごく近くにあるのがいかにも国際基準だなと思った。性暴力は精神に対する殺人と認識されており、日本はまるで遅れているのだ。

血液を検査する部屋があり、そこでは検査技師のボニファス・アコルが結核検査のこと、輸血用の血液のこと、ＨＩＶ検査も出来ることなどを説明してくれる。とても恥ずかしがり屋で小さな声だったのが印象的だ。

さらに奥には４床の経過観察部屋があり、包帯を巻いたりするドレッシングルームには夜間にも対応出来るように薬剤などが並んでいた。ＰＯＣのその病院では24時間患者を受け入れる態勢で、毎夜びっしり人が来るのだと教えてくれたのは長身の医師、アブドゥル・カリームだ。

他にも滅菌室があり、小児科があり、新生児室があった。2ヵ月前までは満室だったそうだが、ちょうどその日はがらがらだった。ママさんが一人だけいて、ベッドの上には小さ過ぎて布のかたまりと見間違うような赤ちゃんがいる。他の地域の病院から運ばれてきた生後1ヵ月半の栄養失調の乳幼児である。

ママさんに聞いてみると、舌を鳴らすスーダン語で赤ちゃんが2番目の子供で、これから最低2週間は入院しなければならないそうだった。バキータ・サイモンというのがその女の赤ちゃんの名前で、どうか健康を取り戻して欲しいとこれを書いている今も思う。

次の部屋は成人病棟で、点々と人々がベッドに寝ていた。中には酸素吸入器をつけている患者さんもいる。心理ケアもそこで行うとのことで、確かに大声で泣いている女性もいた。

近くに寝ているのはガリガリに痩せた男性で、横の床に布を敷いた奥さんらしき女性と2人の小さな子供がいる。高血圧で意識不明になって運ばれてきたそうで、現在左半身が不随。ちょうど医師たちが近づいて今後の方針を家族に説明し始めたので、俺も話を聞いてみたが、付き添いの女性アンジェリーナ・ウィリアムは「MSFのことは知っていた」と答え、夫が倒れてから自分も具合が悪いと言った。それはそうだろう。食べていくのも不安だし、まともに寝ているのかもわからない。

さて、他の新生児室にも俺たちは入らせてもらった。1ヵ月以内の赤ちゃんたちの6床の部屋で、奥には生後4日目の小さな、まだ名前もない女の子がいた。よそでスムーズに分娩したが乳幼児施設でないため合併症を起こし、運ばれてきて経過を観察しているのだという。

やがて別の赤ちゃんがむずかり始め、泣いたり何か声を出したりした。その声は日本人の赤ちゃんとなんの変わりもなく、なるほど世界中どこでも同じだと思うと、不思議にこみあげるものがあった。同じ赤ん坊が苦しんでいる世界がここにあり、それを許さないMSFのスタッフがいるのだった。

いったん外に出てトタンで囲ったトイレを見、中に戻ってコミュニティ部門のスタッフであるガブリエルと一緒にコンテナ2つ分をさいた隔離室へ近づいた。ベッドに患者さんが寝ているのがわかった。脇の金網越しになん面もある広いサッカー場があり、子供たちがボールを追っている。

部屋から出てきたお母さんと小さな娘さんがいて話を聞く。彼女は母親の見舞いに来ていて、その母は高血圧で入院しているのだという。さきほどの男性もそうだが、紛争を経て南スーダンは今、生活病の多発の時期に入っているのだということがわかった。

「どのくらい入院なさってるんですか？」

俺がガブリエルの通訳でそう聞くと、お母さんは困った顔を一瞬してからこう答えた。

「わたしは時計を持っていないのでわかりません」

嘘をつかれた。日数くらいはわかるだろうと思ったが、彼女たちは紛争を逃れてPOCに移り、自分たちが何日そこにいるのかはっきりしないままで時を過ごしているのだった。

彼女の名前はスーザン・ジェームスで、娘さんの名前はメルというのだそうだった。こちらが聞くまでもなく、ガブリエルがこう教えてくれた。

「メルというのは平和という意味です」

それだけでお母さんの気持ちはわかった。

以後、別の施設など色々紹介してもらったが、肝心なのはPOCの病院からIMC（International Medical Corps、米国発祥の緊急医療NGO）が見えることで、そちらでは手術が行えた。だから通路でPOCとはつながれていた。それぞれが分担をしながら最善を尽くしているのである。

そしてPOCにも、当然のことながらヘスコで囲んだ鋼鉄のコンテナがあり、いざ紛争が起こればスタッフはそこに何十人も収容される。むろん患者にも患者の避難するコンテナが用意されているのだった。

人々の生活の場へ

POCの中を見てみようと外へ出た。

保護区は1から4まであり、そこは1と区分けされた地帯だった。

POCにはもともとあらゆる部族の人びとが避難していた。当然MSFも全ての患者に等しく医療を提供していた。しかし2016年2月、大統領を支持する武装勢力がPOCを襲撃。ディンカ族、つまり大統領の出身部族を強制的にマラカル市内に連れ去った。このように、いくら人びとが共に暮らしていても、対立と断絶が意図的にもたらされる。

目の前に空き地があり、その端っこに給水塔があった。話によると、そこに登ればPOC全体がよく見えるそうだった。ということで、迷うことなくMSF舘さん、戦場カメラマンの横田さんと一緒に鉄骨を握ってぐいぐい登った。下には好奇心旺盛な子供たちが集まってきていた。

なるほどてっぺんまで行くと四方に銀色のテントがずらりと並んでいるのがわかった。民間人保護区というが、実質はむろん避難所であり、国内難民であった。俺はこうした仮設住宅を東北でたくさん見た、と思った。

そこには仕方なしに日々の暮らしを営む人々がいて、これはウガンダの時もそうだったのだが、道端に出来た仮の家からバタバタとドラムの効いた音楽が響き渡っていた。本当に演奏しているのか、ラジオか何かなのかがわからない。

ともかく俺たちは放心したように、青空の下に広がるテントの群れを眺めた。人間の積み上げてきた生活が破壊され、建物は崩れ、銃撃されたのだった。川が見えたが、その向こうで男は殺され、女子供は暴力を受けながら夜な夜な船でこちらへ渡ってきた。国連がそれを受け入れ、今は仕方なくこうしてテント暮らしを続けている。そこで人々は子供を産み、育て、病に苦しみ、財産を失って希望なく、祭りもないのに音楽を鳴らしている。

給水塔から見えるのが美しい空なのがむしろ困った。そのせいで空の下にある苦難が胸に伝わりづらいのだった。

そこから歩いてPOCの中を移動した。一応、危険のないように四駆はのろのろと俺たちの背後を追ってきた。

土手が幾つか縦横に盛られ、それぞれが長く続いていた。その土手に区切られて少

給水塔から

POC内の病院にて写真に興味を示すベイビー

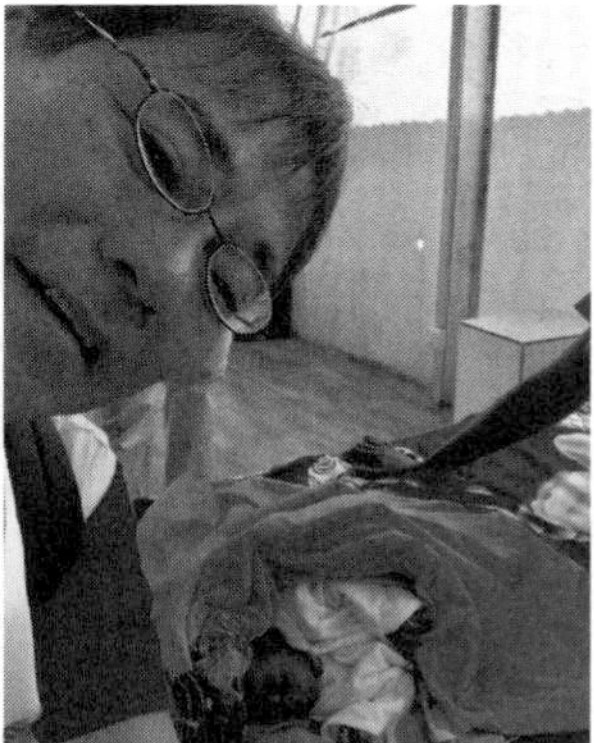
小さ過ぎるベイビー

し下がった空間に銀色の国連支給のテントがあり、そこここに溝が作られて石鹸混じりの排水が捨てられて溜まっていた。

大人はたいていテントの中にいるか、その近くにじっとしている。俺たちを見て集まってくるのは子供ばかりだった。それがまた、やたらに元気がいい。飛んだりはねたりしながら、いつまでもついてくる。

ハーメルンの笛吹男みたいに子供の大群を引き連れ、四駆を先導して歩いていると、右側にテントではない建物の扉があった。案内の人に聞くと、そこは学校なのだそうだった。

実際、そこにだけ原色の服を見事に着こなした長身の若い女子たちがカバンを持ったままおしゃべりに興じている。がぜん興味がわき、俺はどんどん近づいて、女子たちのいる横の建物の方の扉を開けてもらった。やはり年頃の女性の様子を見るのははばかられる。

すると小学生がぎっしりいた。狭い校庭は子供の渦だった。あとから知ったのだが、あまりに子供が多いために学校は時間で区切られてそれぞれ割り当てられた授業を受けに来るのだという。しかし、それでもなお子供だらけだ。

俺はなんだかうれしくなってハローハローと言いながら中に足を踏み入れた。横田さんはビデオを回し始めている。そのことを知ると、校庭を囲む形の教室からもまだ

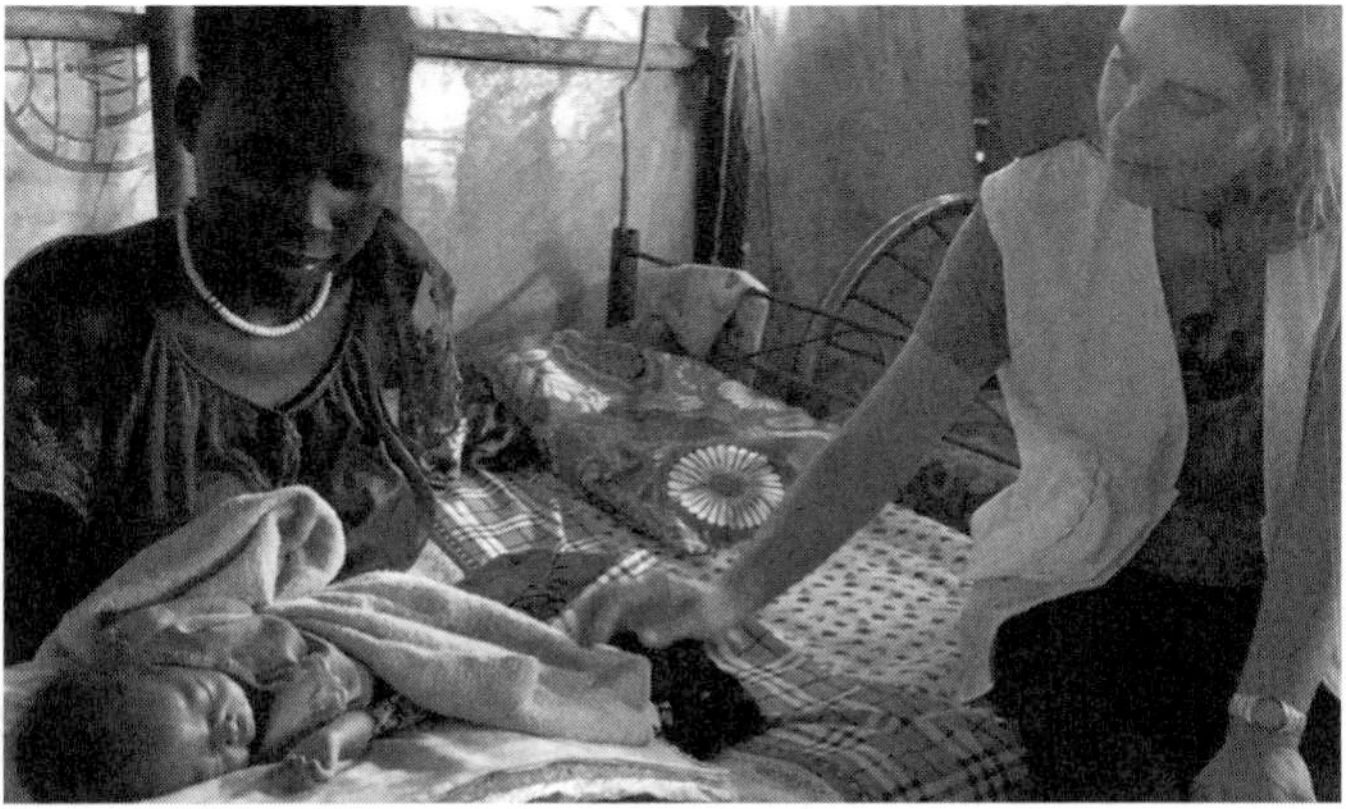
ルーデス医師が昨日生まれた赤ちゃんを診察しに訪れる

とにかく明るい連中

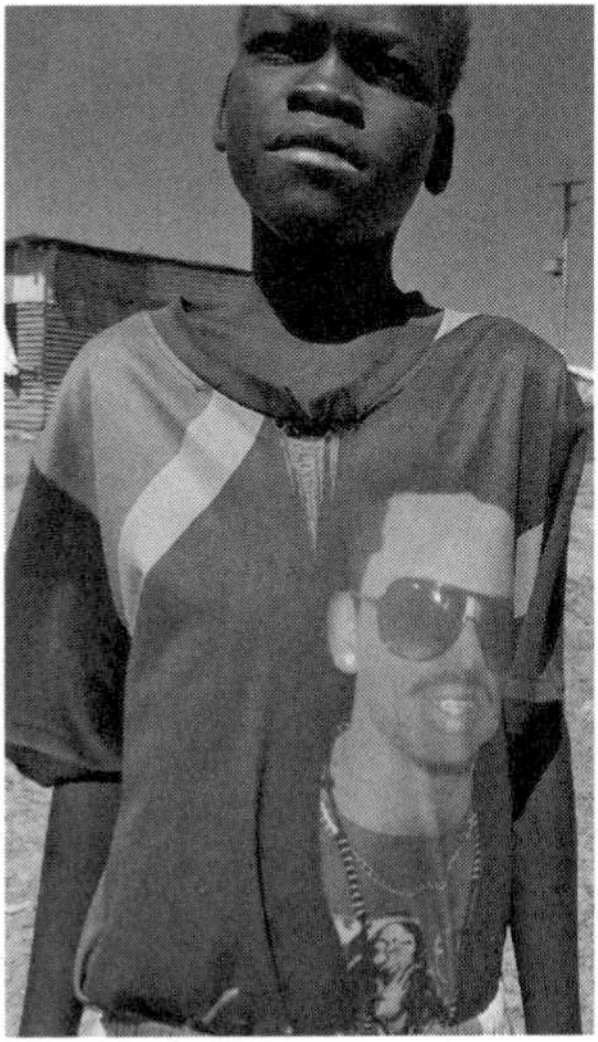
別の少年

まだ子供は出てきた。それどころか、のぞいてみると教室にもなおたくさん子供がいる。これで授業をする先生は大変だと思うと、校長がいて先生がいた。紹介していただいて握手をする。校長たちも子供の渦の中に巻き込まれながら、口を大きく開けて笑っていた。俺も笑った。

しばらくなんの意味もなく、学校の校庭にい続けた。子供は写真を撮ってもらいたがり、ハローと言いたがり、俺たちに触りたがった。もう存分にそうして欲しいと俺は思った。そのくらいしか自分に出来ることがない。

わけのわからない訪問がやがて終わり、再び土手に戻ると、そこには別の時間が流れていた。時々、狭い道端に小さな机が出され、そこに商品らしきものが並んでいた。買う者がいるようには見えなかった。

学校の時間に割り当てられていない子供がなおも俺たちの後ろを来た。たいていの男の子がサッカーのユニフォームをかたどったTシャツを着ていて、たまに人道支援団体からのTシャツの子がいた。女の子もボランティアが持ってきたのだろう古着らしきものを身にまとっているが、足が長く頭が小さいのでいちいちかっこいい。

最も大きな土手が目の前をふさぐところまで来て、振り向いた。子供たちの頭ごしにPOCが続いていた。どこもかしこも避難民だらけだ。いつまでこれが続くのか。それがなるべく短くすまなければ、子供たちは教育もままならず、発育にも支援団体の救護が必要で、そもそも希望というものがない。

いつの間にか少し背の大きな男の子が近くに来ていた。ヒップホップスターらしき黒人がプリントされたTシャツを着ていた。俺は彼のその姿をスマホで撮らせてもらおうとした。

すると、男の子はにらみつけるような目で言った。

「写真やめろ」

そうだ。その通りだった。彼らは見せ物ではないのだ。

俺は彼に謝り、スマートフォンをゆっくりとポケットにしまった。

POCのおうちを訪問

同じ日、俺はPOCの病院に戻って取材を重ね、多くの現地スタッフ、患者、患者の家族、エクスパッツに話を聞いた。避難民たちには他に行く場所もなく、居住区で病気にかかったり怪我をしたりして通院・入院をしていた。

つまり、患者は治ったところであの銀色のテント、トタンで補強した家に帰るだけなのだ。MSFが彼らの苦難に〝絆創膏を貼っているうちに〟政治的な解決が実を結ぶ以外、国内の幸福はないのだった。

少し休む間に午後になり、数人のグループで妊産婦へのヘルス・プロモーション(健康啓発)を始めると聞いてついていった。責任者はポルトガル人のルーデス・ドス・サントスというヘルス・プロモーションチームのリーダーで、すでに宿舎でよく挨拶を交わしていた。ルーというあだ名のチャーミングな彼女によれば、POCで生まれる新生児とその母親を週に3日、訪ねるのだという。対象となる母子は週に30組ほどになり、現地スタッフは毎日訪問に出向くのだそうだ。

例の土手で仕切られたPOCの中へ四駆で入っていったが、正面から青いドラム缶に排泄物を入れて運び出すトラックと出くわし、俺たちは歩きで行くことになった。ひからびた土の上を陽光に焼かれながら進み、目当ての家のあたりで土手から下に降りた。手作りの板の橋を渡って細い道に入ると、左右に銀色のテントやトタンで囲われた家があり、そこここの溝に排水が溜まっている。時々そういう道に放し飼いのニワトリが飛び出た。

ある家に現地スタッフが入り、ルーを導いた。俺たちもあとから入っていく。それが避難民の住む場所だった。

意外に中は広く、暗い部屋に7、8人の黒人女性たちがいて、ガラスのカップでコーヒーらしきものを飲んでいた。奥にはマットレスが壁に立て掛けられ、その脇に大きめのベッドがあって、上に若いお母さんと生まれたての子供がいた。湿気と高温で

大事な日々のカルテはここに

排泄物はドラム缶へ閉じこめて運び出される

ムンムンしている。

袖口に白いレースをあしらった赤いドレスを着て、首に白い貝のネックレスを掛けたお洒落なお母さんがこわがらないよう、現地スタッフの女性が気を遣いながら色々話しかけた。ジョセフィーナ・ジョセフという名のそのお母さんは無表情のまま、シルク語を話し、時々舌を鳴らした。この現地スタッフがPOC側のコミュニティに属するワーカーだとあとで知ったのだが、MSFが頼りにするいわゆる「文化的翻訳者（カルチュラル・メディエーター）」というわけだ。

他に、目の前の赤ん坊が昨日生まれたばかりだと俺は聞いて驚いた。あまりにデリケートな時期だ。現地スタッフにとってもルーにとっても、それは初訪問だった。お母さんは張り切って精一杯のおめかしをしていたのかもしれなかった。

ルーはまず母乳の状態を聞いた。もし出にくかったら母乳以外をあげてもいいとアドバイスをし、現地スタッフは現地スタッフで授乳の姿勢を教えた。「肘に頭を乗せて」とスタッフは言う。お母さんはOKと言うかわりに舌を鳴らした。

「赤ちゃんの目を見て、あげるのよ」

ルーはそこを強調した。現地スタッフはそのあと乳首の吸わせ方まで説明し、顎から汗を垂らした。考えてみると、そうした子供の育て方はジョセフィーナの母なり、家の入り口にたまっていた年上の知りあいなりが教えてしかるべき事柄だった。それをＭＳＦのチームが指導しているということは、ＰＯＣ内の新生児死亡率を下げるためということはもちろん、彼ら南スーダン人の家族間で伝える当たり前の文化が途絶えてしまっているのかもしれなかった。ジョセフィーナは紛争によって実の母も叔母も失っている可能性があった。

大人数で押しかけてしまったこともあって、部屋の中は蒸し暑くてたまらなかった。壁のトタンは上のほうで切れていて、外を歩く子供たちが背伸びをしてのぞくのが見えた。中に白人女性スタッフたちと、わけのわからない黄色人種が数人いるのだから、彼らにとってはちょっとした大事件なのだろう。

やがてルーは消毒ジェルを手に塗り、赤ちゃんの手を取って握る力を調べた。少し遠くで指を動かし、目の様子を確かめると、スマホを赤ん坊の手首につけて呼吸の早さを計測し、さらに手のひらの色で黄疸かどうかを見た。それら検診をしながらルーは、赤ちゃんの手や唇が震えていないか気をつけるようにとジョセフィーナに言い、同じ姿勢で寝かさないよう指導もした。つまり実の母親のように。

少年兵のメンタルヘルスについて

ＰＯＣの病院に一度戻り、今度はメンタルヘルスを担当する現地スタッフのダーン・タップに話を聞いた。

もともとはマラカルで水道局の仕事をしていたそうだが、POCに避難してきた後、2014年にはユニセフでFTR（ファミリー・トレーシング・アンド・リユニフィケーション）の仕事に就き、MSFには2015年12月に参加したのだそうだ。

「ファミリー・トレーシング……？」

俺がそう繰り返すと、ダーンは淡々とこう言った。

「紛争で誘拐されたり、少年兵として親元から離されたりした子供を家族に戻す活動だよ」

思わず俺は息を呑み、黙り込んでしまった。

これまでのMSF取材でも聞いたことのない分野の話だった。

紛争地の子供たちは大人の勝手な暴力で苦しんでおり、中には物理的に家族の元に帰れても精神的な苦痛から逃れられずにいる子がたくさんいるのだ。

「そういう子供たちは仕事もないし、親をなくしている子ももちろん多い」

ダーンは続けた。

「僕はそれをこの目で見てきたからね」

「なるほど、そしてMSFに？」

「そう、臨床心理士たちから色々なことを学んだ。今は精神科医と一緒に外来の患者さんにカウンセリングもするよ。鬱で自殺念慮に苦しんでいる人や過眠症、もちろん不眠の人もたくさんいる。それから、もし精神科医がいなければ内科や外科のドクターと共に治療にあたるってこともあるけど、ＰＯＣに住む人たちに病院では心のケアが受けられると啓発活動をしてるんだよ」

彼の話によれば、孤独感にさいなまれる患者、凶暴性を押さえるのが大変な患者など、様々なケースが紛争地にあふれているのだそうだ。一日に新患が２人から５人来るというから相当な事態ではないだろうか。

「他の人道援助団体にも精神科医がいないわけじゃないけど、この分野ではＭＳＦが進んでるね。僕自身は元々お金のためにＮＰＯで働き始めたんだけど、こんな風に行政が機能しない中ではボランティアが人の暮らしをよくする以外ない」

俺の目をのぞき込んでダーンはそう言い、最後にこう口にして黙り込んだ。

「マラカルはシビアな場所だよ」

俺たちは宿舎に帰る道すがら、飲み物を売っている屋台めいたところに寄ってみた。

コーラが飲みたかったのだが、どう見てもすでに量が減っているものか、容器のフタが緩んでいてプスーと音がするものばかりだった。

マラカルの政府支配下区域の病院へ

翌日（11月7日）、早朝からの宿舎での全体ミーティングに参加したあと、軽い朝食（マフィンにヌテラを塗り、インスタントコーヒーを飲んだ）をすませて、海外派遣スタッフの一人で看護師チームのリーダーであるエチオピア人のムルケン・ツェゲイエ・ダムトゥとマラカル市内の病院へ出かけた。

前日のPOCからすれば正反対の、政府軍支配下でディンカ族が暮らす町の中に入ることになる。四駆車内で聞いたところによれば、市内病院にはエクスパッツ4人、現地スタッフが20人だそうで、特に助産師の人材不足に悩んでいるのだそうだった。

やがて草地の間の道に出たが、中に兵士が隠れているので写真を撮ろうとしないよう注意を受けた。閑散とした村めいた場所を通る頃には急に兵士が増え、無線使用も禁止になった。トタンとモルタルで造った家々を見るとあちこちに銃弾の跡があり、破壊された車が転がっている。

行き交う人も多くなり、ロバで台車を引くなど生活らしさが見られるようになれば、すでに市内に入っているとのことで、モスクが教会に変えられている姿を見て政情を納得するうち、じきにMSFのマークが見えてきて緊張が解けた。

敷地は広く、中はコンテナでなくれっきとした建物群である。明るいベージュの壁に青い屋根という近代的で美しい洋館などがあり、かつて全体が南スーダンの国立病院だったそうだった。それをＭＳＦがリノベートして使っているのだった。

俺たちはすぐにひとつの建物内に入った。産前産後ケアの部屋があり、入り口の白板に入院中の妊婦と付き添いの人の名前が書かれていた。毎朝更新されるそうで、登録されていれば付き添いにもごはんが支給されるということで、そういえばウガンダでも今回のＰＯＣでも付き添いが必ずいたことを思い出した。アフリカの常識なのかもしれない。

外来も見て、病院のスタッフに聞いたが、基本的にＨＩＶ、結核、風土病が多いようで、和平協定が結ばれるくらいだから最近は銃創などの症例は減っているようだった。

医療スタッフのパウル・ニョックにメンタルヘルス部門のカルテを説明していただいたが、当然のこと憂鬱を訴える人が多かった。

「戦争のせいで……」

と言うと、パウルは意外にも首を横に振った。

「それもありますけど、家族内に起きたあらゆる悲劇が引き金となります」

親族を失い、家財を失い、そのあとで家族の中でもめごとを起こしてしまう。つまり紛争後の状況下で精神的なバランスを失してしまうケースが出てきているのだという。おそらくそうした事態は次の紛争を呼びかねないはずで、メンタルを診察することが国情の改善につながっているとも言えるのではないか。

続いて病院の現地スタッフであるマークに入院病棟を案内してもらった。緩和ケアや集中治療室、精神疾患の部屋などなど上手に空間を分けて使っていた。

途中の看護師室では、働き始めて1週間だというバキータ・オドールという若い女性に出会った。もともとマラカルの看護学校を出て、スーダンで働いているうちに南スーダンの独立があってマラカルに戻ったものの、内戦が始まったため首都ジュバに行って働き、最近になってこちらに移って来たのだそうだ。

いかにも意志の強そうな目をしたバキータは、

「もともと人の命を救いたくて学校に行きました。わたしはコミュニティに貢献したいんです」

とはっきり答えた。その善意の背後にどれだけの厳しい現実があったのかを俺は想像し、身震いした。彼女の強さ、そして他人のためになろうとする心の動きに最大限の敬意を払うため、俺は深く頭を下げた。

様々な施設を見ていくうち、2014年に焼けてしまった小児病棟の跡に足を踏み入れた。レンガ造りの上に漆喰の壁があったことがわかるが、ほとんどは黒く焼け崩

戦火で焼け崩れた病院

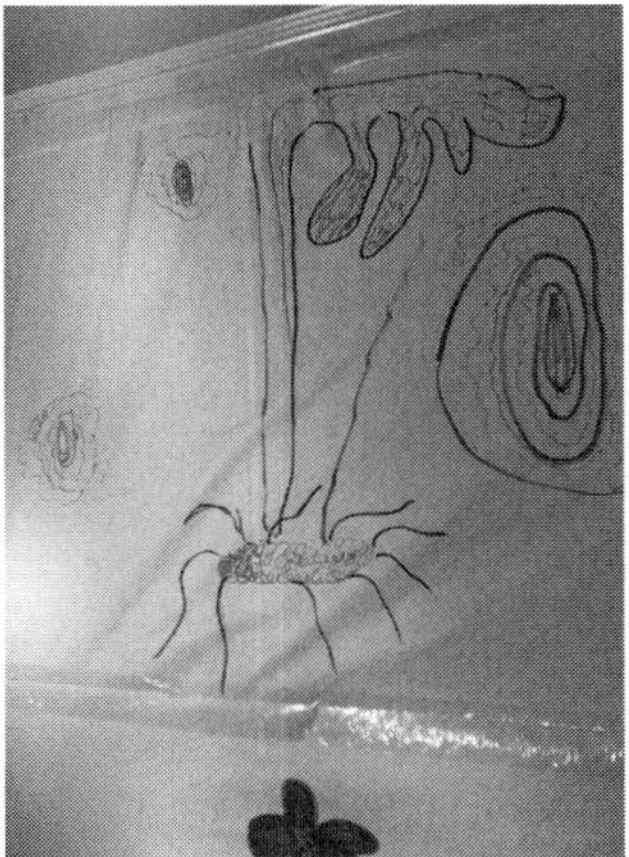
メンタルヘルスに通う人の絵

若いバキータの意志の強さはよく伝わった

れてしまっており、まるで遺跡のようだった。

そこを案内したアブラハム・デン・ゴチによると、砲撃は無差別に行われ、病院にも飛び火し、病院に押し入った武装勢力により患者も殺されたそうだった。アブラハム自身はジュバで看護の勉強をしてマラカルに戻った途端、内戦になってしまった。その後は国連平和維持活動（ＰＫＯ）の施設に避難し、２０１４年からはＰＯＣにあるＭＳＦで働き始めた。

しかし２０１６年、今度はＰＯＣが武装勢力に攻撃された。この戦闘の結果、ディンカ族はＰＯＣからマラカル市内に連れ戻されることになるのだが、アブラハムに言わせれば、この攻撃は酒に酔った一部の勢力が起こしたことで、なんら戦略的なものではなかったのだという。つまり、真実は両勢力互いに異なり、相手に責めを帰していた。

ディンカにも当然許しがたい悲劇があるのだ、とようやく俺にもわかってきた。どちらかを悪く考えていただけでは物事がおさまらないのだ。

アブラハムの命は水びたしのＰＯＣにいて助かった。親はいったんウガンダへ逃げ、彼は国連に連れられてジュバに行き、ようやくまたマラカルへ帰ったのだった。

「平和が来たらまた勉強して医者になります」

和平協定は有効だろうとアブラハムは続けた。事実、このところ衝突も減っており、反政府勢力がマラカル市内に入り込むこともなくなってきた。人々は移動の自由を得ている。

むろんこれは少し前まで全部逆だったことを意味するので、その国内の事情を考えておかなければならない。あちこちで衝突が絶えず、勢力同士がぶつかりながら土地を奪いあっていて、兵士以外は逃げ回ることも難しかったのだ。首都ジュバでもマラカルでも。

日本の自衛隊はそういう場所にいたわけだ。

一方、シルク族は

一度宿舎に帰って眠った。

夕方に部屋から出て行くと、朝より多くのスタッフが四角い大テーブルを囲んでいた。俺は最初、何かがあって祈っているのだと思ったが、それはメディカルチームだけの静かな定例会議だった。

それが終わるのを待って網で囲われた休憩室へ行き、現地スタッフとしてすでに5年働いているエマニュエル・クルに話を聞いた。内戦勃発直前の2013年12月からMSFに帰属し、物資調達などロジスティックのアシスタントをしてきた人物だ。額に点々と一本線を綴るような無色の入れ墨がある。それは彼の属する部族を示していた。

彼の説明によると、マラカルでの最初の戦闘は朝7時に始まったそうだった。武装勢力が侵攻して町で戦闘が繰り返された。

前線が郊外に移るにつれ、対立する両勢力の負傷者が病院に運ばれてきたが、患者同士が病院内でも対立するため、MSFら人道援助団体は中立的な対応を徹底した。

2回目の戦闘が2月に起きた時、ユニセフは国連PKO施設に避難。MSFと赤十字国際委員会（ICRC）はそのまま病院に残って4日間医療行為を続行した。ただし市民は家から外に出られずに困窮したという。

4日後に国連PKOの戦車がやってきて、MSFらを撤退させた。家から出ることができなかったエマニュエルは後日友人のおかげで自身のおばあさんとともに国連施設に避難することができた。そこで彼は一時撤退したMSFチームと連絡を取り合い、5日後には再びチームと合流し病院に戻ったのだそうだ。しかしそこで見たものは、病院内で殺された14人の遺体と、略奪され火をつけられた病棟、破壊された救急車などだった。

その後も3回目の武力衝突の情報が入ったので、また国連PKOの敷地に引き上げたりもしたという。こうした果敢な医療活動にはむろん救うべき対象がいた。

町周辺では多くの民間人が命を奪われた。その模様を、まるで地獄を思い出すように彼は語った。

ちなみに複雑なのは、こうした状況下でディンカ族はまだシルク族という大きな勢力と行動を共にしていたことで、つまりやがて内部分裂をともなって今度はシルクとヌエルが政府軍を市内から追い出したりもしたという。そこはきわめて不安定で、疑心暗鬼渦巻く世界だったし、今もその余韻は消えていないはずだった。

２０１６年、武装勢力がＰＯＣをも襲撃し、ディンカ族に属する者たちを連れ去った。そうした状況では若い男は捕まって殺されるか、反政府軍になるかしか選択がなかったと彼は言った。

「親友も殺されていきました。ＭＳＦという拠り所がなかったら、僕も戦士になっていたかもしれません」

１９８４年生まれの彼は、そもそも南スーダン独立戦争のため、若い頃から軍での訓練を受けねばならず、その時点で戦闘を体験していた。それから大学に戻ったが、軍はいつでも彼を受け入れる用意があった。

そのような社会では、一度分裂が起きればあちらこちらに実際に武器があり、若者はそれを使う能力にたけているため、衝突は紛争となってしまう。そしてなかなか収束しない。

俺は絶望的な気持ちになりかけながら、彼に「和平協定は有効か」と聞いた。すると彼は複雑な表情になり、

「元々我々のものだった上ナイル川の東岸が返還されれば可能性があります」

と言った。しかしなんにせよ、彼が属する部族の王が決めることだと言葉は続いた。

「妊娠出産も、戦闘も、王の許しがなければ行えませんから」

こうして俺はまたひとつ、まるで知らずにいた南スーダンの「今」を思い知ったのだった。

アウトリーチへ

そして11月8日。

俺は7時に起き、朝食をすませて8時からのミーティングに参加した。

その日、俺はマラカル市内に住む４人の現地スタッフ、そして海外スタッフでケニア出身の看護師ジョブ・オンディエキ・カマンダ、パキスタン出身の薬剤師アルシャド・アハメッドらと船で移動することになっていた。

他の海外スタッフからもわざわざ、

「センシティブな地域だから気をつけろ」

とアドバイスがあった。

俺たちは遠隔医療を施すため、1時間以上、その〝センシティブな地域〟のど真ん中を流れる川を遡行しなければならないらしかった。

宿舎の前には2台の四駆が来ていた。俺と広報の舘さん、そしてカメラマン横田徹さんを含め、8人が多くの荷物と共にそれに乗った。

いつもの検問を受けながら、少しだけいつもと違う方向へ行くと、じきに川岸へ着いた。見ればそれほど広い川ではなかった。水は茶色く濁り、中が見えない。ただ両岸にびっしりと水草が生えていて、心地よい風まであった。

船着き場とも言えないような泥の斜面の下に小型ボートが1艘、俺たちを待っている。そこにスタッフたちは無言でどんどん荷物を運び込んだ。中には少年のような男子もいた。水の民かもしれない。

俺たちのボートの脇にはもう1艘、こちらは完全に漁師のものがあって、その上に立った数人が水の上に網を広げ直していた。あの少年の家族だろうと思われた。

車からの荷おろしを手伝っている俺の背後に少し高い木組みの塔があり、手前にヘスコが並んでいた。塔の上には小屋がひとつあるが窓の奥が見えない。

スマホを向けようとして、すぐにスタッフにいさめられた。

「監視塔だ。撮っちゃいけない。中で銃を持っている」

政府軍ということになるのか、小屋の中には常に兵士がいると言うのだった。

俺は何事もなかったように装い、また荷おろしに戻った。

こういう監視は、本当に相手がいるかいないかわからないからこそ恐ろしいと俺は実感した。意図や存在がわかるような監視なら対策も練ることが出来るのだが、そこにあるのはすべて憶測に過ぎないのだ。だからこそ常時緊張が続く。日本の自衛隊が味わっていた数百分の一だけれど、俺にもそのストレスはよく伝わった。


オレンジ色のライフジャケットをつけ、船に乗った。キャンバス地の屋根のみの簡易な船で、先頭にはクーラーボックスやら多くのプラスチック椅子やらが山盛りになっている。それを縄でくくりつけた不安定な状態の後ろに、俺たち人間が1列3人ずつ、確か3列になった。他にそこで現地スタッフが増えた気もするが、後ろをあまり振り向かないようにしていたのでよくわからない。

濁った川はゆったり流れていた。俺たちはそこを遡り始めた。だんだんとスピードが上がっていく。とはいえ、時速60キロメートルくらいかもしれない。それでも荷物でいっぱいになった船では重量が心配だった。モーターがしゃかりきに動いているのがわかった。

時おり岸に浮き草が固まっていて、そこから紫か白かの花が突き出ていた。長い葉が流れに沿って漂っている様子や、白い鳥（夜のＰＫＯ宿舎付近で見た鳥のようだった）がふと飛び立つ様子を見ていると、次第に気分が上がってくる。両方の岸にはどちらもえんえん青い草が茂っていた。

その草が時々途切れ、とんがり屋根の土で出来たような家が見えることがあった。いかにもアフリカの伝統的な家屋である。川の水の粒を浴び、風を浴びている俺は、そういう風景の中でヒャッホーと叫びたい気分になった。そんな俺に隣からすぐ注意が与えられた。いかにも軽薄な表情をしていたのだろう。

「家には軍が駐屯していることがある。カメラには気をつけろ。向こうから撃ってくるぞ」

あれほど爽やかだった景色が、突然『地獄の黙示録』のように見えてきた。川は変わることなく流れ、花は咲いている。しかしそこに人間が潜み、こちらを見ているかもしれない。

しばらく行くと施設らしきものがあった。物見の塔があり、実際人がいた。例のとんがり屋根があり、脇に鉄骨を組んだだけの建物みたいなものが見えた。ＷＦＰの白い旗が幾つもはためいていて、それが国連世界食糧計画の駐屯地だとわかった。

さらにひたすら風に吹かれ、乾いた目をしばたたかせ続けていると、船がスピードを下げ、右岸の水草だらけの場所に入っていった。そこが目的地かと思ったが、そうではないらしい。

草を分け入ると、1艘の手こぎ船が泊まっていた。一人の漁民がいて、船上に引き上げた魚を仕分けている。鯛のような桜色をした淡水魚であった。

その舳先にただの泥土の切れ目があり、そこからスタッフが数名上陸をした。俺も好奇心がわき、自然についていく。トウモロコシがぽつんと1本植えられ、他にもタバコの葉やカボチャの蔓が見受けられた。つまり人がそばにいるのだとわかった。だが、そこは畑でもなく、あまりに寂しげな栽培地だった。

すぐにトタン板が見え、中に入るとわらに囲まれた大きな樹木の下に椅子が数脚あった。その椅子に村の長らしき人物とお付きの者が座っている。とはいえ、長は薄青いシャツに焦げ茶のスラックス、黒いサンダルというごく自然な普段着である。権威があるようには見えなかった。

しかしMSFのスタッフは彼らを恭しく扱った。丁寧な握手をし、挨拶を述べる。俺も行きがかり上、樹木の下の涼しい暗がりに入り、長らしき老人の手を握った。柔らかかったのをよく覚えている。労働をしない人の手のひらだった。

アブラハム・カメージというその人物こそ、政府軍が支配する周囲数ヵ所の地域を治めているリーダーなのだそうだった。彼の許しを乞うてからでないと、船は先に進めないというのだった。スタッフはアブラハムさんのお付きの人が差し出すノートに、名前と職業を書いた。俺も書いた気がするがそこはきちんとした記憶がない。けっこう緊張していたのだ。

自分たちの船に戻って、また少し行った。やがて左岸の草の中に大きな洋館が見えてきた。石造りの立派な建築物である。

その手前には砲台の跡地なのか、直径1メートルほどのコンクリートのモニュメントがあり、上にフタがしてあって下に蛇口が付いているのが見えた。そこに子供が数人上り、俺たちが近づくのを見張っている。

素早く全員で上陸すると、子供たちは洋館へと走った。大人に知らせようというのだろう。スタッフはまるで気にせず、2本の大樹の下に荷物を運び始めた。もちろん俺も手伝う。

うち1本の木には何本かのトウモロコシがぶら下がっていた。干して保存しようとしているのだろう。意外に食べ物が豊富なのかととまどっていたが、あとで事情がわかる。

プラ椅子を配置し、テーブルを組み立てる俺たちをいつの間にか戻ってきた子供が見ていた。目を合わせると恥ずかしそうに笑うので、こっちも笑う。するとますます子供たちは笑った。みな鼻水を垂らしているが元気なやつらだ。

体重計が運ばれ、透明なプラスチックボックスからカルテが出され、聴診器がテーブルに置かれる。つまり〝病院〟を俺たちは作っているのだった。

じきにスタッフの一人でコミュニティ・ヘルスワーカーのガラン・ロニー・ガランがトラメガを持ち出し、「遠隔治療が来たぞー」と呼びかけを録音すると、それを再生しながら洋館に近づいた。俺も当然ついて行く。

すると、紛争以前は病院だったという洋館の中に女たちが住んでいるのがわかった。窓ガラスもない。扉もない。ただただ建物の基礎部分があるだけの場所に、彼女らは住みつき、廊下で少量の薪を燃やして何かを煮ていた。中庭にはヤギがつながれている。

紛争を逃れてきた避難民であった。しかも政府軍側の部族である。にもかかわらず、彼女らは家もなく、300人ほどであたりに拠点を作っていた。MSFは2週に一度ずつ、彼らを診察しに出張しているのだそうだった。

栄養失調児の調査、子供の予防接種、妊婦検診、大人を含めた診察と薬の処方。以上、4つの柱でアウトリーチ（遠隔地治療）は行われており、場所はその元病院だけではなかった。

ガランと一緒に、俺も建物を抜けてより奥へ歩いていった。焼き畑をしたあとの黒い土の上にくねる狭い道を行く。点々と緑なす樹木があり、枯れ木があり、やはり枯

もうひとつの居住地へと俺を導く少年

おいしそうだが、これでは赤ん坊一人さえ養えない

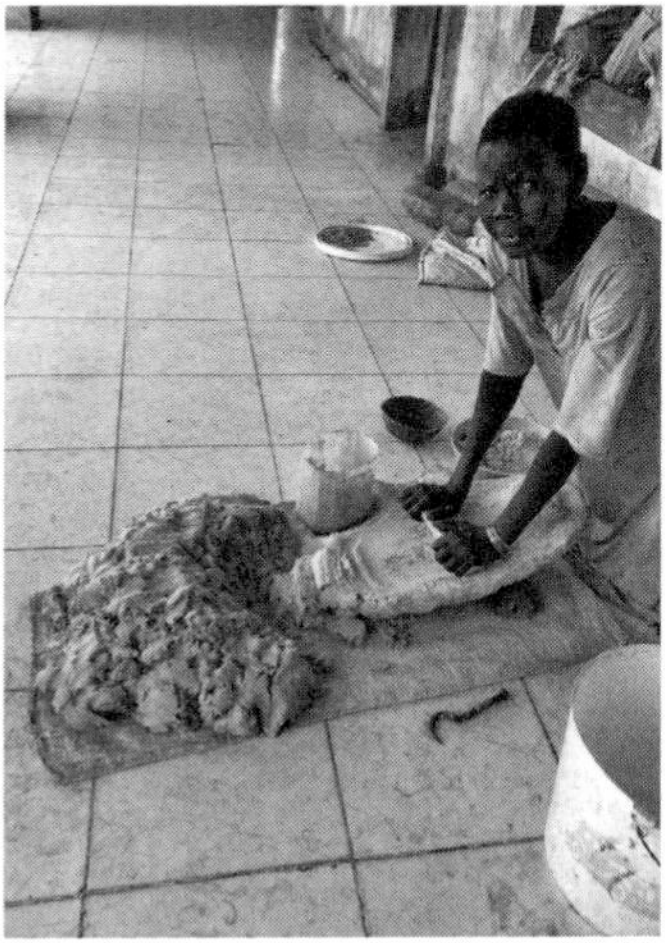
不法占拠した病院内

れきったオクラとトウモロコシの茎があり、左手には錆びて使い物にならなくなった装甲車のようなものが捨てられていた。

次第に見えてくるのは木の上に上げられた監視小屋で、その向こうにさっきのと同じ洋館があった。昔は学校だったのだそうだ。爆撃で屋根に穴が空いている。

ガラン・ロニー・ガランに駆け寄るように女たちが出て来た。口々に何か言っている。どうやらサソリが多くて困ると訴えているのだった。さらに彼女たちは石鹸がないと言い、蚊帳を運んでくれと懇願し、履く物が欲しいと声を上げた。その周囲に子供たちが、やはり鼻水を垂らして寝ころんだり走ったりしている。

元の村はとっくに破壊されたそうだった。破壊した者の中には、俺の目の前にいるディンカ族がいた。地域の支配をめぐって戦闘は続き、結果誰も幸福になっていないのだ。

洋館で彼女らは干しトウモロコシを粉に挽いていた。けれどそれはとうてい足りる量ではなかった。風が吹けばすぐに飛び散ってしまうような、粉の低い山の前に子供が座り込んでいた。

じきにガランが薄いプラスチック製の（フェスで腕に巻くような）細い板を取り出し、自然に集まってきた子供たちの二の腕にそれを巻いて、どのくらいあるかを計り出した。ただし個人名は特定せず、五歳以下を男女に分けて測定する。中には近づいてきたくせに計られると泣き出すやつもいた。ガランが持っていた果物をあげても泣く。仕方ないので近くのお母さんがやつを押さえつけ、ガランに協力した。

けっこうな数の子供の腕を計ったガラン・ロニー・ガランに聞いてみると、彼は23歳で元教師だった。しかしもう教える場所も少なくなったのだろう。MSFで働き始めて1年半。今はそういう形で子供たちを導いているのだった。

「ガランさん、肩が痛むんだよ」

一人のおばさんがそう言い出した。川岸で治療をするから来て下さいとガランが返事をしても、その場で必死に痛みを訴えてやまない。どうやら彼女は他部族の武装勢力に暴行を受け、その痕が痛んで仕方ないのだった。肉体同様、精神的な苦痛が彼女を苦しめていた。

ガランが移動するので俺も建物の裏へ行った。どきっとしたのは、そこに男たちがいたからだった。ただし中年とそれ以上の年齢の者たち。彼らは1本の低い木の下で車座になり、小さい豆を煮てペースト状にしたものを口に運びながら、葉でほうきを作っていた。

「今は何に困っていますか」

そう聞いてもらうと、一人のおじさんが答えた。

「投網が欲しいよ。漁が出来ないんだ」

他の男たちも続けて訴え始める。

「サソリだ。ここらはサソリだらけなんだよ」

「蚊帳もないから蚊に刺されっ放しだ」

「金がないんだ。だから子供も育てられない」

「ここらじゃトウモロコシくらいしか取れないんだ」

「薪を探しにブッシュに行って、炭を作って売るくらいしかないのさ」

さっきから女も男もサソリよけと蚊帳を所望するのは、それが売れるからかもしれないと俺は思った。彼らは食べ物に困り、つまりは金に困っている。生産に携わる道をほとんど断たれていれば、素早く現金に換えられるものが欲しいに違いなかった。

「マラカルには戻りたくない」

同じディンカ族の都市であるにもかかわらず、一人がなぜかそう言った。同じ部族の中でさらに階層が分かれているのかもしれなかった。南スーダンにある困難の、この微細な部分はよそものの俺ではわかり得なかった。

「あのー、これは焼き畑ですよね？」

しかたなく、俺は誰にともなく足元の黒い土を指して言った。

答えは簡潔だった。

「違うよ。鎌がないから収穫したら燃やすしかないんだ。それしかないんだよ」

そこにいる３００人がいかに追いつめられているのかを俺は知り、黙っているしかないのだった。

落書き（あるいはグラフィティ）、野戦病院

最初の建物に戻り、中を抜けて川岸の方へ行こうとした。その間に、避難民が占拠している石造りの内壁にさまざまな落書きがあるのを読んでいく。誰が書いたかはまったくわからないが、ともかく石か何かでひっかいたり、炭のかけらでメッセージを残しており、それはほとんどアルファベットによる固有名詞になっていた。国内の兵士、あるいは国連軍の何者かが書き捨てていったのだろうか。

その中に大きく「RICK ROSS」と書かれた文字があって目が留まった。西海岸出身の、２０００年代のラッパーの名前だ。数年前には監禁暴行の容疑で逮捕されている。不良がかっこいいというカルチャーは南スーダンにも当然浸透しており、それは首都ジュバの食堂でかかる音楽でも、ＰＯＣでの少年のＴシャツでもひしひしと伝わった。

ストリートできわきわの日々を送るアフリカ系という意味では、アメリカだろうがアフリカだろうが変わらないというリアリティだろう。もし国連ＰＫＯ軍の誰かが書

いていったのだとしても、そこにあるのはストリートで暮らす者たちへの共感に違いなかった。

「DOPE BOYZ CLUB」という落書きもあって、それはやはりアメリカ西海岸の黒人向け理髪店の名前だった。目の前にある紛争の最中に、自分たちの文化の存在を誇示したのだろうか。俺はそれら落書きの下で這い回って遊ぶ幼児をぼんやりと見つめてしばし時間を過ごした。

いつの間にか、ボートが接岸したあたりの2本の樹木の下には、すっかりテーブルが並び、椅子が置かれていた。近づいていくと、その前の土の上にディンカ族の女性と子供たちが列をなして座っていた。男は一人も来ない。彼女たちの話では、若い男たちは薪拾いや、木炭を売りに出るなどで不在とのことだった。

並んだ女性たちはみな、小さな紙を持っていた。体重計があってそこで体重を計り、名前を書き、配られた体温計で明らかになった体温を書き入れておくものだった。しっかり並んだあと、彼女らは順番に看護スタッフのテーブルの前まで来ると、幾つかの質問を投げかけられた。

もうひとつのテーブルへといざなわれる者は聴診器を当てられ、カルテにくわしく状態を書き込まれる。さほど状態が悪くない者はそのまま薬剤師アルシャッド・アハ

まさかこんなところにデカデカと西海岸ラッパーの名前が

置き去りの装甲車

これが彼らの命を救う「病院」だ

メッドのテーブルへ行き、プラスチックケースに整理された錠剤やカプセルを処方される。例えば赤いのはイブプロフェンで、朝晩一錠ずつといった具合だ。

風は柔らかく吹いて彼女たちのかぶる布を揺らす。太陽の光も樹の下には届かず、とても過ごしやすい午後だった。知らない鳥の声が絶えずし、地元のコトバが低く交わって聞こえる。実際は避難民の窮状を目の当たりに見ているのだが、俺は次第にのんびりした気分になってしまうのに驚いた。あまりに自然にＭＳＦが医療を続けているからかもしれなかった。事実、避難民の女性も子供も昼寝をしてしまいそうな顔で落ち着いている。

時々モーター音がして船が川に現れた。すると必ず子供たちが走り出して、岸のモニュメントに登り、手を振った。それはやはり実にのんびりとした光景で、彼ら避難民が食うや食わずの暮らしを送っていることをつい俺は忘れた。外から数日訪問しただけの人間は、彼らの苦しみを正しく分け持つことが出来ないのだと情けなくも思った。

やがて、その日何人に医療を施したかの集計が共有された。トータルで57人。その中で傷の手当てをしたのが5人、5歳以下で小児用ワクチンを打ったのが6人、妊婦で破傷風ワクチンを打ったのが3人ということだった。

午後1時半に医療行為自体は終わり、そのあとガラン・ロニー・ガランがまたトラ

これがヘアカット店の落書き

熱心に聴く子供たち

日本から贈られたバケツなのだろう

メガを持って建物の中に人を集めた。紙芝居を見せて健康と衛生についての啓発活動をするためだった。子供もおばあさんも働き盛りの女性も、みな熱心に絵を見て質問に答える。もちろんその後ろの壁には例のラッパーの名前がデカデカと書かれている。自分がいる場所がアメリカのスラムなのか、アフリカなのか一瞬わからなくなった。

近くの土の上に水を溜めた白いプラスチックのバケツがあり、日の丸の絵と「日本国民より」という英語が書かれていた。そのバケツひとつにも、世界政治と人道主義、そして医療と貧困と紛争の様相が入り乱れて示されているのを俺は感じ、ますます考えがまとまらなくなった。

スタッフは同時に元病院内の人口を調べた。どうやら15世帯137人が暮らしているらしかった。俺は暗い部屋の中まで見ていなかったから驚いた。外に出てきているのは数十人で、まだまだ人はいるのだった。

すべてが終わり、俺たちは樹木の下で少し休憩した。スタッフの誰かがクッキーを持っていて、小腹がすいたろうと配ってくれたが、ほとんどのエクスパッツは子供に分け与えた。俺はそれがいいことなのかどうかわからず、ただクッキーをポケットにしまった。それを小さな子供が見ていたが、執着したりねだったりする様子は一切なかった。だから俺はあげるべきだったのだ。今でもそんなことを後悔している。

近くの椅子に座っていたジョブ・オンディエキ・カマンダ、つまり遠隔医療チームの責任者になんとなく質問すると、こんな言葉が返ってきた。

「このアウトリーチは２０１７年10月以降に始めたんだが、その頃はもっともっと治安が悪かった。このへんもようやく今年から人が住み始めたんだけど、昔はもっと人がいて移動していったよ」

つまり、俺が出会ったのはここに残る決断をした人々なのだった。どこへともなく去ることを選んだ者たちのことを、俺は思った。少なくとも夜露をしのげる場所を見つけなければならない。しかも周囲で急いで農作物を育てるのだ。それはきわめて難しいことだろう。

「僕らは医療を運んできている。けれど食料や水や仮設トイレも提供したい。ここは環境が劣悪だから、なんとかしたいんだ」

ジョブは重ねてそう言った。

飢えによって人が死ぬ。あるいは伝染病にかかって命を落とす。暴力をふるわれて亡くなることもあるかもしれない。

そういう危機の瀬戸際に、避難民のみんなはいるのだった。

やがて一度広げた荷物をスタッフ全員で船に運ぶ時間になった。小さな子供たちも積極的に手伝ってくれる。子供たちは必ず笑顔でいた。あるいは笑顔一歩手前の、あふれる好奇心をとどめていられない表情。

けれどそのうちの何人が大人になるまで生きていられるか。俺は彼らを置き去りにして帰る身として、自分はひどく無責任だと思った。ＭＳＦスタッフは彼らと痛みを共有しようとするだろう。

しかし俺の立場はなんなのだ！

モーターが鳴り、ゆっくりと船が動き出すと、例のモニュメントに子供たちは貼りつき、まさにちぎれんばかりに手を振った。もちろん俺も振った。うれしかったし、それ以外に俺に出来ることがなかったからだ。手を振ることしか出来ないとは、なんと情けない人間なのか、俺は。

しばらく川を行く途中、あたりを支配しているあのリーダーの居住地あたりで船を止められ、責任者が呼び出された。

事情がわからず不安だったが、じきにジョブが帰ってきて、あの鯛のような魚を乗せていた漁師から「船をぶつけられて一部が壊れた」とクレームがつき、リーダーが裁定せねばならなくなったのだと聞いた。俺もそのへんはよく見ていたので嘘だとわかった。

が、ひとつ間違えばクレームが通ってしまう。往路でもし挨拶をすっ飛ばしていた

マラカル宿舎を送り出される俺たち。サンキュー、ロジ部門のハビエ

俺が置き去りにしてきた彼らの食料

ら、我々は何かを払わされるか、あるいは交通の権利を失っていたかもしれない。

ここでは日々、そういうパワーゲームが繰り広げられているのだった。

さて、こうしてアウトリーチの取材も終え、俺たちは翌日国連機で首都ジュバに戻り、のんびりと過ごしたあとで日本へと旅立ったのだが、その間に一人のローカルスタッフの話を長く聞いた。

彼自身が元少年兵なのだそうだった。

元少年兵コルスック・アンソニーの人生

首都ジュバに戻り、日本に帰国する前日、宿舎の食堂にいるとカメラマン横田徹さんがやってきて、ドライバーの一人が元少年兵だそうだと言った。話が聞けそうだから、舘さんと一緒にカメラを回すという。俺もインタビュー場所に決められたバルコニーへと急いだ。

屈強なアフリカ人コルスック・アンソニーはきつめのTシャツ姿で淡々と自己紹介を始めた。36歳だというが年齢より若々しかった。5年前の10月1日からMSFで働いているのだという。アンソニーがファーストネームだが、自身は苗字のコルスックで呼ばれることが好きなのだそうだ。

彼コルスックが話した言葉を編集して、南スーダン編の終わりとする。
紛争国に暮らす者の、ごく普通の悲劇がここにはある。

〈私は1982年、ジュバの南にあるカジョケジ郡に生まれました。子供の頃、反政府軍の兵士だった父から国が抱える問題に関して色々な話を聞いて育ちました。いいことも悪いことも。

どうして子供にそんな話をするの？　と父に聞いたことがあります。すると父は「情勢は不安定だ。今話しておかなければ、本当に話す必要があるときに父さんはいないかもしれない」と言いました。もうすぐ自分はこの国には暮らせなくなるかもしれない、と。

その頃、母はウガンダで避難生活をしていました。母が当時のスーダンを出るとき、不慮のアクシデントで私は一緒に連れていってもらえませんでした。以降、私は父と叔父夫婦と暮らしていたのですが、父は軍の仕事で週に2度ほどしか家に帰ってきませんでした。

ある日、父が帰ってきて「俺を探しに来るやつがいても決して居場所を言ってはならない。そして他の誰かにすぐ知らせろ」と言いました。それからしばらくして、確かに男たちが村にやってきました。私は父自身に知らせに行き、もう連中はすぐそばに来ているから逃げられやしないよと言いました。

乾季でした。身を潜められる茂みはすべて野焼きで焼かれていました。父は食糧置き場に隠れるしかありませんでした。私は家に来た男たちに「父親はどこだ」と聞かれましたが、知らないふりをしました。

男たちは一度帰りましたが再びやってきて、「父親の居場所を教えないとお前を殺す」と銃口を突きつけました。私は「いいよ」と答えました。その時のような苦しい生活が続くなら死んだほうがいくぶんましだと考えて言ったのです。「さあ撃ちなよ」と。

兵士はなぜそんなに自暴自棄になるのかと聞いてきました。自分はまだ子供で何の力もありませんし、そう答える以外なかったのです。

後日、父のいない時にまた男たちがやってきて、父親の居場所を聞きました。知らないと答えたら、彼らは私を連れ出しました。自分は殺されるんだと思いましたが、薪拾いや水汲みなどに使われました。何日かが過ぎ、他にも連れてこられた子供たちがいたことを知りました。私は13歳でした。

その後、私は軍の様々なトレーニングを受けました。父から以前から言われていた、「いつかお前は拉致されて、軍に強制参加することになる、その時には生き延びるすべが必要だ、どんな状況でも強くあれ、男として」という言葉を私は思い出しました。

　それから反政府軍の少年兵士として攻撃にも参加させられました。敵陣への偵察のようなこともしました。3年間、そうした暮らしが続きました。

　ある時、父が私の所属する部隊を突き止めてくれました。そして上官と交渉し、同じ村出身の2人の子供たちとともに私を解放するよう説得してくれたのです。

　父の元へ戻ると、情勢が悪いから母のところへ行けといわれました。私は16歳になっていました。数人の子供たちと一緒に、私は付添い人についてウガンダとの国境を渡りました。渡り終えると、付添人は「あとは一人で行け、ここからは捕まる恐れはないだろう」と言いました。私たちは先へ進みました。

　ウガンダ国内で出会った国連職員に「母を捜しに来た」と伝えました。そして彼らの事務所に行くと、身の上について色々と聞かれました。母の名前を言った途端、コンピュータ上に映った一人の女性の写真を見せられました。

　それはまさしく母の写真でした。

　次の日、国連の車に乗せられ、スーダン人の居住区のひとつ「アリワラ」に向かいました。そこは番号で区切られた居住区で、母は薪拾いに出かけていて留守でした。待っていると、母が帰ってきました。心揺さぶられる再会でした。私はどうやってそこにたどり着いたか、父がどうしているか、これまで私がたどってきた暮らしをすべて説明しました。

そのまま5年間、私は母や妹たちと暮らしました。

しかし2006年、母が病死してしまいました。死因はがんでした。私たちは母の病気に対してなすすべがありませんでした。お金があれば大きな病院に連れて行けたのかもしれませんが、それは望むべくもありませんでした。

当時母はまだ2歳の男の子を授乳して育てていました。父はスーダンとウガンダをたまに行き来していましたが、スーダンの方の情勢が悪く、一緒にウガンダで暮らすことはかなわなかったのです。自分は兄弟の中で年長でしたが、2歳の弟を育てる自信がなかったため、結婚を決意しました。そこで暮らしていくには、自分たちで食べるものと着るものを手に入れなくてはなりませんでした。

家族6人の生活が始まりました。幼い妹や弟たちは自分を父親のように慕ってくれました。2009年になって帰国を決意しました。ウガンダは結局、自分たちの故郷ではありません。スーダンでは数年前に和平合意が結ばれていましたし、平和が訪れれば自分たちで結束して強く生きていけると思っていました。

帰国して1年が過ぎ、父と将来について話す機会がありました。父はその時点で15年もの間、兵士として働いていました。私は父に軍を辞めて、私たちともに暮らし、

現地スタッフのみんな、ありがとう（撮影　横田徹）

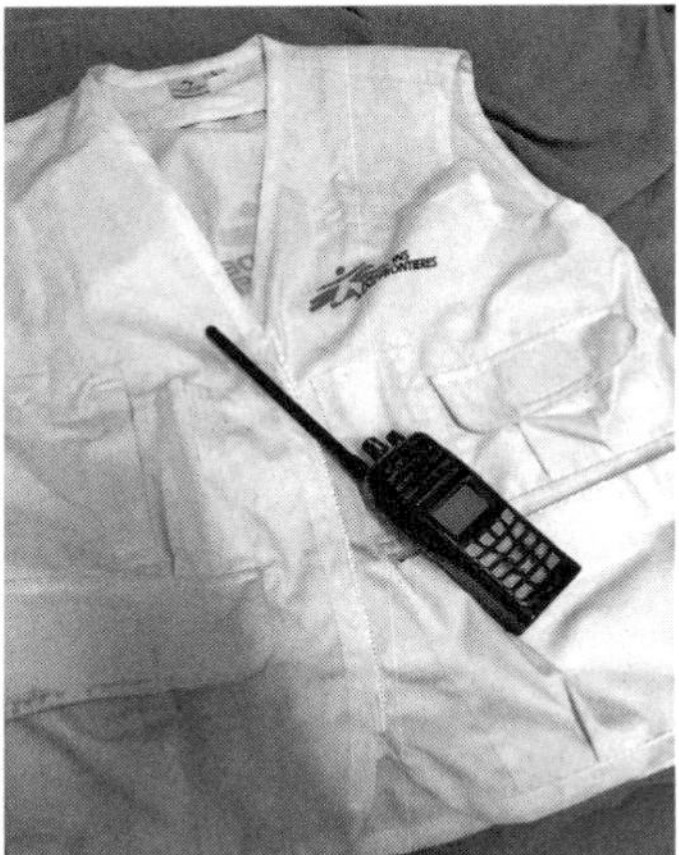

これらを返して去る

事業を始めようともちかけました。軍は家族に何ももたらしてはくれないから、と。父はしばらく考え、「お前の言うとおりだな」と言った後に「自分で決断するから少し待って欲しい」と言いました。

それから1年経ち、父は軍を辞めて帰ってきました。彼も兵士としては年をとりすぎたかもしれません。

これまでの自分たちの人生は苦難に満ちていました。母と生き別れになったときもひどく悲しい思いをしました。学校に行くことが出来なかったのもとても残念だと考えています。うちには学費を工面するなんて到底無理な話でした。

私はこちらで自転車タクシー「ボダボダ」の運転手をして日銭を稼ぎました。自転車は借り物でしたが、自分の手で少しのお金を稼ぐだけの生活は出来ていました。

ある日ひとりの男性に、「お前は働き者だから、もっと将来につながることを始めなさい」と言われました。手元には何もないし、事業なんか始められないと思いましたが、男性は「少しのお金があるなら技術学校へ行ったらいい」と助言してくれました。技術を身につければ、整備士や運転手などの道が開けると言うのです。彼は私に「お前にはよりよい生活を手に入れて欲しいから助言するんだ」と言ってくれました。

その後、貯めていた少しのお金を工面してなんとか学校に行き、2ヵ月半後には運転免許を取得しました。それから運送会社で仕事を見つけ、トラックの運転手になりました。

そして2011年以降、いくつかの人道援助NGOでの職を得て働いたのち、2013年にMSFのドライバーになりました。

MSFに入ってからも、南スーダンでの暮らしは楽ではありません。でも家族でつつましく暮らすことは出来ています。ジュバは決して安全ではありません。私の家族は再びウガンダのアルアに家を借りて住んでいます。私も3ヵ月に一度くらい家族に会いに行く暮らしをしています。〉

日本編

2019年2月

逆取材を申し込む

重ねての説明ながら、俺は「国境なき医師団」にひどくささいな寄付をしており、それを知った「団」の方からなぜか取材があったのだった。で、その取材の場でいきなり驚くべきことを知った。

「国境なき医師団」に所属する者のほとんど半分が医者でも看護師でもないのである。

しかも、それら非医療従事者がいなければ「団」は成り立たないのであった。

例えば、特に現場で重要視されるのはロジスティックと呼ばれる部門のメンバーである。彼らは災害・紛争で医療従事者とともに現場に急行する。なぜなら医師たちが働くためのテントなり、コンテナなりを建てる者がいなければ、患者は必要最低限の状態での手術などを受けられないからだ。ちなみにコンテナを建ててつないでいき、その中で緊急医療をする、あるいはその後もその施設を使うのは「国境なき医師団」のオハコである。

同時に、「ログ」と略称で呼ばれる彼らが担う重要事項は「清潔な水をどう確保し、提供するか」で、それなくしては患者も医者も生きていけない上、手術や治療なども行えない。ゆえに「ウォーター&サニテーション（水と衛生）」は過酷な活動地での基本中の基本で、「WATSAN」と略して語られる。

まあ、若干先走ってくわしく語ったが、ともかく3年前の俺はそんな事実の端っこを聞いて、それまでのイメージがガラガラ崩れるのにもはや快感さえ覚えた。

さらに、その取材を受けている喫茶店では、彼らが紛争や感染症流行にのみ特化して出動しているわけでなく、例えば東南アジアで性暴力が頻発している地域などへ入り、傷ついた女性へのメンタルケアや外傷の治療、また彼女たちを守るための啓発活動をしているとも聞き、さっき崩れたやつの残りが全壊するのに俺は茫然とした。

「それは多くの人が知っていることですか？」

俺はかろうじてそんな見栄を張った。そして、すぐに弱気になった。

「それとも僕だけが知らないんでしょうか？」

当時広報だった谷口さんという女性は俺に気を遣ってくださった。

「弊団でもそのあたりをきちんと伝えているつもりなんですが、なかなか広まっていないかもしれません」

そのお気遣いに対して、俺は急激なおせっかいで応えた。

「であれば、僕が取材をして伝えるのはどうでしょう？　もちろんたいした力にはなれませんが、発表の場はあれこれあると思います」

さて、そういうことでのちに『「国境なき医師団」を見に行く』という単行本にまとまる各国への取材は、取材場所で10分もしないうちになされた俺からの逆取材の申込みによって始まったのであった。

まず俺はスケジュールを10日くらい空けられるところを前もって押さえておき、その間に谷口さんが世界中の「国境なき医師団」に連絡しつつ、直前まで粘りに粘って取材を受け入れてもらえる場所を探した。

なぜそうなるかと言うと、活動地では第一が患者への医療の提供であり、俺の取材などよほど余裕のある時期でないと成立しない。また行くのはホテルがあるような場所ではないから宿舎に空きの部屋がないと無理だし、俺たちを安全に運ぶドライバーの確保なども必要になる。ゆえに常に世界の情報に気を配り、適切な現場を谷口さんは提供してくれたのだった。

で、俺は例えば地震の傷も癒えないハイチへ行き、シリアやアフリカから難民が押し寄せて身動きが取れなくなっているギリシャを訪ね、高層ビルを眺められる場所に広がるフィリピンのスラムに入り、南スーダンからの100万人の難民に居住区を提供しているウガンダ北部へ足をのばしたのだった。

世界で5つのオペレーションセンター

２０１９年2月、俺は地下鉄東西線早稲田駅から外へ出たところの信号にいて、また驚いていた。わりとよく来るその信号の先に目を向ければ、すぐ近くのビルに「国境なき医師団」の看板が出ていたからだ。

ここ数年でだいぶ深い付き合いが出来た「団」のことを、俺はまたもきちんと知らなかったのである。

でもって俺は、その日本事務局内で南スーダンの活動責任者の任を終えたばかりのウィル・ハーパーさんと対談をした。彼とは首都ジュバのあるビルの屋上で会っていた。各ミッションの中で、メンバーはみな一様にストレスをいかに軽減するかに気を配る。その一環としてジュバでもメンバー間のパーティがあった。外は紛争の跡が生々しく残る、ガレキの積み重ねである。そこで何ヵ月、何年と活動を続け、ベストパフォーマンスを自分から引き出すには仲間との屈託ないパーティはきわめて重要なのだ。

ま、それはともかく、ウィルとの話の前後に、俺は「国境なき医師団日本」の中を勝手に見て回った。そこは意外なほど広く、多くの人の働く場所だった。どのセクションの人々もうれしそうに出てきて、俺に話しかけてくれるのも予想外だった。たくさんの方が『「国境なき医師団」を見に行く』を読んでくれていた。

そして一様にこんなことを言うのだ。

「私たちがみんな活動地に行けるわけでもないんです。だから、そこでどんな人がどんな仕事をしているか、私たちはこの本で知って誇らしくうれしく思っています」

その言葉に逆に俺などは心揺さぶられ、おおいに恐縮したわけなのだが、同時にすぐまた俺のおせっかいが始まった。

「舘さん」

と俺は現在の広報の担当に声をかけた。

「僕は自分の足元にある『国境なき医師団日本』のことを何も知りませんでした」

「はあ」

ここまで来ればもう次のセリフなど書くには及ばないだろうが、書く。

「取材させてください」

というわけで、それから10日もしないうちに俺はまた早稲田駅から日本事務局を訪ねたのである。

すでに活動地を5つ回った俺だけれど、考えてみれば後衛たる事務局の様子を仔細に見るのは初めてだった。

あ、ここでまた面倒な説明をひとつしておかないといけない。すごく短く済ますのでおつき合い願いたい。

「国境なき医師団」はどこかが中心ということがない。世界中に5つの「オペレーションセンター」があり、基本的にそれぞれが別個に全世界の活動地へ「団員」を送っている。

それらOC（オペレーションセンター）は各々、世界中にある各事務局と有機的につながっていて、例えば日本事務局は「オペレーションセンター・パリ（OCP）」との連携の度合いが強い。だがだからといって、日本事務局が他のOCと決して仕事をしないわけでもなく、目の前に起きている事態に最も素早く的確に対応するために基本のネットワークが出来ているわけだ。

ということで、日本事務局である。

受付があり、ミーティングルームが各所にあり、アドミニストレーション（通称アドミン）が人事や総務、給料の支払いなどを行うデスクの列があり、さらに活動地に送るための寄付金を募るファンドレイジング部門があって、寄付者からの問い合わせに答えるために係の方々が座っている。

このファンドレイジング部門があるかないかが活動地との大きな違いで、各事務局はつまり資金を集めるミッションを持っているわけだ。

あとでもまた書くと思うが、「国境なき医師団」の活動資金の大部分が世界中の個人の寄付によってまかなわれている。彼らは各国政府や国際機関などからの独立を保つため、そうした公的な組織からの資金提供をほとんど受けていない。活動をあくまで中立的に行いたいという「団」の意志は強く、実際に中立を保っていないと現場でのミッションに支障が出るのである。

ウィルのこともあるし、俺も行って来たばかりだから南スーダンの活動で説明したい。彼ら「国境なき医師団」は（ああ、いちいち漢字で書くとどうも重たいイメージになるし、俺としても面倒なので、以後ＭＳＦという略称で書かせてください。これはＭＳＦが設立されたフランスでの、国境なき医師団を表す Médecins Sans Frontières の頭文字を取った略である）、彼らＭＳＦは政府側にも反政府側にも病院を置いている。

その状態で医療活動を続けるには常にどちらサイドの不満分子にも説得が必要で、同時に双方の院内で働く各現地スタッフとも交渉を絶やしてはならない。そしてどんなにそれが大変でも、ＭＳＦには「患者第一」という絶対に外せない倫理がある。だから資金的にも独立している必要があるのだ。そうでないと活動地での疑心暗鬼（「お前ら、政府とつるんでないか？」「反政府側から金をもらってるだろ？」）はミッションにとっても、スタッフの身の安全にとってもきわめて危険なのである。

さて、早稲田の日本事務局に話を戻そう。

デスクの列の外側には、海外ドラマで見るようなガラス張り部分のある個室があって、俺が見た時は中に海外からのスタッフが座っていたのだが、むろん国際的な「団」に人種の壁はない。そこに日本人がいることもあれば、アジア、中東、アフリカ、ヨーロッパ、アメリカなどなど様々なメンバーがいる。

部屋の中だけでなく、ふと見ればデスクの列の中にも海外からのスタッフは混じっていて、以前ウガンダで会った活動責任者ジャン＝リュックなども何年にも及んで長くそうした日本事務局スタッフだったと聞いた。各地で危険と隣り合わせでいる「団員」にとって、日本は安全で忘れがたい場所だったとジャン＝リュックはしみじみ話していたものだ。

初期メンバーは医師とジャーナリスト

面白いことに当日は、エントランスに近い大部屋Ａｏｉ（色の名が各部屋には小さく掲げられている）でＭＳＦの海外派遣スタッフに関する募集説明会が開かれていた。しかも非医療、ノンメディカル部門である。広報の舘さんはそれを見ることでＭＳＦがより深く理解出来ると考えたのだろう。俺としてもこの様子をレポートすることで、今ここを読んでいるあなたが以後ＭＳＦに入って世界各地で、あるいは日本事務局で働くきっかけになればと思う。編集者はもちろん学生も、それどころか純文学作家だって少しくらいは世界の役に立つのではないか。

さて、受付に戻り、いまや『紛争地の看護師』というベストセラーでも有名な白川優子さんに挨拶をして（彼女は現在看護師としてのミッション参加を休み、事務局で人事の仕事をしているのだ）、ガラス張りのきれいな部屋の中に入る。

なんと会場にはすでに１００人弱の老若男女がいた。けっこう白髪の男性も多く、大学生らしき男子もいるし、すでに社会経験も豊富そうな女性もたくさんいる。中にはいくらなんでもまだ早いだろうという少年さえいた。これは白川さんなど看護師の方々と公開対談した際にも感激したことだが、若い頃からＭＳＦで働きたいと願う女子高校生を俺は何人か見てきた。看護の学校を出たらすぐにでも参加して世界の困難と闘いたい、と志願しているのである。

ちなみにそれは日本人だけではない。世界のあちこちで俺は「団員」にインタビューを重ねてきた。そして多くの人々が言うのだ。「ずっとＭＳＦに入って誰かの役に立ちたかった」と。

中にはこういう言葉のケースも複数あった。

「看護師になってからＭＳＦを目指したんじゃない。ＭＳＦに入りたくて医療の勉強をしたんです」

ま、ともかくそういう人たちに話を聞いている時とまったく同じ熱量を、会の開始を沈黙のまま待っている老若男女から俺は感じた。もうびんびん感じた。なんだ、この熱気は！　すごくいい、なんだかものすごくいい熱さじゃないか！

さて、ＭＳＦ海外スタッフ経験のある二人と事務局スタッフの日本人たちが前方に出てきて、会は始まった。

まずは現在日本事務局で人事をやっている鴇田花子さんから、ＭＳＦとはなんぞやの説明。

１９７１年、ナイジェリア紛争に対する国際社会の医療援助の考え方にしびれを切らした者たちがフランスで「国境なき医師団」を設立するのだが、そこできわめて重要なのは初期メンバーが「医師とジャーナリスト」だったことだ（ね？　これ、知らなかったでしょ？）。

つまりＭＳＦは最初から医療者と非医療者による団体なのであり、それも紛争地で何が起こっているかをジャーナルする人々を含んでいたのだ。であるから、今に至っても彼らの活動の柱は「緊急医療援助」と「証言活動」である。後者は虐殺や強制移住など医療だけでは命が救えない状況を、政治的な偏りを出来る限り避けながら、しかし臆することなく世界中に「証言」を伝えることを趣旨としている。

さらに鴇田さんは、現在４万人強のスタッフが70の国と地域で活動中で、事務局は世界に37あるという基礎データを伝えた。

そのへんは参加者はみんなよく知っていそうなことなのだが、それでもしっかり前を向いて聞いているのが印象的だった。

さてさて、参加者がさらによく知った上で来ているであろう情報が鴇田さんからもたらされた。「国境なき医師団」の「憲章」である。いかなる人でもこの「憲章」に賛同しなければＭＳＦに入ることは出来ない。

これは全部きちんと書いておく。

●国境なき医師団は、苦境にある人びと、天災、人災、武力紛争の被災者に対し、人種、宗教、信条、政治的な関わりを超えて、差別することなく援助を提供する。

●国境なき医師団は、普遍的な「医の倫理」と人道援助の名の下に、中立性と不偏性を遵守し、完全かつ妨げられることのない自由をもって任務を遂行する。

●国境なき医師団のボランティアは、その職業倫理を尊び、すべての政治的、経済的、宗教的権力から完全な独立性を保つ。

●国境なき医師団のボランティアは、その任務の危険を認識し、国境なき医師団が提供できる以外には、自らに対していかなる補償も求めない。

なんか、何度読んでもいい「憲章」だ。ＭＳＦメンバーでもないのに、それでも家のあちこちに貼っておきたいくらいである。

この中立性、独立性ゆえに例えばＭＳＦ日本の資金は96％が民間から集められ、そのうち個人からは89％となっていて、いつでもホームページで報告されているし、俺自身各国の薬剤部門担当者にも取材して、寄付がいかに有効にワクチンとなり、消毒薬となり、包帯となり、手術用のメスとなって患者たちに届いているか知っている。

アドミンの仕事

そんな俺がウガンダに行っている折に、ツイッターでケニアからふと連絡をくれたことのある高多直晴さん（会ったのはその日初めてなのだが）が２番目の報告者であった。

彼はビクトリア湖周辺で住民の２割以上が陽性であるＨＩＶのプロジェクトに参加し、先月帰国したばかりだという。

「２年前は、そちら側で聞いていました！」

高多さんがそう言うと、安堵というか連帯感というかなんともいえず温かい笑いが起きた。

続いて彼は自分の経歴を話した。バックパッカーをやってるうち、アイルランドで学校の教師となり、その後電通に23年間勤めるが「人の役に立ちたい」という思いが捨てられず、2017年8月に履歴書をMSFに出すことになる。俺は聞いている側に驚きでなく共感が広がるのに心動かされた。

「ですよねー」というような言葉にならない気持ちが確実に伝わってきたのだ。それはうなずきや椅子の座り直しや、メモの止まる手でよくわかった。

高多さんはさらに、ケニアでの活動をくわしく話した。HIVの重度の入院患者ケア、退院後の患者ケア、HIV陽性の患者を早期発見するためのテスト、遠隔地医療、地域で患者が差別されずに安心して過ごすためのソーシャルサポートなどなど、現地では300人弱の規模の人員でミッションが行われているそうだ。生まれた時からHIVポジティブの赤ちゃんは差別され捨てられることもあるという話や、反対にHIV患者同士を集めたコミュニティを作ると差別も偏見もなく暮らせるという話などが上手にプレゼンテーションされる。さすが元電通であった。

そのプロジェクトにおいて、高多さんはアドミンだった。いわば総務、経理、人事の担当である。プロジェクトの収支管理、予算計画、現地スタッフの採用や解雇（アフリカで人を解雇するのは非常に心痛むし、実際難しいという話も興味深かった）、福利厚生、はたまた現地保健省との協力推進などなど、やることはたくさんあり、しかしどれもミッションを進めるために不可欠の活動だ。

「でも、憲章に共鳴して各国から来たチームメンバーと仕事するのは喜びでした」

高多さんはそう言い、こう続けた。

「この中でアドミン希望の方はどのくらいいらっしゃいますか？」

するとこの時は5人くらいが挙手をした。ほぼ女性だったと思う。となると、残りの数十人はみんなログなのかと俺は驚いた。

すると高多さんはこう言った。

「アドミンの仕事というのは、例えばより効率的な人事計画を遂行することです。予算を1ドル節約すれば、その1ドル分の薬が買えます。その分たくさんの患者さんを救えるんです」

つまり医師でも看護師でもないアドミンだって、目の前で傷つき、病に苦しむ患者の役に立てる。その言葉はなんというかクリティカルなものだった。俺なんかもう、一番後ろの席から立ち上がりそうになったくらいだ。アドミンやりてえ！　と急に思ってしまったのだ。

で、話を終えた高多さんの方は、こう書かれたパワーポイントの画面を出して彼のパートを締めくくった。

LET'S JOIN MSF！

いやあこれは入っちゃうでしょう。入っちゃうよ。俺はひとりごとでそう言った。ていうか、みんな入るために来ているのだった。

独立財源の強み

最後にもう一人、吉田由希子さんという黒縁メガネの女性が話し出した。彼女はまず、関西訛りですみませんと挨拶し、実際その粘り気のある言葉で畳みかけた。

「あたしはロジスティシャンをやってます」

２０１２年にＭＳＦに入ってから、南スーダン、シエラレオネ、バングラデシュなど10ヵ国ほどのミッションに参加したと経歴がわかったが、ロジスティックで女性というのは珍しいのではないか。少なくとも俺が取材した5ヵ国でも出会ったことがない。

「ログというのは、メディカルが医療活動に集中するための仕事で、医療とアドミン以外を担当すると思っていただけたらいいです」

具体的には、建物の建設や改築、発電機や電気設備、衛星電話の設定と管理、車両整備、清潔な水やトイレなど衛生施設の構築とメンテナンス、医療機器メンテ、ＩＴ

機器やラジオの設定と管理など、いわば「裏方」のあらゆる事柄であることを吉田さんは説明した。

これもちなみにだが、ここで言う「ラジオ」は無線のことで、多くの活動地ではスタッフの移動は無線によって把握されている。基本的には四駆で動く際、専門の現地ドライバーがいて誰がどこへ行くのかを無線で現地オフィスに伝える。その時、行き先が洒落た暗号みたいになっているのも決まり事だ。例えば、日本事務局なら早稲田だから「オークマ・ハウス」とか、まあそんな感じ。

さて、立板に水の吉田さんからのブリーフィングは、ログがいかにありとあらゆる分野を見るかをさらに伝えた。

「安全管理もあたしらの仕事ですから、プロジェクトの責任者とともに緊急事態の予想と対策を立てたり、避難計画に関する立案もやります」

であるからロジスティックは周囲の状況に関する情報を常につかみ、分析し、それに対応出来なければならない。なぜなら医師や看護師はそれをしている暇がないから。そして彼らメディカルチーム、そして誰より患者さんたちを守るのがログの役割だからである。

吉田さんは続いて、南スーダン北東部のマラカルで展開し続けているプロジェクトの写真をスクリーンに映した。俺も3ヵ月ほど前に取材に行った宿舎がそこにあった。まだただの布製テントに過ぎなかった時期の写真で、それを立てたのもログだし、そのあとで少しずつ本格的に資材を組んで大きな宿舎にした苦労も俺には特によくわかった。

「これは市街地で紛争があった頃のマラカルです。あたしらはこういう場所のリスクアナリシスをします。細かく項目を挙げて分析をし、安全のガイドラインとなる土台を作るんですね。避難経路も常に確保します。たまにドンパチがあってもオフィスに銃弾が貫通しないようにするのもあたしらログの役目です」

確かにMSFでは、移動をする度に到着後すぐ幾つかのブリーフィングがある。その場の全体状況とMSFの対応について、そして安全管理に関する説明だ。後者がログから与えられていたことを、俺は吉田さんの話で初めて知った。そして彼らの守備範囲の広さに舌を巻いた。

「そしてMSFの魅力なんですが」

と吉田さんは話し始めていた。

「現場チームの意見を尊重してくれて、必要なことをプロジェクトとして実行できることです」

独立財源だからこそ、活動の枠にあらかじめの制限がない。つまり必要な所に必要なものを提供出来る。自分たち個人がどうしたいかが尊ばれ、議論されて素早く決まるのだ。

これこそやりがいのある職場の典型である。まわりを見渡して欲しい。すべて逆ないのが9割以上だろう。財源は何かとリンクされてがんじがらめ。枠にはよくわからない制限がついていて、必要な所に不必要なものだけが行く。個人は無視され、組織の論理だけが鈍重に動いている。

だから社会が停滞する。

えーと、ついつい俺の意見を書いていたが、ともかくMSFという組織がなぜスピーディに出動出来るか、変化出来るか、尊敬されるかの答えがこれまでの「団員」からのブリーフィングでよくわかったのではなかろうか。

MSFが求める人材像

さて続いて、初めに出てきた鴇田さんが再び登場し、採用プロセスについてくわしく簡潔に説明した。

MSFが人材に求めるのは基本的に、すでに何らかのプロとしての実務経験があること、そして活動理念に賛同していることの2つ。

しかし実際の現場でのことを考えれば、異文化への適応力とチームワークへの柔軟性、コミュニケーション力、ストレスを自分でマネージメント出来る力、独立し挑戦する姿勢などなどは当然重要になる。

ただし鴇田さんは、

「コミュニケーション力と語学力はイコールではありません」

と言った。俺はちょっとびっくりした。なぜならどのフィールドに行っても英語、もしくはフランス語が飛び交うのがＭＳＦで、その語学のために今も現場で勉強を続ける日本人スタッフを何人も見たことがあったからだ。

しかし鴇田さんは敢然とこう言い放った。

伝えようとする意志と能力の方が大事で、それは共に仕事をする相手も同じだ、と。だから単に語学力のある人材を評価するわけではない。つまり、問題はコミュニケーションをとろうとする姿勢だということになる。だからＭＳＦではＴＯＥＩＣなどの得点を一切気にしないのだという。

「そして、私たちにとっては年齢も性別も二の次です」

と鴇田さんは断言した。

ここでもう一度書く。

ＭＳＦが人材に求めるのは基本的に、すでに何らかのプロとしての確実な実務経験があること、そして活動理念に賛同していることの２つ。以上。

鴇田さんは続いて、書類選考から面接（英語かフランス語で1時間か1時間半）、そこで受かると海外へ渡航出来る時期と経歴によって現場とすり合わせをすることを説明した。場所は自分からは選べないが、セキュリティ面を考えた上でオファーを拒否することは出来る。すべてOKならばMSFがビザと航空券を手配する、などなど。

話を真剣に聞いている参加者たちは意外なほどメモをとらなかった。やっぱりほとんどのことを知っているのだ。

鴇田さんから初任給やら食費のことやら医療保険、社会保険などさらなる制度上の説明があり、最後にこのひとことがあった。

「私たちＭＳＦに年齢制限はありません」

人生の転機

それから休憩に入った。

部屋を出ると、舘さんが吉田幸治さんという中年男性を紹介してくれた。白髪混じりのにこやかな人で、そういえば最前列で熱心に聞いている姿を俺は見ていた。

名刺をいただくと、吉田さんはファンドレイジング部のディレクターであった。寄付をどう募るかを日夜考える役職だ。

その吉田幸治さんがこう言い出したので、俺は鳥肌を立てて感動してしまった。

「今、この説明会にいましてね、僕も現場に参加する決意をしました。やっぱり一度行かないと話になりません」

息が軽く止まった。え、今？　今の今？

聞けばＭＳＦに8年勤めて、現在49歳。気持ちは30代だという吉田さんは、にこにこしたままでこう続けた。

「自分たちが実際に何をやってるか、人々の苦境が本当はどんなものか、知る必要があるとはずっと思ってきました。今までのスキルで8年間やってきて、でも行かないと見えないものがあると思います。私は行きます」

人の人生が大きく変わる瞬間に、つまり俺は立ち会ってしまっていた。この人にもっとくわしく話を聞かねばならないと思った。いずれファンドレイジングの取材はしようと思っていたから、それは一石二鳥というやつだった。いや、こんな立派な人に石なんか投げちゃいけない。

休憩後、もう少し個人的な話になった説明会では、関西訛りの吉田由希子さんの話が興味深かった。

彼女はもう、海外派遣には参加しないと思うと言った。参加者を募る会では爆弾発言に思えたが、本人はいたって淡々としていた。

「これから社会福祉士の資格を取ろうかなと思ってるんですね。そういう仕事をしたいなと」

ＭＳＦには各国に、現地派遣経験者などによって構成される会員組織「アソシエーション」がある。吉田さんはそこにも籍を置いてメンバーと意見など交わし続けながら、彼女自身は福祉の道に進もうとしているのだった。

俺も過去のＭＳＦ取材の中で、あらゆる人種のメンバーの人生の転機をよく見てきた。つい先ほどもＭＳＦ内部の人物の生き方が変わるのに立ち会ったばかりだった。なぜこの団体のあとをついていくと、そういうことが起きやすいのだろうか。そんなことに思いをはせていると、鴇田さんが部屋の前方でこう言った。

「ＭＳＦに入ったあとの道はひとつじゃありません。ＭＳＦで活動を続ける人、国連に行く人、ゲストハウスを経営する人などなど、ほんとに様々です」

そういえば最初にＭＳＦ広報の担当でいてくれた谷口さんも、今は東大の院に移って公衆衛生や国際保健などの勉強をしている。

おそらく互いが互いに刺激を与えあうのだろう。同じ「憲章」のもとに集まった、基本的な価値観を同じくする者たちが、まるで違うキャリアで得た仕事のやり方を教えあい、変化を遂げていく。

そこで彼らは人生観を変えるのだ。

自分に合う場所

最後に、アドミン志望とログ志望に分かれて2つの部屋で質疑応答があった。結局実際は20人ほどの志望者がいたアドミン部屋に、俺は例の吉田幸治さんを追って入った。そうか、吉田さんはキャリア的にアドミニストレーションに決まっている。彼は本気だ、と改めて俺は熱い感情が湧き上がるのを感じた。

会が終わったあと、俺は鴇田さんをつかまえて話を聞いてみた。

熱気がすごいですねと言うと、彼女は大阪だともっと熱いんですすと笑った。

一年に説明会を全国で8回ほど行っているのだが、特に去年（2018年）から盛り上がりがすごいのだと言う。子供から手が離れた女性、定年退職後に来る人などが増えているらしい。

後者に関して、鴇田さんは言った。

「何十年分かの経験がありますし、人を統率する力もあって即戦力なんです」

定年後に即戦力と言ってもらえるなんて！

「特に医師ですと、60代はまだ物のない時代を知ってますから、貧しい地域の活動にも身が入りますよね。それに今は医療機器が高度化し、専門も細分化されているので、逆に経験の豊富な方の方が限られた機器で患者さんを診てくださるんです」

なるほどなあ、と俺は感心した。「国境なき医師団」という大看板抜きでも、俺もそっちに入りつつある前期高齢者たちが自分の能力を役立てる場所があるだけで、これはもうけものなのではなかろうか。

「その他の年齢層で言うと、学生さんが聞きにくるケースが多いですね。MSFに入るためにまず医学を選んで、そこから専門医の経験を積むというコース、つまり通常の医師よりも最短で受かる率が高いキャリア形成を狙う人がいたり」

「すごいやる気！」

「私も心の中で、あなた面白い！　って叫びましたよ」

それからこんな方もいました、と鴇田さんは言った。ビジネスマンを10年続けたが、どうしてもMSFに入りたくてなんと勉強して医学部に入って外科医になった人。

「晴れてMSFに入れる、と来て下さったんですが、会で説明を聞いて『なんだ、アドミンでも入れたんですか！』と」

「あはは。レベルの高すぎる寄り道。素敵だ」

最後に鴇田さんはこう言った。

「で、私たちのリクルートは、落とすためのものじゃないんです」

鴇田さんはさっきもそうだが、ラストに見事に決めてくれる。いわゆるパンチライン（コメディ界ではオチ、ラップ界では決めゼリフ）が強力なのだ。ではどうぞ。

「それぞれの方がどこに合うかを見ているんですね。その人の個性、キャリアがどのような場所で、現場のニーズにどうあてはまるか。面接はそういうマッチングの場所でしかありません」

自分に合う場所、ふさわしい仕事。

それを他人が真剣に考えてくれる機会はそうそうない。

そういえば、パンチライン巧者の鴇田さんが付け加えて教えてくれたところによると、MSFの事務局スタッフにも、業務と折り合いのつく範囲でフィールドでも働けるシステムがあるという。

ああ、吉田幸治さんはこの仕組みを活かしたいんだなとわかった。事務方が現場を見て帰り、それが国内での事務の方向を変えるのだとしたら好循環以外の何物でもないのだから。

つまり吉田さんはきわめて現実的にそれを選んだのだと思った。単純にロマンチックなだけでそうしたのではない。自分の経験を深めるために、そして同時に熱い気持ちを確かめるために、彼は紛争地や貧困地帯での活動の中に身を置きたいと願ったのだ。

損する方を選びなさい

それから数日後、俺はまた早稲田駅のあの信号にいた。もう半分自分の事務所みたいな気持ちが芽生えていた。向こうからすれば迷惑な話だろう。

それでも俺はまずどうしても、「国境なき医師団日本」の会長である加藤寛幸さんにインタビューしたかった。実はこれまで数回MSF主催のイベントに参加した際、加藤医師のスピーチは壇の下でうかがっているのである。俺よりよほど若い方だ。

忘れもしないのはそのうち、加藤さんがバングラデシュのロヒンギャ難民キャンプのミッションに参加し、帰ったばかりの頃のことである。

会は『「国境なき医師団」を見に行く』の発刊にあわせて開かれたもので、そこで加藤さんは名前を呼ばれ、会長としての挨拶を乞われた。

その壇上で加藤さんは以前に小児科医として働いてきた南スーダンの病院でのことをとつとつと話し出し、自分は多くの子供を救えずに帰ってきたと言ったのである。

この報告は衝撃的であった。

何度も言葉に間が出来、その度に加藤さんは少し目をつぶって自身の体験を思い出すかのようであった。そして、私は無力ですと確かに言った。目にうっすら悔し涙を浮かべていた。

俺はその姿を見て凍りついた。

これほど弱さを隠さない人は初めてだと思ったし、果たして会としてそれでいいのかどうかさえわからなかった。しかし、子供たちがいかに過酷な状況にあるか、未体験の俺たちにも想像される思いがした。目の前で亡くなっていく者の姿が見えるようにも思った。

加藤医師自身、その救えなかった子供たちの姿を目の前に浮かべながらしゃべったのである。

そんなタイプのリーダーを俺は見たことがなかった。だから、もしMSF日本を取材するなら会長にも話を聞きたい、と俺はそう思ったのだった。

MSFの受付階まで行くと、広報の舘さんが出迎えてくれた。勝手知ったるという感じでずんずん中に入ると、加藤さんがいた。前回説明会をやっていたAoiでは、全体ミーティングが行われており、30人ほどの前でメディカルチームの報告、SNSの使い方ガイドラインの発表、人事評価の説明などが行われているそうで、その次から次への「ブリーフィングの嵐」はいかにもMSFらしかった。

加藤さんは細面のおとなしい人で、その日はグレーのセーターで黒縁のメガネ姿であった。どうもその節はなどと挨拶しながら、Ｂｅｎｉ１という部屋に移る。

長いテーブルの前に座るとすぐ、加藤さんは俺が南スーダン帰りと知って４、５年前の彼自身の同地でのミッションのことを話した。

「大変でした。日本に戻ると、絶望感だけ持ち帰るなと怒られましてね。しかし向こうで叩きのめされたんです」

思わず俺は笑いながら反応した。

「加藤さん、バングラデシュ帰りでもそんなことをおっしゃってましたよ」

「ああ、そうでしたか。いやとにかくね、25年くらい前にＭＳＦを志すきっかけとなった栄養失調の子供を映したテレビ映像。それと何も変わらない現実が、南スーダンにまだ存在していたんです。何より現地の人が立上る気力を失ったまま、出口が見えずにいた」

これぞ加藤節であった。明るい嘘をつかない。苦しみを自分で引き受けて悩む。けれど前を向く。なにしろ彼はＭＳＦ日本の会長なのだから。

「ＭＳＦの中では『ＭＳＦが必要なくなるような世界』が目標であるとよく言われるんですが、私自身長くＭＳＦに関わってきて、今はそんな絵空事は考えられなくなりました」

この「目標」は時々別のメンバーからも聞く言葉で、そうした決まった理念としては「我々は現場に急行して絆創膏を貼るだけだ。そのあとはその国の人々にまかせて撤退し、別の急を要する現場に向かう」というものがある。その原則を加藤さんは確認したわけだ。

「でも、我々はやっぱり原則にこだわらなきゃいけません。どうしても人は大きくなった組織を守る方向にいきますから、それはぶち壊さないと」

一方で加藤さんはこのようにして原理主義者といっていいほど理想を追い求めていた。だからこそ彼は傷つくのだとも言えて、俺はそこに魅かれているのだなと思った。

そもそも加藤医師は経歴が複雑だった。

「ドクターには恵まれている人が多いんで、僕は距離がありました」

と話し出した彼の声に耳を傾けよう。

東京生まれの加藤さんの父は航空会社の中で建設を受け持っており、数々の転勤をした。そんな中、加藤さんが中学校2年生の時、両親が離婚する。彼自身はパイロットを目指していたが視力が落ち、回復センターに通って夢を追ったものの挫折。

しかし勉強は続けて北海道大学理学部に入るのだが、ここで原因不明の体調不良に見舞われる。尿が赤かったのだという。「自分の体さえわからないんだなと思いました」と語る加藤さんは、医師志望の友人を高校時代に亡くしていて、その遺志を継ぎたい気持ちもあったという。

加藤さんはやがて当時の島根医科大学に移って医師を目指すが、それでもどうしてもいまひとつ身が入らない。

「まわりは裕福な学生ばっかりでうらやましくてね。一刻も早く稼いでやろうと思いました。でもそれはしっくりこないモチベーションだったんです」

すると、集中力に欠けたのか、受かるとばかり思っていた医師国家試験に不合格。1年浪人する間に、部活でも年上として孤立を感じるようになる。

そんな日々、友人が田舎の小さくて古い教会に連れていってくれたのだそうだ。長老派の教会だった。そこで加藤医師は運命の出会いをする。40代の女性だったという。

「クリスチャンだったその少し体の弱い女性が、破格に優しいんです。衝撃的でした。そこにいる長老の方もそれはそれは優しい。なんだろう、ここにいる人たちはと思いました」

そこには無私の精神があり、「みんな誰かの役に立ちたくてそわそわしている」ような雰囲気があった。加藤さんはこんな人たちのグループに加わりたいと思った。やがてあの女性が加藤さんにこう言ったそうだ。

「損をする方を選びなさい。そして、一番弱い人たちのために働きなさい」

そこで加藤さんは自分のゴールが見えたと思った。そこで、一般的には大変でお金になりにくいと言われている小児科を選択し、そこからがむしゃらに学んだ。

じきに大学病院の小児科に入局するようになったが、そもそも面接時に加藤さんはすでに「国境なき医師団」の話をしていたのだという。当然のことながら、一人前になってから言えと担当教授には怒られたそうだ。

それでも彼は自分の考える理想を捨てられず、度々ＭＳＦのことを口にした。それどころか加藤さんは昔高田馬場にあったＭＳＦ日本の事務所に出入りし、Ｔシャツを買って白衣の下に着ていたのだという。

まったくもって変人と言っても差し支えない傾向があるが、しかしおかげでずいぶんあとになって実際にＭＳＦのために海外に出た時、帰る場所を用意してくれた人が病院に現れた。

毎回打ちのめされる人

時間を少し戻す。しかしだからといって、入団への道は容易ではなかった。まず面接まで通ったが、語学をもっと磨くことを要求された。

そこで加藤さんはオーストラリアに1年半留学し、シドニーの大きな病院で働きながら、夜は語学学校に通った。この時病院を紹介したのは、以前自分を叱った教授だった。

帰国し、2回目の面接。さすがに受かるだろうと思っていた加藤さんは、ところがそこでも落ちてしまう。

感染症など、熱帯の医学に弱いというのが主な理由だった。これは実はMSFあるあるのひとつで、日本を中心とする先進国で医療をしていても、それが過酷なアフリカのエボラ出血熱などの治療に生きるわけではない。

「もっと熱帯医学を学んだ方が可能性が広がる、と言われました」

そこで翌年、加藤さんはタイのマヒドン大学熱帯医学校に半年留学。こんなに勉強したことないというくらい勉強したという。そして3回目の挑戦でようやく合格。

それでも活動に参加出来るのはずっとあとで、初ミッションはまだひとつの国だったスーダンの北部ハルツームだったそうだ。

「やっとほんとの現場でTシャツを着られるんでうれしくてうれしくて」

けれど「too motivated」と周囲には何度も言われた。張り切りすぎだというのである。

ハルツームでは孤児院での医療プロジェクトに力を尽くした。望まれない妊娠で捨てられる子供が年間1500人。宗教上の理由で避妊も中絶も出来ない。

「そのうち500人は見つかった時に亡くなっています。それから500人は孤児院に運ばれる間に命を落とします。残りは院の中でたくさん亡くなる。そういう厳しい状況でした」

一日に1人以上が警察の車で目の前に来て、机の上で「いい加減な」名前を付けられ、孤児院側に受け渡される。すでに投げ捨てられた時の怪我がある子もいて、頭から血を流していたりする。現地スタッフを雇っても、子供たちを「イリーガルベイビー」と呼んでまともに触れようともしない。あまりに次から次へと幼児が亡くなるため、3ヵ月で逃げ出した仲間もいたそうだ。

加藤さんはそんな過酷な状況の中で「too motivated」に働き続け、周囲から浮いてしまう。しかし、ずいぶんして彼はそれがマイナスであることにようやく気づき、協調を目指してみることにしたのだそうだ。すると、前よりも子供の命が助かるケースが出てきたのだという。

助かった子供の笑顔を見ると現地スタッフも自然にその子を抱き上げるようになり、孤児院には好循環が生まれた。そして帰って来る前の半年には、250人が運び込まれ、150人が生き残るようになった。それでも加藤さんはもちろんこう言う。

「100人を看取ったと思うと、今でも頭が狂いそうになります」

この最初のミッションの話も、南スーダンの話も、ロヒンギャ難民の話も、加藤さんには深い心の傷である。けれどそこにある事実に目を背けることも出来ない。だから彼自身出かけていき、また絶望して帰ってくる。

毎回打ちのめされる人。

それがMSF日本のリーダーであることを、俺は素晴らしいことだと思っている。現場主義であり、いくら尽力しても手が届かなかった患者がいることを忘れない人。いつもモゴモゴ言いながら、もっと出来るはずだとじっと考えている人。それが加藤寛幸という人であることを頭の隅にでも残しておいて欲しい。

彼こそが善意であり、苦しみである。

その加藤医師はまた、俺にまるで教えを乞うように質問した。キリスト教文化のほとんどない日本で人道主義はいかにあるべきか。

その場で答えなど出るはずもなかった。だが少なくとも、哲学や宗教や社会思想をクロスオーバーする勉強会が必要だと思います、と俺は言った。いずれそういう会合が定期的に持たれていくかもしれない。

事実、MSFの舵取り役である「アソシエーション」（吉田由希子さんが触れていたもの）には加藤会長も活性化に力を入れてきた。そこで問い直されたMSFの原理原則がフィールドの具体策に反映することを、彼らは目指しているはずだ。

さてもうひとつ、MSF日本のアソシエーションではリーダー職が全員無給であることも書いておかねばならない。

傷つき、悩み、行動している加藤会長は一切対価をもらわないままMSF日本に通ってきているのだった。

個人寄付のメリット

続いて部屋には、先日現場入りを決めた吉田幸治さんと、白髪のきれいな荻野一信さんがやって来た。加藤さんとの話が長引いて、彼らは少し待っていてくれたのだ。

二人は共にファンドレイジング部所属で、荻野さんはシニアオフィサーという役職だった。吉田さんがディレクターだったから、その下くらいだろうか。俺はまともな会社に勤めたことがないので、このへんの上下関係がまるでわからない。正直に言うと、部長と課長のどっちが偉いか今もって知らないのが俺だ。

それはともかく、二人は二人ともノーネクタイだがスーツは着ていて、着席してすぐノートパソコンなど開くあたり、いかにも最先端のビジネスパーソン然としていた。

というわけで、まず吉田さんからファンドレイジングの全体像ブリーフィングがある。

もうすでにこのレポートの前半でも説明した通り、ＭＳＦはほとんど個人寄付で成り立っているのだが、その全世界での寄付はこの数年上昇しているそうだ。思わず拍手して喜ぶと、吉田さんは困り顔で笑った。

「うれしいんですけど、これが僕らの目標じゃないんです」

「え？」

「こういうお金がなくてすむようになるのがＭＳＦの活動目標なんで」

まさにおっしゃる通りだった。ＭＳＦの現場で似た言葉は繰り返される。「自分たちがあらゆる活動地から撤退することが自分たちのゴールだ」、というやつだ。しかしそれをスーツを着たバリバリのビジネスパーソンから聞くと趣はまたぐっと異なる。

続いて吉田さんは、なぜ個人寄付を中心とするかの説明をしてくれた。

「『団』が中立を保つためには、ここをいい加減にしておくわけにいかない。

「量は大事なんですけど、お金には色があります」

その色が、紛争地や災害現場で厳しく問われることがある。これは先にも書いた通りだ。同じ南スーダンの別のケースを吉田さんは教えてくれた。

いったん日本の外務省に申請していたお金をＭＳＦは取り下げたのだという。

「その事実だけでも現場が危険になってしまう場合がありますから」

他にも、シリア難民の扱いに関するトルコ＝EU協定に反対の立場であるMSFは、EUからの約60億円の寄付を断っている。難民キャンプ、難民保護船などでの諸活動と矛盾する金をもらえば、現場での信用ががた落ちになり、ミッションが一気に困難になってしまう。

こうしたMSFの頑固さが、現場の力関係の繊細さから来ていることを俺はよく理解出来る。疑いをもたれるだけで入れなくなる地帯が増え、患者が病院を避け、遠隔地治療でワクチンを打とうとしても人は集まらない。それどころか、これまでにも何度もあるように、病院が爆撃されてしまう。

だからこそ個人の寄付が世界を救っている。個人の集合だからこそ政治的中立を担保出来ている。

そういう個人の中でも、高齢者が年金からいくばくかを出して下さる例も多い、と吉田さんはその場で頭を下げさえして言った。

「貧者のささいなお金ですが、なんてお手紙を添えられる方もいて。ありがたいことです。ただ我々はお金もいただくけど、同時に世界にある課題を知ってもらいたいんで、そういう意味では不特定多数にもっと訴えかけたいんですね。特定少数の方はすでに何が問題かをご存知のことが多いので」

なるほど、ファンドという形で知識も出し入れされることを彼らは望んでいるのだった。となると、寄付は様々な価値の交換ということになる。何も知らないでポンと出すのもいいが、そこにある課題をよく知って身銭を切るのも重要だということだ。

「私たちの悩みはね、いとうさん。『国境なき医師団』という名前は知られているのに、それが個人の寄付で成り立っていることを多くの方が知らないということです」

「そうなんですよ、なぜか伝わってないんです！　だから僕のおせっかいがあるわけで」

　ということで、しつこく書いておきたい。

　ＭＳＦの医師が使うガーゼ、看護師が幼児をくるむ布、車輛のガソリン、スタッフが日々使うトイレの洗剤、子供用ワクチン、エボラ出血熱の治療にあたる医師の着る防護服、コレラに罹患した患者を隔離するためのあらゆる費用、紛争地帯に医療を届けるための特殊車輛、清潔な注射針、温度管理された薬剤、患者もスタッフも飲む水、医療用廃棄物を高熱で焼却するための機材、性暴力を受けた女性を守るための医療的準備とメンタルケアのための部屋代などなど、そのほぼすべてが個人の寄付でまかなわれている。

　皆さん、たとえそれが少額でも、世界から集まると何十億になるのです。つまり、あなたは力を持っています。それ、下さい。

　さて、吉田さんによると、現在はネットでの寄付募集もしているがあらゆるバナーだらけで競争が激しく、他の手段も日々鋭意準備中だそうで、他の人道支援団体にある民間マインドも取り入れ、お互いのよさを生かすべく情報交換も絶やさなくなっているという。

ちなみに毎年ダボス会議ではNPOやNGOの「トラストバロメーター」が発表されるそうで、信用度がそこでつまびらかになる。残念ながら日本では非営利、非政府の組織の信頼度が低く、吉田さんとしては「セクター全体で克服したい」そうだ。

このNPOやNGOに関しては、俺も南スーダンで痛感したことがある。厳しい検問を抜けてMSF車両で現地を進んでいくと、ある場所で右が「国連エリア」、左が「人道主義者エリア」と看板で示されており、その左にユニセフ、赤十字と並んで、MSFやセーブ・ザ・チルドレン……とぎっしりとNPO、NGOが宿舎を造って詰めていたのである。

それら非営利、非政府組織は危険な紛争地において、もはや国連と同等のプレゼンスを持っていた。つまり「地球上に国家しかないと考えるのは誤りなのだ」、と俺はそこで目からウロコが落ちる思いであった。国家と国連、そしてNPO・NGO。その三者が互いに緊張と協調を保ちながらある。これは日本を出て困難のある地域に行ってみないと実感出来ないことだと思う。

俺たち日本人には、その国連とNPO・NGOの力が見えていない。ヨーロッパでも中東でもアフリカでも、国家ではおさまりのつかない領域をそれらの組織がカバーしようと活動しているのに、だ。ハイチでもギリシャでもウガンダでも南スーダンでも、俺は国連ＰＫＯ軍の車をしょっちゅう見た。そして人道主義者団体の車と人も。

「セクター全体で克服したい」という吉田さんの願いはそのまま、日本が世界のリアリティに気づいて欲しいということでもあると思う。

寄付で社会とつながる

また寄り道してしまった。

吉田幸治さんの経歴を、俺は聞いたのだった。この人物はいったいなぜ、どんな会社からＭＳＦに移って来たのだろうか。

「こっちに来たのが8年前、２０１１年です。それまで20年ほど外資系のＩＴ企業にいました。ＭＳＦのことはたぶん35歳くらいで知りましたが、自分がそこに行くとは思っていませんでした」

吉田さんは企業で働きながらこう考えていた。「これ、なんのための仕事なんだろう」と。そうした思いが重なる中で、ある時に沖縄に出かけた。そこで沖縄戦のことを聞き、精神的に傷を持つおばあさんたちにメイクをする団体の活動に出会った。

「そうしたら、このまま物欲にまみれてるより、なんていうのか風を感じたいなあと急に思ったんです」

これは人生のリアルな実感だ。

しかし「風」がどう吹いてくるのか、どこに「風」があるのか吉田さんはわからなかった。

そこにある日、ヘッドハンターが来る。なんと持ってきたのがMSFのファンドレイジング部の話だった。それまでMSFにノンメディカル部門があるとは知らなかった吉田さんは、これだ！　と思った。

「8年くらい前までは、まだNPOやNGOは片道切符だったんです」

と横から声を上げたのは、きわめて理知的でおとなしい印象の奥に意志を秘めた感のある荻野さんだ。

彼もまたITから来た人で、いまや先端ビジネスの世界では「NPO、NGOからも戻れる」ような仕組みが出来ていて、おそらくそれもひとつのキャリアや人脈形成になるのではないかと俺は聞いていていて思った。

荻野さんは2014年、IT企業からMSFへ移った。『日経キャリアNET』に募集が出ていたのだという。大学院でもともとODAの研究をし、企業で営業をやっていたため、ファンドレイジングは違和感なく始められたという。何か変わった点があるとすれば個人が相手ということで、一対一で話を進めるところに妙味があるようだ。

「今はレガシーがどんどん増えていますね」

出た、レガシー！　遺贈である。

これは他の業界からも近頃よく聞く言葉で、つまり遺産を寄付するケースが急増しているのだ。相続税だの遺産争いだの様々な問題を考えれば、安心した「死に方」として信頼出来るNPOなどに遺贈してしまうことを選ぶ人がいるのはよくわかる。

「最近だと、お問い合わせが一日に3、4件あります」

「そんなに！」

「ええ。中には国に持っていかれるくらいならとか、ご家族とうまくいってらっしゃらないとか、そういうことをおっしゃる方もおられます。遺贈というのは亡くなってからのことなので、よほど信用した相手でないと成り立ちません。ですから出かけていってよくお話しして、そうですね、例外なく2、3時間は話をするんです」

長い……ようで、遺産を贈る方にしてみればとても短い。

「そうです。訪問しますとね、たいていご自分のお生まれから人生をどう過ごされたかをずっと話されます」

この事実にも俺はジーンと来てしまい、はあと深いため息をついた。特に遺贈ともなれば多額を譲ることになる。その時、相手に自分自身を知って欲しいと人は思う。

そして財産が手放される。

「初めて私が遺贈を受け取った時ですが」

荻野さんは告白のように言い始めた。

「仮に１０００万円としましょう。振り込まれてお礼の電話をしましたら、ご遺族の方がおっしゃるんです。父の遺志で５００万を寄付しましたが、実はすでに一昨年母も他界しておりまして、と。いつも母は父の意見を受け入れていましたので、母からの遺志としてもう５００万円寄付しましたと私は電話口で聞きました」

荻野さんは少し夢心地のような表情をした。

「その日はもやもやして眠れませんでした」

それだけを荻野さんは言ったが、あまりに印象的だったのであとで広報の舘さんとこの件について少し話し、きっと荻野さんがそれまでされていた仕事ではあり得るわけがないケースだったのだろうと俺たちは推測した。

つまりやはり金が単なる金でなく、何か別の価値と交換される瞬間を彼は体験したのである。

「亡くなった方の情報が銀行などから来ます」

と部屋の中の荻野さんは少ししてから続けたものだ。

「そこで振り込みがあるんですが、営業マンが売上げを達成したような感覚ではうれしいと思いません。ただ、ありがとうございますという気持ちでいっぱいになります」

「お金を託す方は、自分では出来ない形で社会とつながるんですね」

吉田さんがそう付け加えた。

そういう意味でも、寄付には思いがけなく人間的な、もしくは精神的な契機がある。人気者が出る映画とかで是非丁寧に描いて欲しいような、人の心のからまりが潜んでいることを俺は知ったのであった。

「ただし」

と吉田さんは最後に言った。

「現在日本でも会社からの寄付がありますが、私たちは武器に関する会社、酒、煙草、製薬をなりわいとする会社からはいただきません。それは人の命と健康を守る立場と、あらゆる利害からの中立、独立を守るためです」

この言葉を吉田さんは誇らしげに大事に笑顔で俺に伝えた。これだ。この誇りを吉田さんは求めていたのだ、と俺はよくわかった。

「支援物資にも寄付をいただいた会社のマークなどを貼りません。国旗もありません。ただ必要な物資の段ボール箱そのままです」

「はい」

と俺はことさら大きな声で言った。世界各地の倉庫で確かにそうした段ボール箱を見てきているからだった。

と、そこではっと気づいた。

吉田さんは本当にそうかどうか、自分の目で見に行くのだ、と。

そして誇らしさに満ちて笑顔になり、すぐ同僚に写メするに違いない、と。

そういう連中によって今この瞬間も動いているのが「国境なき医師団」であることを、こうして俺は日本事務局でいやというほど痛感し、やがて自分がメンバーでもないくせに早稲田の駅まで誇らしさに満ちた笑顔で歩いた。

皆さん、なんかわからないけど、とにかくこの素敵な「団」をどうぞよろしくお願いします。

本書は、二〇二二年一月小社刊の『ガザ、西岸地区、アンマン――「国境なき医師団」を見に行く』を改題し、文庫化したものです。

文庫化にあたり南スーダン編、日本編を追加しました。

|著者| いとうせいこう　1961年、東京都生まれ。編集者を経て、作家、クリエイターとして、活字・映像・音楽・舞台など多方面で活躍。『ボタニカル・ライフ』で第15回講談社エッセイ賞を受賞。『想像ラジオ』が三島賞、芥川賞候補となり、第35回野間文芸新人賞を受賞。他の著書に『ノーライフキング』『見仏記』（みうらじゅんとの共著）、『存在しない小説』『鼻に挟み撃ち』『我々の恋愛』『どんぶらこ』など。本書の関連本に『「国境なき医師団」を見に行く』『「国境なき医師団」になろう！』がある。

「国境《こつきよう》なき医師団《いしだん》」をもっと見《み》に行《い》く
ガザ、西岸地区《せいがんちく》、アンマン、南《みなみ》スーダン、日本《にほん》

いとうせいこう

講談社文庫
定価はカバーに
表示してあります

2023年６月15日第１刷発行

発行者――鈴木章一
発行所――株式会社　講談社
東京都文京区音羽2-12-21　〒112-8001
電話　出版（03）5395-3510
　　　販売（03）5395-5817
　　　業務（03）5395-3615

KODANSHA

デザイン―菊地信義
本文データ制作―講談社デジタル製作
印刷―――株式会社KPSプロダクツ
製本―――株式会社国宝社

Printed in Japan

ISBN978-4-06-532079-2

講談社文庫刊行の辞

二十一世紀の到来を目睫に望みながら、われわれはいま、人類史上かつて例を見ない巨大な転換期をむかえようとしている。

世界も、日本も、激動の予兆に対する期待とおののきを内に蔵して、未知の時代に歩み入ろうとしている。このときにあたり、創業の人野間清治の「ナショナル・エデュケイター」への志を現代に甦らせようと意図して、われわれはここに古今の文芸作品はいうまでもなく、ひろく人文・社会・自然の諸科学から東西の名著を網羅する、新しい綜合文庫の発刊を決意した。

激動の転換期はまた断絶の時代である。われわれは戦後二十五年間の出版文化のありかたへの深い反省をこめて、この断絶の時代にあえて人間的な持続を求めようとする。いたずらに浮薄な商業主義のあだ花を追い求めることなく、長期にわたって良書に生命をあたえようとつとめるところにしか、今後の出版文化の真の繁栄はあり得ないと信じるからである。

同時にわれわれはこの綜合文庫の刊行を通じて、人文・社会・自然の諸科学が、結局人間の学にほかならないことを立証しようと願っている。かつて知識とは、「汝自身を知る」ことにつきていた。現代社会の瑣末な情報の氾濫のなかから、力強い知識の源泉を掘り起し、技術文明のただなかに、生きた人間の姿を復活させること。それこそわれわれの切なる希求である。

われわれは権威に盲従せず、俗流に媚びることなく、渾然一体となって日本の「草の根」をかたちづくる若く新しい世代の人々に、心をこめてこの新しい綜合文庫をおくり届けたい。それは知識の泉であるとともに感受性のふるさとであり、もっとも有機的に組織され、社会に開かれた万人のための大学をめざしている。大方の支援と協力を衷心より切望してやまない。

一九七一年七月

野間省一